Tim Leach
Der eiserne Weg

GOLDMANN

Buch

175 n. Chr., Vindolanda, Britannien: Die sarmatische Ka-
vallerie wurde bei der Donauschlacht von den römischen
Legionen zerschlagen. Nun muss sich Kai, ihr stolzester
Krieger, das Überleben seines Volkes mit dem Versprechen
erkaufen, Rom zu dienen. Obwohl die Sarmaten unter der
Schmach der Niederlage leiden, sind sie bereit, für Kaiser
Marc Aurel zu kämpfen und zu sterben. Aus ihrer Heimat
verbannt, sollen sie sich auf dem Eisernen Weg bis zum
Rand des Römischen Reiches begeben. Hier durchschnei-
det der Hadrianswall das Land und trennt die römischen
Gebiete vom Rest der Insel. Für die nomadischen Sarmaten
ist der Garnisonsdienst eine grausame Strafe. Doch als es
auf beiden Seiten des Walls zu Unruhen kommt, entdeckt
Kai, dass jedes Bollwerk seine Schwächen hat: Das ist seine
Chance, für sein Volk zu kämpfen.

Autor

Informationen zu Tim Leach und seinen Romanen finden
Sie am Ende des Buches

TIM LEACH

DER
EISERNE
WEG

DIE CHRONIK
DER SARMATEN

Historischer Roman

Aus dem Englischen
von Julian Haefs

GOLDMANN

Die Originalausgabe erschien 2022 unter dem Titel
»The Iron Way« bei Head of Zeus, London.

Penguin Random House Verlagsgruppe FSC® N001967

1. Auflage
Deutsche Erstveröffentlichung Januar 2024
Copyright © der Originalausgabe 2022 by Tim Leach
Copyright © der deutschsprachigen Ausgabe 2024
by Wilhelm Goldmann Verlag, München,
in der Penguin Random House Verlagsgruppe GmbH,
Neumarkter Str. 28, 81673 München
Umschlaggestaltung: UNO Werbeagentur, München
Umschlagmotiv: © Arcangel/Collaboration JS, Nik Keevi;
FinePic®, München
Redaktion: Sven-Eric Wehmeyer
Karte: © Peter Palm, Berlin
BH · Herstellung: ik
Satz: Uhl + Massopust, Aalen
Druck und Bindung: Nørhaven Book A/S
Printed in Denmark
ISBN: 978-3-442-49380-7

www.goldmann-verlag.de

Für Sara

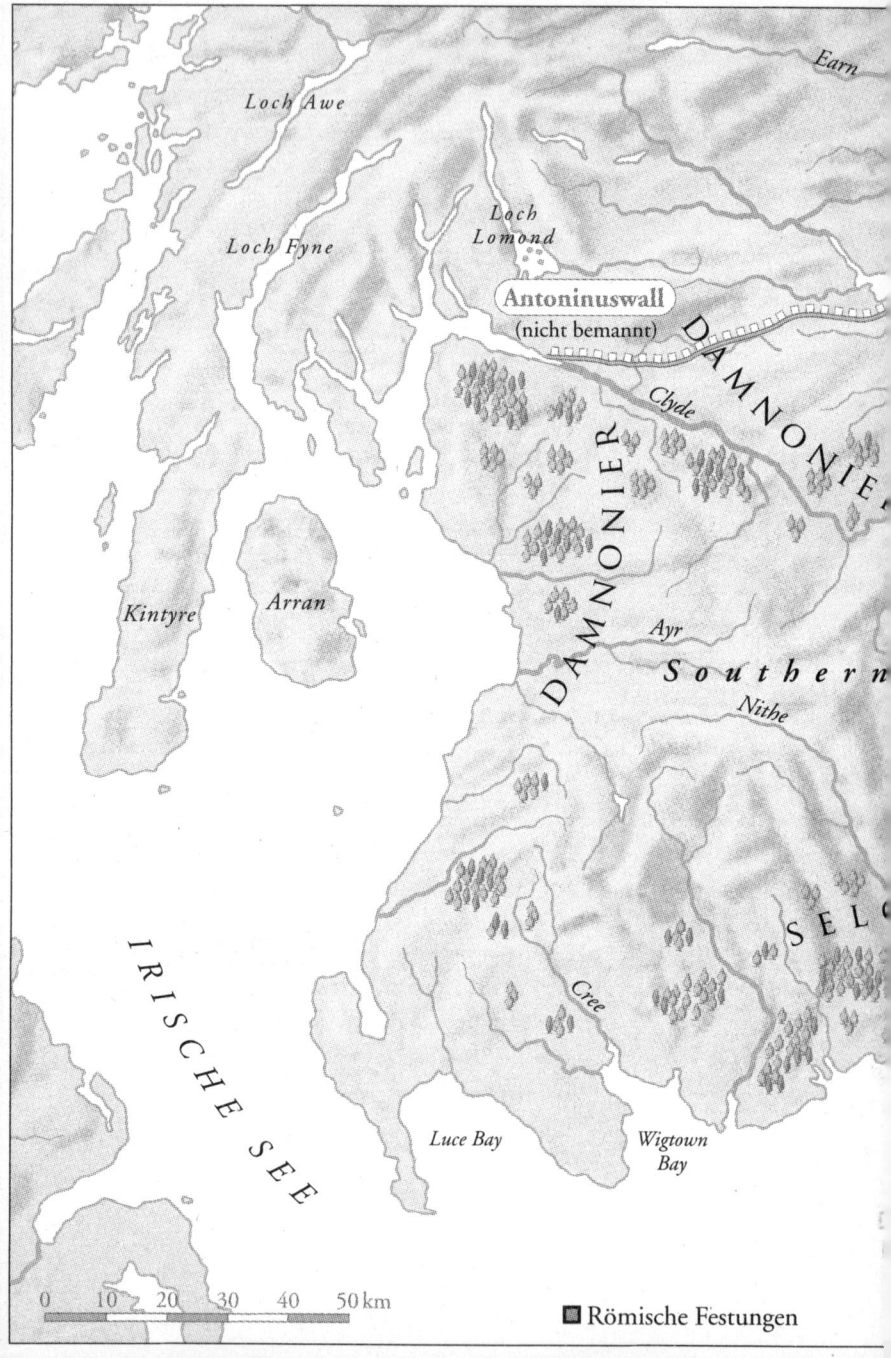

Römische Festungen

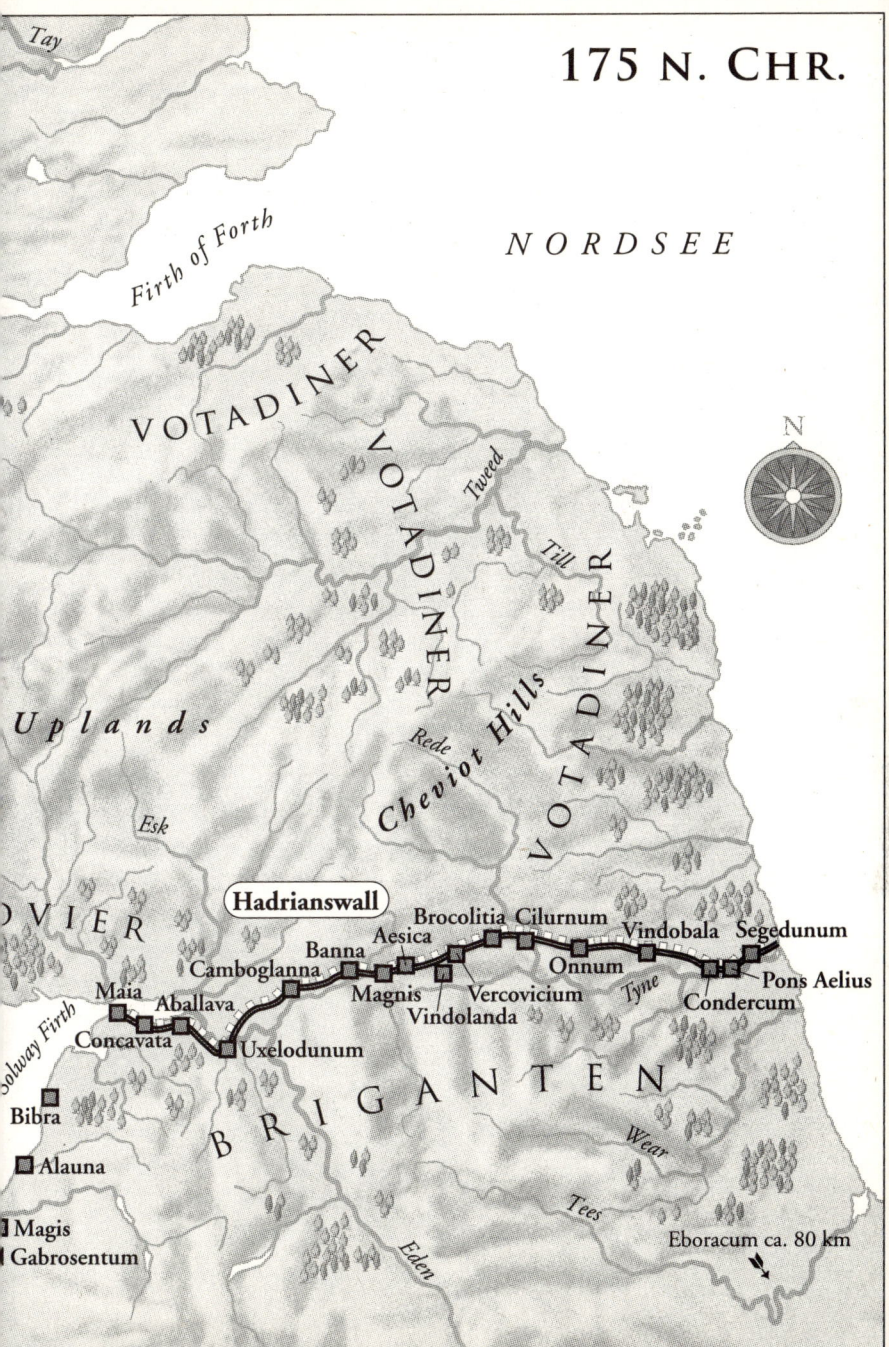

175 N. CHR.

Tay

Firth of Forth

NORDSEE

N

VOTADINER

VOTADINER

Tweed

Till

VOTADINER

Cheviot Hills

Rede

Esk

Uplands

...VIER

Hadrianswall

Brocolitia · Cilurnum

Aesica

Banna

Vindobala · Segedunum

Camboglanna

Onnum

Pons Aelius

Maia

Magnis · Vercovicium

Tyne

Condercum

Aballava

Vindolanda

Concavata

Uxelodunum

Solway Firth

BRIGANTEN

Bibra

Wear

Alauna

Magis

Tees

Gabrosentum

Eden

Eboracum ca. 80 km

Teil 1

Der Wall

1

In der erbarmungslosen Landschaft am nördlichen Rand
des Imperiums ragte ein monströser Schatten am Horizont auf.

Es war weder der schartige Rand einer Klippe noch ein
mächtiger Wald, denn dies war ein Schatten, den Menschen geschaffen hatten. Hoch und unvorstellbar aus-
ufernd zog sich eine gewaltige Mauer aus Stein über die
sanften Hügel mit ihren vereinzelten Bäumen. Sie zerteilte
die Landschaft so schnurgerade, als hätte man sie mit dem
Schwert gezogen.

Einst war die Reichsgrenze an diesem Ort, der den Römern als Britannien bekannt war, bei den örtlichen Stämmen jedoch ein halbes Hundert verschiedener Namen trug,
nur ein Gebilde aus Gedanken und Träumen gewesen.
Ein eisiger Hauch auf der Haut des Mannes, der die weite
Heide überquerte; eine Frage, die einheimische Häuptlinge
bei Viehdiebstahl und Blutfehden diskutierten; ein Rätsel,
das sich in der Position der Sterne und in Zeichen verbarg,
die man nur aus dem Land selbst lesen konnte. Manche
behaupteten, sie als weißen Stein in einem Haufen grauer
Kiesel entdeckt zu haben, andere im ausgetrockneten Bett
eines alten Baches oder an dem Ort, wo an jenem Tag, als
die Römer den Boden dieser Insel zum ersten Mal betre-

ten hatten, ein Haselstrauch vom Blitz getroffen worden war. Jeder Mann und jede Frau hatten für sich im Kopf die Grenze ziehen müssen – zwischen den letzten fernen Ausläufern des Imperiums und den wilden Landen jenseits davon.

Eines Tages aber, so erzählte man sich, hatte sich der große Kaiser auf der anderen Seite des Meeres nicht länger mit einer Grenze aus Gedanken und Träumen begnügen wollen. Er hatte sich nach einem steinernen Vermächtnis gesehnt, das dieses Land als sein Eigentum markieren sollte, und so war dieser Wall auf seinen Befehl hin aus der Erde gehoben worden, in einer solchen Geschwindigkeit, dass die ansässigen Stämme darauf bestanden, es müsse die Tat eines rachsüchtigen Gottes gewesen sein.

Aus der Ferne sah er uneinnehmbar aus. Angeblich konnte man oben auf seinem Scheitel von einem Ozean zum anderen gehen, ohne jemals mit den Füßen die Erde berühren zu müssen. Jede Meile gab es eine kleine Festung, jeder Fußbreit Boden stand unter Beobachtung, die ganze Nacht hindurch brannten Fackeln auf den Wehrgängen, getragen von schlaflosen Wächtern, die mit Speer und Bogen gerüstet hinaus in die Finsternis starrten.

Aber jede Grenze hat eine Schwachstelle, wenn man nur gründlich genug danach sucht.

Etwa auf der Hälfte des Walls stand ein Meilenkastell, das einst einen Hauch von kaiserlicher Erhabenheit ausgestrahlt hatte. Stolze blasse Steinquader und ein eisenbeschlagenes Tor aus dunklen Eichenstämmen, das dem Faustschlag eines Riesen standgehalten hätte. Aber es war nachlässig errichtet worden, von einer Legion, die wärmeres Klima gewöhnt war und der das geistige Format gefehlt hatte, ihre Arbeit an diese andere Welt anzupassen. Denn mittlerweile waren die Holzplanken der Wehrgänge modrig und verzogen, der Mörtel zwischen den Steinblöcken von Regen und Wind zersetzt und das mächtige Tor mit Rost überzogen.

Die Wächter hingegen standen stramm und aufrecht oben hinter der Brüstung, während unter ihnen der einsame Torwächter in den wilden Norden starrte. Alle hielten sich mit erhobenem Kinn, duckten sich nicht vor dem schneidenden Wind und vernachlässigten nicht ihre Pflicht, während sich die Stunden hinzogen. Selbst hier, am äußersten Rand des Imperiums und in tiefster Nacht, schien der Geist von Rom wachsam zu bleiben.

Schon bei Tag gab es für die Wächter wenig genug zu sehen – Nebel, der über die fernen Hügel rollte, ein Schäfer, der wurmgeplagte Schafe durch den Morast lotste, ein einsamer Händler mit seinem Maulesel, der den Soldaten des Walls Heidebier und fragwürdige Tinkturen verkaufen wollte. Und nachts gab es noch weniger zu sehen, denn die Einheimischen waren davon überzeugt, dass es Unglück brachte, nach Sonnenuntergang noch draußen unterwegs zu sein. Ein Wächter mochte seine gesamte Nachtwache verbringen und sich glücklich schätzen, dabei überhaupt irgendetwas zu entdecken, was ihm die Eintönigkeit ein wenig auflockerte – den geisterhaften Anblick einer Schleiereule vielleicht, die ihr Revier absuchte, oder das Leuchten eines fernen Blitzes aus dem nächsten Tal.

Aber nicht in dieser Nacht, denn in der Dunkelheit krochen Schatten durchs Farnkraut.

Sie hielten sich tief geduckt und bewegten sich nur, wann immer der Wind die Geräusche ihrer Schritte verwehte. Ein Wächter mit müden Augen hätte sie für nicht mehr als eine Brise im Unterholz halten können oder für ein Wolfsrudel, das dem Duft einer Herde nachstellte. Aber so vorsichtig diese Plünderer auch waren – sie konnten sich nur bis zu einem gewissen Punkt leise und ungesehen bewegen. Das Kratzen und Rascheln aufgewühlter Blätter drohte sie zu verraten, ebenso das Klappern einer Speerspitze, die nicht fest genug im Schaft verankert war und im Wind säuselte. Auch wechselten jetzt die Wolken, die ihr Näherkommen gedeckt hatten, plötzlich die Seite und zerfaserten zu dünnen Schlieren, sodass sich der Schimmer des Mondlichts auf der breiten Klinge einer Speerspitze spiegelte, auf gefletschten Zähnen, auf kalkweißen Gesichtern mit Kriegsbemalung.

Aber noch immer ertönte kein Alarm, flüsterten keine Pfeile durch die Luft, um sich in die Eindringlinge zu bohren. Noch immer wurden weder Hörner gezückt noch Signalfeuer entfacht, um die nächsten beiden Meilenkastelle zu warnen. Oben auf dem Wehrgang begann der Kopf eines Wächters auf und ab zu nicken – er stand im Halbschlaf auf seinem Posten, wie es schien. Hexenwerk, ein mächtiger Glücksbringer oder göttliche Gunst ließen die Plünderer unbemerkt bleiben, während sie immer weiter auf den Wall vorrückten.

Aber irgendwann endet jede Erfolgssträhne, denn die

Götter sind wankelmütig, und zu viel Glück weckt schnell ihren Neid.

Vor den Plünderern lag offenes Gelände, da das Umland der Straße und des Walls vor langer Zeit von jeglichem Unterholz befreit worden war. Nach vielen Jahren der Vernachlässigung kämpfte es sich nun langsam zurück, aber noch war zu viel freies Land vorhanden, als dass ein feindlicher Stoßtrupp es unbemerkt hätte durchqueren können.

Die Schatten krochen hierhin und dorthin und verharrten scheinbar unschlüssig, denn ihre Wahl bestand darin, entweder in Schande durchs Heidekraut zurück zu ihren Heimstätten zu kriechen oder das offene Gelände im Sturmangriff zu überqueren und zu Füßen des Walls zu sterben. Finger krümmten sich um Speerschäfte, Blicke zuckten durchs Dunkel in Richtung der Gefährten. Niemand wollte der Erste sein, der floh, oder der Erste, der sein Leben im nackten Gras aushauchte.

Dann aber wählten sie einen dritten Weg. Als der Mond am Himmel tiefer sackte und ihn die Wolken in voller Größe enthüllten, standen die Angreifer auf, traten vor und warteten.

Jetzt war der Zeitpunkt gekommen, an dem man ihnen herausfordernd zurufen musste, an dem Hörner erschallen mussten, an dem ein Hagelschauer aus Speeren und Pfeilen und geschleuderten Steinen die Angreifer an Ort und Stelle niederstrecken musste, an dem die Macht Roms jene zermalmen musste, die es gewagt hatten, mit Waffen in der Hand zur Grenze zu kommen.

Nichts dergleichen geschah.

Gelächter erhob sich aus den Reihen der dunklen Gestalten, Jubel und Siegesschreie, Dank und Segen an die Götter des Krieges und der Jagd. Ohne Hast spazierten sie vorwärts, die Schilde und Speere gesenkt, und näherten sich dem Tor des Meilenkastells. Einer der Männer gab dem Wächter vor dem Tor einen kleinen Stoß – er schwang sanft an Ort und Stelle, drehte sich wie eine Vogelscheuche. Das Mondlicht fiel auf ihn, und seine durchtrennte Kehle schimmerte schwarz in der Nacht; darunter leuchtete fahl der Schaft des Speeres, auf den sein Leib gespießt war. Ein zweiter Angreifer winkte spöttisch hinauf zur Brüstung, wo zwei Männer gegen die Ecken der Festungsmauern gelehnt standen. Denn diesen Ort bewachten nur noch die Toten, und sie waren schlechte Aufpasser.

Das Tor war unverschlossen und schwang unter dem Druck einer flachen Hand quietschend nach innen. Die sanften Hügel dahinter erstreckten sich vor den Angreifern, und plötzlich war ein merkliches Zögern zu spüren, diese Grenze zu übertreten. Wie Kinder, die sich einem verbotenen Ort nähern, Kinder, die auch fern der wachsamen Blicke von Mutter und Vater diese Blicke sehr wohl spüren und die Verurteilung fürchten, die ganz sicher folgen muss. Sie schauten einander an und stellten fest, dass sie allesamt Angst hatten.

Da ertönte aus dem Farndickicht in ihrem Rücken der Klang gleichmäßigen Hufschlags.

Wie ein Wesen aus einem Albtraum wirkte diese Gestalt zuerst – ein großer Mann in Umhang und Kapuze, der auf einem mächtigen Ross ritt und durchaus einer der todbringenden Geister sein mochte, von denen es hieß, sie durchstreiften dieses Land in tiefer Nacht und entführten Reisende, die unglücklich genug waren, zu dieser Zeit fern von ihren Behausungen zu weilen. Die Angreifer aber begrüßten den Reiter mit leisen Willkommensrufen und reckten die Hände zu seinem Sattel, als suchten sie seinen Segen.

Der Reiter hielt nicht an, sondern ritt geradewegs durch das Tor, räusperte sich und spuckte auf römischen Boden. Kurz danach folgten ihm die anderen, die wie Wölfe die Hälse reckten und schnüffelten, denn in der Luft lag der sanfte Rauch von Kochfeuern und der beißende Hauch des Mists auf den Feldern. Die nächsten Höfe lagen ganz in der Nähe, vollkommen schutzlos. Die Vorhut pfiff durch das Tor nach ihren Gefährten, sich zu beeilen.

Ein Anblick allerdings ließ sie zögern. Ein Meer aus Feuer, ein großes Heerlager weiter im Süden. Nicht das quadratische Marschlager einer römischen Legion, sondern etwas anderes, etwas ganz und gar Fremdes in diesem Land. Dort bewegten sich die Schemen von vielen Tausend Männern und Pferden. Es war eine Armee, die hier im Schatten des Walls nichts zu suchen hatte.

Ihr berittener Anführer aber schenkte dem fernen Lager nicht mehr als einen kurzen Blick. Er flüsterte seine Befehle und führte sie in einem großen Bogen um die nächtlichen Feuer herum. Es war Zeit für die Jagd.

Hinter ihnen auf dem Wall drehten sich die gepfählten Wächter im Wind und schienen zu nicken, während die erste Fackel auf dem Wehrgang zu flackern begann und schließlich stotternd erlosch.

2

Ein Heerlager umschloss das römische Kastell von Vindolanda, das dort im Schatten des Walls stand. Ein verirrter Wanderer hätte es wohl für eine Belagerungsarmee gehalten, für eine Horde von Barbaren, die gekommen waren, um das Imperium mit Krieg zu überziehen. Denn das flackernde Licht der Lagerfeuer fiel auf die kalten, harten Augen erfahrener Schlächter, auf Tätowierungen von Wölfen und Drachen und Adlern, auf pirschende Raubtiere. Dies waren keine Soldaten der römischen Legionen – es waren Sarmaten, nomadische Krieger, die sich seit Jahrhunderten gegen die Grenzen des Reiches geworfen hatten, immer hungrig nach Eisen und Gold und Blut. Fünftausend von ihnen waren dort im Schatten des Walls versammelt – eine Macht, gegen die nur wenige Feinde bestehen konnten.

Sah man jedoch genauer hin, so konnte man die Anzeichen von Scham und Unterwerfung erkennen, die schwer auf ihnen lasteten – die müde Reglosigkeit, mit der sie im Gras hockten, die hängenden Schultern und schlaffen Kiefer. Keine Waffen trugen diese Sarmaten, auch wenn einige von ihnen Äste zu Messern oder Schwertern geschnitzt hatten, wie ein Kind ein Stöckchen zu einem Spielzeug formen mag. Bloße Schatten von Waffen, die ihnen ein

18

Mindestmaß an Beruhigung verschafften, denn es war ein Zustand der Schande, so entwaffnet auszuharren. Und wo in der Vergangenheit rings um ihre Feuer stets große Gesänge zu hören gewesen waren, Lieder über Liebende und Helden, voll von Lachen und Poesie, saßen sie jetzt stumm da, die Zungen von ihrer Schmach gebunden.

Nur hier und da flüsterten einige Männer untereinander. Immer wieder fielen die gleichen Worte, wie Gebete an ihre Götter. »Fünfundzwanzig Jahre«, hieß es. »Fünfundzwanzig Jahre, dann dürfen wir endlich nach Hause zurück.« Denn dieser Gedanke, so schien es, war alles, was diesen Männern noch blieb. Verloren die große Freiheit der weiten Steppe, verloren der verwegene Kreislauf von Fehden und Beutezügen, in dem sie Ehre erlangten. Nur noch das langsame Abarbeiten ihrer Schuld, Jahr für Jahr, bis sie endlich ihre Heimat wiedersehen durften.

Rings um die Feuer hockten sie in großen versprengten Gruppen, teilten Wärme und Gesellschaft. Denn die Sarmaten taten nichts allein, hatten keine Geheimnisse voreinander. Alles wurde mit dem Stamm und der Sippe geteilt, denn diese Männer und Frauen waren durch Blut verbunden oder durch die Eide, die sie auf ihre Klingen ablegten. An einem der Feuer aber saßen nur zwei Männer.

Der eine von ihnen hatte rotgoldenes, von wenigen silbrigen Strähnen durchzogenes Haar, und sein Bart war nach dem Vorbild des Kaisers geschnitten – er war das Ebenbild eines römischen Soldaten. Der andere Mann trug die Lederhose und den gegürteten Mantel der Steppe, hatte kupferfarbene Haut und schwarzes Haar und frische zerklüftete Narben im Gesicht, unter denen sich die durchtrennten Linien alter Tätowierungen abzeichneten – ein geschupptes Untier mit gewundenem Leib, zerschnitten von den frischen weißen Spuren einer Klinge.

Bezwinger und Bezwungener saßen gemeinsam an diesem Feuer und teilten sich einen Weinschlauch, als wären sie Brüder. Dann und wann ertönten leise und gedämpft Hörner oder Trommeln in der Nähe. Lange Zeit saßen die beiden in geselliger Stille da und schürten abwechselnd das Feuer.

Schließlich schaute der Römer auf.

»Spricht irgendwer noch von Meuterei?«, fragte er.

»Mir ist nichts zu Ohren gekommen«, sagte Kai. Er führte die Hand zum Feuer und prüfte die Hitze. »Jetzt, wo wir fast am Ende der Reise angelangt sind, werden sie ruhiger.«

»Ich dachte, es würde Ärger geben, nachdem die neuen Vorräte eingetroffen sind. Verrottetes Fleisch und verdorbenes Getreide.«

Kai zuckte mit den Schultern. »Die Pferde sind wohlgenährt. Das ist alles, was mein Volk kümmert. Was sollte es Männern, die in Schande leben, ausmachen, dass sie verhungern?«

Abermals Stille, und im Licht der Flammen betrachtete Kai den Mann, mit dem sein Schicksal untrennbar verbunden war. Der Römer trug einen dieser nicht enden wollenden Namen, die sein Volk so schick fand. Für die Sarmaten aber war er ganz einfach Lucius oder, wie er manchmal genannt wurde, der Große Anführer, ein Mann, der während der Kriege in der Steppe fern im Osten in Kais Gefangenschaft geraten war und durch seinen Mut mit dem Schwert die Freiheit wiedergewonnen hatte. Ein Mann, der mit seinem Kaiser einen Frieden zwischen ihren Völkern ausgehandelt und so die Sarmaten vor dem Untergang bewahrt hatte. Allerdings zu einem hohen Preis – für sie beide.

»Es war ein langer Weg«, sagte Lucius, als hätte er Kais Gedanken gelauscht, »und ein beschwerlicher für dein Volk, ich weiß. Aber morgen bekommt ihr eure Waffen zurück. Ihr könnt wieder Krieger sein.«

»Du klingst wie jemand, der sich selbst von etwas überzeugen will«, sagte Kai.

»Du glaubst, ich lüge dich an?«

»Ich glaube, dass Krieger einen Feind brauchen, den sie bekämpfen können.« Er schirmte die Augen ab und schaute sich demonstrativ um. »Hier sehe ich aber niemanden.«

Lucius deutete in Richtung des Walls, dieser schwarzen Linie, die sich vor dem Horizont abzeichnete. »Und glaubst du, das da ist grundlos gebaut worden?«

»Ah ja.« Kai grinste säuerlich. »Zweifellos lebt dahinter ein Volk von Riesen. Deshalb ist dieses Land auch halb verlassen, und man schickt verhungernde Leute her, um diesen Steinhaufen zu bewachen. Was für Helden wir sein werden.«

Lucius schwieg.

»Wir haben die Gerüchte alle gehört«, fuhr Kai fort. »Und du hast es nie in dir gehabt, überzeugend zu lügen. Man hat uns nicht zum Kämpfen hergeschickt. Wir sollen verrotten und vergessen werden. Aber man hat uns einen Krieg versprochen.«

Der Römer verzog das Gesicht – der Mann war wütend auf sich selbst, so kam es Kai vor. »Manch einer wäre dankbar für Frieden«, sagte Lucius dann, »statt nach Krieg zu gieren. Ich kenne viele Legionäre, die den Wall dem Danubius vorziehen würden.«

»Es ist nicht das, was uns versprochen wurde.«

Lucius schüttelte den Kopf. »Manchmal klingst du wie ein Kind, wenn du von diesen Versprechen sprichst.«

»Wie ein Mann, der erwartet, dass man sich an einen Eid hält, der auf die Klinge abgelegt wurde.«

Wieder Stille, bis auf das Knacken des Feuers.

Beide wussten, dass Kai die Wahrheit sagte. Fern im Osten hatte man ihnen etwas versprochen. Als sich ein römischer General in Ägypten aufgelehnt und zum neuen Kaiser erklärt hatte, hatten die Sarmaten gegen ihn ins Feld ziehen sollen, in den größten aller Kriege. Seine Rebellion aber war vorbei gewesen, noch ehe sie wirklich begonnen hatte, der Kopf des Verräters von einem der eigenen Centurionen abgeschlagen, wie ein Stück kostbaren Fleisches gepökelt und in Tuch gewickelt und dem Kaiser von Rom als Geschenk zugesandt. Es gab keinen Krieg mehr für die Sarmaten, also hatte man sie stattdessen nach Nordwesten geschickt, weit übers Wasser und die weißen Klippen in den entlegensten Winkel des Reiches.

»Ich will nicht undankbar erscheinen«, sagte Kai. »Ich weiß, dass du viel aufgegeben hast, um uns hierher zu bringen. Ich bitte dich nur, mich nicht zu belügen.«

»Ich weiß. Es tut mir leid.«

Kais Grinsen blitzte in der Dunkelheit auf. »Vielleicht bin

ich im Unrecht. Es muss ein furchterregendes Volk sein, das jenseits des Walls lebt, wenn Rom solch ein Bauwerk errichtet, um sich zu schützen. Und so mächtige Krieger wie uns.«

»Ich glaube, jetzt bist du derjenige, der nicht glaubt, was er selbst sagt.«

»Ich übe nur, was ich den anderen erzählen soll.« Wieder richtete Kai den Blick auf den gewaltigen Schatten am Horizont. Er fragte sich, ob er sich je an den Anblick des Walls gewöhnen würde. Die Sarmaten entstammten einem Ort, an dem man monatelang reiten konnte, ohne auf ein Hindernis zu stoßen, ohne feste Gebäude oder Grenzen – bis auf jene in den Köpfen der Menschen. Sie waren ein Volk, das nichts Dauerhafteres errichtete als Hütten, um sich vor den schlimmsten Wintern zu schützen, und ihm erschien es wie ein böses Omen, das Land auf solche Weise zu zerschneiden und zu verstellen. Ein Akt wider die Natur und wider die Götter selbst. »Was, glaubst du, erwartet uns hier wirklich?«, fragte er.

»Das Soldatenleben. Wachen und warten. Steuern im Land eintreiben. Den Frieden sichern.« Lucius deutete auf die verstreuten Gebäude vor den Toren des Kastells, als wäre er ein gewiefter Führer, der einem Reisenden die Wunder Roms zeigte. »Im *vicus* – das ist das Dorf außerhalb der Festung – gibt es Wein und Weiber. Außerdem kann man hier gut jagen, schätze ich, in den umliegenden Wäldern und Hügeln. Es ist kein schlechtes Leben.« Aber seine Stimme klang halbherzig.

»Wo würdest du jetzt sitzen, wenn alles anders gekommen wäre?«

»Immer noch am Ufer des Danubius. Ein Krieg nach dem anderen. Oh, ich hätte vielleicht mittlerweile den Rang eines *primus pilus* und einen Lorbeerkranz auf dem Kopf. Und sehr bald einen Grabstein außerhalb dieses oder jenes Lagers. Am Danubius führen Centurionen ihre Abteilungen in die Schlacht und leben meist nicht mehr besonders lange.«

Kai lächelte abermals und stimmte ein altes sarmatisches Sprichwort an: »Wenn unser Leben auch kurz ist …«

»… soll unser Ruhm doch groß sein«, ergänzte Lucius. »Ja, wir hätten fern im Osten beide den Tod eines Kriegers gefunden. Tapfer und nutzlos. Hier müssen wir deinem Volk ein neues Motto geben, nach dem es leben kann.«

»Einverstanden. Lange zu leben und unsere Heimat wiederzusehen.« Eine Pause. »Das hoffe ich, mehr als alles andere.«

»Ich weiß«, sagte Lucius.

Kai nahm einen Schluck aus dem Weinschlauch und verzog dank der Schärfe der *posca* das Gesicht. »Für eine Sache immerhin bin ich dankbar. Dass ich einem Anführer wie dir diene.«

Der Römer wurde rot – es war sehr einfach, ihn in Verlegenheit zu bringen, das hatte Kai schon lange herausgefunden. Denn die Sarmaten redeten stets offen, sprachen ihre Liebe oder ihren Hass füreinander so selbstverständlich aus, wie sie sich über die Gesundheit ihrer Pferde oder Veränderungen des Wetters austauschten. Und Lucius war, wie es schien, nicht daran gewöhnt, dass man freundlich über ihn redete.

Einmal mehr deutete der Römer auf den großen Schatten am Horizont. »Siehst du das Meilenkastell dort?«, fragte er, und Kai folgte seinem ausgestreckten Finger zu einem Abschnitt des Walls, wo kein Licht zu sehen war. »Die Fackeln sind erloschen. Ein Haufen fauler Wachen. Entweder sie schlafen oder sie sind betrunken.«

»Was wird mit ihnen passieren?«

»Wenn sie Glück haben, werden sie ausgepeitscht. Wenn sie Pech haben, werden sie von den eigenen Kameraden totgeschlagen.« Er schaute mit ernster Miene auf. »Ich werde es ähnlich handhaben müssen, ebenso die anderen, die euch befehligen mögen. Sorg dafür, dass deine Leute das wissen.«

»Das werde ich. Sie fürchten sich nicht vor strengen Befehlen.«

Aber während er das sagte, fragte Kai sich im Stillen, ob das wirklich stimmte, sollte sein Volk an diesem Ort einen Befehl bekommen, den es nicht befolgen konnte – den er selbst nicht befolgen konnte. Denn selbst unter freiem Himmel spürte Kai die unsichtbaren Gitterstäbe eines Käfigs, der sich um ihn schloss. Stets war ihr Volk frei durch die Steppe gezogen, und jetzt sollte es für fünfundzwanzig Jahre an einen einzigen Ort gebunden sein. Da stand er auf, war plötzlich unruhig und gierte nach der einen Sache, die ihm ein wenig Frieden verschaffen konnte. Eine gefährliche Art von Frieden, wie ein Mann mit einer offenen Wunde im Bauch nach dem Schluck Wasser betteln mag, der ihn umbringen wird – aber trotzdem Frieden.

Hinter sich hörte er Lucius. »Wo willst du hin?«

Kai antwortete nicht.

Lucius starrte ins Feuer und schwieg eine Weile. Dann sagte er leise: »Du solltest nicht nach ihr suchen.«

»Sagst du das als mein Anführer?«

»Als dein Freund.«

»Dann weißt du, dass ich es tun muss.« Und ohne eine Antwort abzuwarten, trat Kai in die Dunkelheit hinaus, spürte das nasse Gras unter den Fußwickeln und das leichte Stechen des Windes in den Narben auf seinen Wangen.

Oft hatte er während ihrer langen Reise nach Nordwesten nachts wachgelegen oder war rastlos umhergelaufen. Es war die Tageszeit, die ihm am meisten behagte, eine Zeit der Träume und des Vergessens; wenn man im Dunkeln die Feuer und die Schatten der um sie versammelten Sarmaten betrachtete und die schemenhaften Umrisse der Pferde, konnte man fast glauben, noch immer im großen Grasmeer zu sein. Wenn er sich nur Mühe gab, nicht die brutale Linie der geraden Straße in der Nähe zu sehen oder die gedrungenen Gebäude, die den Horizont wie Beulen in der Haut durchbrachen; wenn er in der Finsternis die Getreidefelder zum hohen wilden Gras der Steppe werden ließ. Und was ihn selbst anging – in der Nacht mochte man ihn mit jedem anderen Mann verwechseln, mit der Sorte Mann, die er einst gewesen war; mit einem Mann, der noch Teil des eigenen Volkes war.

Er durchstreifte das Lager und kam an einigen Kriegern vorbei, die sich ausreichend mit Wein betäubt hatten, um ihre Schande zu vergessen – sie hüpften und tanzten und versuchten offenkundig zu verdrängen, wo sie sich befanden. An vielen anderen kam er vorbei, die reglos dasaßen und ins Feuer starrten und dem Leben nachtrauerten, das sie einst geführt hatten. Wieder andere saßen gemeinsam in der Dunkelheit und klammerten sich aneinander fest.

Er gesellte sich zu keiner dieser Gruppen, denn ihm stand der Sinn weder nach Singen noch nach Grübeln noch nach Männerliebe. Stattdessen schloss er sich einer ungeordneten Reihe von Männern an, die auf dem gleichen Weg waren wie er selbst. Gemeinsam schlurften sie zum Ostrand des Lagers, um die Frauen zu betrachten.

Denn da draußen gab es ein zweites Lager, nicht mehr als einen Pfeilschuss entfernt, umstanden von Wachtposten und kaum ein Zehntel so groß wie das Hauptlager. Dort waren die Frauen untergebracht, denn die Römer hatten darauf bestanden, dass Männer und Frauen während der Reise getrennt kampierten – aus imperialem Misstrauen womöglich, dass diese Barbaren aus lauter Fleischeslust ihre Aufgaben vernachlässigen würden. Oder sie bezweckten, den Männern die Frauen als Geiseln vorzuenthalten, da sie den Eiden nicht trauten, die diese Fremden auf ihre Klingen geleistet hatten. Einmal hatte Kai mit einem anderen Sarmaten darüber gesprochen, der nur gelacht und erwidert hatte: »Da kennen sie unsere Frauen aber schlecht. Es wäre sicherer, *uns* als Geiseln zu halten, um *sie* zu befrieden.«

Jede Nacht zog es Männer zum Rand des Lagers, wie die Helden aus den alten Geschichten, die durch verzaubertes Wasser in die jenseitigen Lande spähten, um den Schatten einer verlorenen Liebe zu sehen. In dieser Nacht mochten es an die hundert Männer sein, die wie auf eine unausgesprochene Vereinbarung hin alle keine Notiz voneinander nahmen. So konnte jeder hier vorgeben, ganz allein zu sein, und nur seinen privaten Träumereien nachhängen. Und so betrachtete Kai die fernen Umrisse auf der Suche nach einer ganz bestimmten Gestalt. Einer Frau namens Arite.

Die Chancen standen eins zu tausend, dass sie die Reise aus der Steppe mit ihnen angetreten hatte. Fünfhundert Frauen hatten sich den fünftausend Männern angeschlossen, die nach Westen geschickt wurden, erwählt mittels Losverfahren, durch das Ziehen eines schwarzen Steines aus einem Gefäß mit lauter weißen. Aber so sehr Kai gehofft hatte, sie würde eine der Auserwählten sein, spürte er doch gleichermaßen Sehnsucht und Reue, als er in der Dunkelheit Ausschau nach ihr hielt.

Da glaubte er, sie zu sehen, als der Flammenschein Gold und Silber in langem Haar erhellte. Eine groß gewachsene Gestalt, die rastlos von Feuer zu Feuer ging wie ein Anführer, der seine Wachleute abschreitet. Und vielleicht stimmte es wirklich, was die Geschichtenerzähler sagten, dass sich Verlangen selbst in Stille und von Ferne noch bemerkbar machte, denn dieser Schatten verharrte und schien in seine Richtung zu blicken. Er erinnerte sich an viele kleine Dinge aus dem vergangenen Winter. An Augen, die in der Dunkelheit leuchteten, an die raue Haut ihrer Handflächen, die seinen Rücken umfassten, und daran, wie sein Kopf in der weichen Kuhle zwischen ihrem Hals und ihrer Schulter ruhte.

Aber etwas stimmte nicht. Da war jemand, der sich Kai

näherte, ein weiterer Schatten in der Nacht, der die unausgesprochene Übereinkunft zwischen den Anwesenden verletzte. Ein gesichtsloser Mann in der Finsternis, und doch hätte Kai ihn überall erkannt.

Einst war Bahadur einer jener stets glücklichen und fröhlichen Männer gewesen, die das besondere Wohlwollen der Götter genießen, und sein Gesicht eher von Lachen als von Alter gezeichnet. Aber die Gefangenschaft bei den Römern hatte sein Lachen verstummen lassen, hatte ihm die Lieder genommen. Und da waren noch tiefere Wunden in seinem Herzen, die nicht die Römer ihm zugefügt hatten. Denn in dieser Nacht gab es nur eine Sache, die Kai und Bahadur miteinander verband. Beide hielten Ausschau nach derselben Frau.

Der Schatten neigte den Kopf ein wenig zur Seite – ein Stich fuhr Kai ins Herz, diese Bewegung zu sehen. Es war eine Geste, die er sehr gut kannte; Bahadur vollführte sie, wann immer er nach der Lösung für ein unmögliches Problem suchte. Und immer hatte er auch eine gefunden, denn das war seine Gabe gewesen. Ehe Kai das Einzige getan hatte, was Bahadur niemals verzeihen konnte, und das Band zwischen ihnen zerrissen war.

Eine knappe Handbewegung – nicht der Gruß, den man einem Freund erbieten würde, sondern eine Geste, wie um einen streunenden Hund von der Herde zu verscheuchen. Eine Geste, der allzu oft bald ein geworfener Stein nachfolgte, oder ein Speer. Kai wusste, dass Bahadur dort stehen bleiben und ihn beobachten würde – falls nötig, bis die Sonne aufging, bis die römischen Peitschen seine Schultern

29

berührten. Und trotzdem würde er nicht weichen, bis er sah, dass Kai vor ihm vertrieben wurde.

Kai tat einige stolpernde Schritte, fühlte sich plötzlich ungelenk in der Dunkelheit, wie Trauer manchmal die ganze Welt ins Wanken zu bringen scheint. Zurück ins Innere des Lagers, zur Sicherheit des Feuers, zu Lucius und der Gesellschaft anderer Männer. Und dann zu schlafen, zu träumen, wenn möglich zu vergessen.

Als er sich abwandte, sah er am Horizont ein neues Feuer entstehen. Eine große Blüte aus Gelb und Orange, die sich in den Himmel wölbte und dichten schwarzen Qualm hoch empor schickte. Zuerst hielt er es für ein Ritual dieses Landes, für ein Fest, um die Geister der Nacht zu vertreiben oder Segen für die Ernte zu erbitten. Wer konnte schon sagen, welch seltsame Gebräuche die Menschen hier pflegten, am Rand der Welt?

Dann aber sah er auch die Signalfeuer erwachen, helle Lichtpunkte, die den großen Wall in beide Richtungen entlang tanzten. Die Hörner schollen durchs Tal, dröhnten und hallten von den Steinen wider, eine Musik, die Kai auch fern im Osten vernommen hatte. In vielen Jahren des Krieges und der Beutezüge jenseits der Grenze war sie erschollen, und Kai und sein Volk hatten gelernt, diesen Klang zu fürchten, dem sie nun gehorchen mussten.

Das Alarmsignal der Legionen, das die Sarmaten in die Schlacht rief. Um für ihre neuen Meister zu sterben. Für Rom.

3

Blut in der Luft. Der Ruf der Jagd – Kai spürte ihn deutlich, obwohl von einem Feind nichts zu erkennen war. Nur der Klang der Hörner und die Feuer am Horizont.

Sie hatten keine Waffen, aber ringsum sah er, wie die Männer brennende Äste ergriffen und ihre Pferde bestiegen, um die Grenzen des Lagers zu verteidigen. Nirgendwo war Furcht zu spüren, nur eine wölfische Freude, dass sie endlich die Schlacht bekommen könnten, die man ihnen versprochen hatte. Da gab es nur noch einen Platz für Kai, den an Lucius' Seite, und trotz der Dunkelheit hatte er seinen Anführer bald gefunden. Denn Lucius war der Einzige, der ganz still dort stand, eine Insel im Fluss der Männer, die in alle Richtungen strebten und im Vorbeigehen Befehle von ihm erhielten.

»Alarm?«, fragte Kai, sowie er neben Lucius stand.

»Ich weiß nicht, was ihn ausgelöst hat.«

Kai deutete in Richtung des großen Feuers im Osten. »Ein Signalfeuer?«

»Zu groß«, sagte Lucius beim Anblick der mächtigen Flamme und der Rauchsäule, die zum Himmel aufstieg. »Da muss ein Gebäude in Brand stehen. Vielleicht ein betrunkener Schmied, der seine Esse unbeaufsichtigt gelassen hat. Oder Plünderer südlich des Walls.«

»Was tun wir?«

»Feldposten ausschicken und die Hälfte der Männer zu Pferd das Lager umrunden lassen.«

»Keine Waffen?«

»Ich kann nicht fünftausend Mann im Dunkeln bewaffnen«, gab Lucius zurück. »Und wir sollten sie nicht brauchen, solange diese Plünderer nicht gekommen sind, um eine Armee anzugreifen.«

»Was ist mit den Wächtern auf dem Wall? Werden sie kommen und kämpfen?«

Lucius schüttelte den Kopf. »Sie werden zuallererst ihre Posten verteidigen. Bis zum Morgen kommen sie nicht raus.«

»Sich hinter Mauern verstecken, das ist eure Methode«, sagte Kai und reckte stolz das Kinn. »Mein Volk geht auf die Jagd.«

»Ich habe dir doch gesagt, ich kann im Dunkeln keine fünftausend Mann bewaffnen.«

»Dann lass zwanzig von uns ausreiten.«

Lucius schüttelte abermals den Kopf. »Wir kennen das Gelände nicht, und es bleibt keine Zeit, uns richtig auszurüsten.«

Kai spürte den Anflug eines Lächelns über seine Lippen huschen. »Dann haben sie vielleicht eine faire Chance.«

Einen Moment lang stand Lucius unschlüssig da – vielleicht fragte er sich, ob Kai seinem Jagdinstinkt folgte oder nur dem Wunsch eines einsamen Mannes nach dem Tod. Kai musste sich eingestehen, die Antwort selbst nicht zu kennen.

»Na schön«, sagte Lucius. »Nimm dir zwanzig Mann.«

Er stockte. »Aber geht kein unnötiges Risiko ein. Ich werde dich wieder nach Sarmatien zurückbringen, zu deiner Tochter. Lass nicht zu, dass ich mein Versprechen brechen muss.«

Kai packte den Unterarm seines Anführers zum Abschiedsgruß unter Kriegern. Dann war er zwischen den Schatten seiner Männer verschwunden und suchte jene, die ihn begleiten sollten.

Ihm blieb keine Zeit, alle zusammenzusuchen, die ihm vertraut waren – er würde auf Glück und Schicksal und die Götter vertrauen müssen. Er warf sich ins Meer seines Volkes, ließ sich von den Wellen und Strömungen der Männer treiben, die ihn umspülten, suchte nach etwas, das er nicht benennen konnte. Er sah eine Kriegsmeute auf ihren Rössern, die gemeinsam Schlachtenlieder sang, aber als er näher kam, roch er den Wein in ihren Atemwolken und nahm Abstand davon, sie zu sich zu rufen. Ein Stück weiter sah eine andere Gruppe ebenfalls wie erfahrene Krieger aus, doch dann schien das Licht der Flammen in ihre Augen, die gleichsam leer und von stumpfer Todessehnsucht erfüllt waren – Männer, die Speerspitzen suchten, auf die sie sich werfen konnten.

Endlich erreichte er eine Gruppe Sarmaten, die still und stumm in der Dunkelheit standen. Und in ihrer Stille fand er, wonach er gesucht hatte.

»Ich brauche zwanzig Reiter«, sagte er, als er zwischen sie trat. »Nur die, die fähig sind, zu reiten und zu kämpfen. Lügt mich nicht an, falls ihr krank seid, ihr würdet uns nur aufhalten.«

Sofort scharten sie sich um ihn, streckten die Hände nach ihm aus, starrten ihn wild vor Verlangen an. Er bat sie, sich einem Kampf im Dunkeln zu verschreiben, gegen unbekannte Feinde von unbekannter Zahl, aber sie zögerten nicht. Nichts anderes hatte er von seinem Volk erwartet.

Reihum fasste er sie bei den Händen, zählte bis zwanzig, und so war es vollbracht. Keine Zeit, um festzustellen, ob es Freunde waren oder Fremde, mit denen er ausreiten würde, gestählte Krieger oder Knaben ohne jede Erfahrung, ehe er sie zu den Pferden führte, die in ihrem Pferch aufstampften und die Köpfe herumwarfen, nicht weniger begierig auf einen Kampf als ihre Reiter. Monströse Schlachtrösser einer Rasse, die in diesem Land nie zuvor gesehen worden war – massig wie bei professionellen Ringern tanzten die Muskeln unter ihrer Haut. Pferde, die zum Kämpfen und Töten gezüchtet worden waren. Sie hatten leuchtende Augen und die Häupter hoch erhoben, denn nie waren sie besiegt worden. Es waren nicht die Pferde, die sich Rom gebeugt hatten.

Lucius stand ein Stück voraus bei den Vorratskarren und verteilte in der harten Sprache der Römer Befehle an jene, die die Wagen bewachten. Und die Sarmaten, die Kai um sich versammelt hatte, saßen auf und warteten geduldig auf diese Gelegenheit, ihre Ehre wiederherzustellen. Darauf, dass der lange Weg der Scham endlich hinter ihnen liegen sollte und sie ihre Waffen wieder tragen durften.

Sie sahen zu, wie die langen Bündel von den Karren gehoben wurden, fest vertäut und in gewachste Tierhäute geschlagen, um sie vor dem Regen zu schützen, als wären es Seidenballen von unschätzbarem Wert. Dann wurden sie entpackt und unter den Sternen ausgebreitet, die großen Speere ihres Volkes, die langen beidhändigen Lanzen der Steppe. Mit ihnen hatten sie römische Legionen gebrochen, die Daker vor sich hergetrieben und stolz um ihre Freiheit gekämpft. Nun mochten sie stattdessen etwas anderes zurückgewinnen. Kai schloss die Finger um die Lanze, die man ihm reichte, und fühlte sich endlich wieder vollständig.

»Reitet sachte«, sagte er zu den anderen, »und achtet auf den Untergrund. Sollte euer Pferd lahmen, kehrt allein um und sorgt dafür, dass ihr spätestens bei Morgengrauen wieder im Lager seid. Wer später zurückkommt, den werden sie als Deserteur hinrichten. Verstanden?«

Zwanzig Reiter nickten ihm zu und neigten die Speere zum Kriegergruß.

Hinaus in die Nacht – zerklüfteteres Gelände, als sie es aus der Steppe gewohnt waren, flache Hügel mit Heidekraut und Farn als mögliche Fallstricke für unachtsame Pferde, durchzogen von Sumpf und Schlamm. Die Luft war erfüllt von fremdartigen Gerüchen – Wildblumen und Birkenrinde, dazu der reiche Duft des Heidekrauts nach Regen und Sonne. Und auch von fremdartigen Geräuschen: Vogelrufe, die ihm nicht vertraut waren, überlagerten den bekannten wunderbaren Klang von Hufen, die auf vom Regen aufgeweichte Erde schlugen.

Sie bildeten eine breite Linie, bewegten sich gleichmäßig und achtsam durch die Finsternis und strebten in weitem

Bogen zu einem Punkt nördlich der Stelle, wo das große Feuer brannte. Sie suchten eine Fährte – ein hoffnungsloses Unterfangen, wie es schien, denn obwohl das Gelände größtenteils frei vor ihnen lag, hatten sie nichts als den fahlen Halbmond, der sie leitete, und der Regen fiel in dichten Schleiern, die vom Wind verweht wurden und das Land verhüllten. Sie mochten in wenigen Pfeilschüssen Entfernung an ihrer Beute vorbeireiten und sie nicht entdecken, stundenlang nach einer Fährte suchen, die längst erkaltet war. Kai aber spürte das Flüstern eines Gottes in seinem Ohr und senkte schließlich den Speer in Richtung einer bestimmten Stelle am Horizont.

»Da hinten am Wall, bei diesem Kastell, wo kein Licht brennt. Dorthin müssen sie unterwegs sein.«

Sie bewegten sich jetzt schneller, denn die Pferde wurden vertrauter mit dem Gelände, und die Reiter saßen erwartungsvoll in ihren Sätteln. Sie waren in einem fremden Land und stellten Feinden nach, deren Bewaffnung und Anzahl sie nicht kannten. Aber in diesem Moment hätte Kai all die Jahre des Sklavendaseins für eine Nacht als Jagdherr eingetauscht.

Ob durch Glück oder Schicksal, irgendwann stolperten sie fast über ihr Ziel – Furchen von Wagenrädern, flankiert von schweren Hufabdrücken. Unter anderen Umständen eine unscheinbare Fährte, aber sie erkannten sofort, dass sich der Regen noch in den frischen Furchen sammelte, die nordwärts auf den Wall zuhielten. Als Kai sich nach seinen Leuten umdrehte, sah er sie grinsen. Ihre Zähne leuchteten hell unter den Sternen.

Ein Mann, den er nicht kannte, erhob die Stimme. »Vielleicht halten die Bauern in diesem Land ihre Märkte im Mondlicht ab.«

»Mag sein«, gab Kai zurück und tippte gegen den Schaft seiner Waffe. »Also lasst sie uns finden und schauen, was sie gegen unsere Lanzenspitzen tauschen wollen.«

Noch schneller ging es weiter. Die Pferde schwenkten ungeduldig die Köpfe – vielleicht witterten sie Dinge in der Nachtluft oder sahen etwas, das die Augen der Menschen nicht ausmachen konnten. Denn jeder Sarmate wusste, dass Pferde die Toten sehen konnten, und dieses Land sah aus, als wimmelte es darin von Geistern.

Ein Umriss in der Dunkelheit – der Karren eines Bauern; ein Rad war gebrochen und zur Seite geneigt. Im Näherkommen sahen sie, dass er schwer mit Getreidesäcken und geschlachteten Schweinen beladen war.

»Sie haben ihre Beute zurückgelassen«, sagte einer der Reiter. »Sie laufen davon.«

»Dann fangen wir sie ein«, gab Kai zurück.

Der schnellste Reiter an der Spitze beugte sich so weit im Sattel vor, dass er fast hinabzufallen schien. Er untersuchte die Spuren am Boden, pfiff und schnalzte mit der Zunge, um die anderen wissen zu lassen, wohin sie sich wenden mussten. Hoch ragte der Wall vor ihnen auf dem Grat des Hügels empor wie ein düsteres Monument für einen rachsüchtigen Gott.

Und da erblickte Kai sie, als Umrisse oben auf dem Hügel – Pferde und Reiter, die eilig gen Norden strebten. Auch wenn er nicht genau ausmachen konnte, wie viele sie waren. Unter diesen Schatten aber stach einer heraus, der wie ein Riese zwischen den restlichen Plünderern wirkte und auf einem Pferd saß, das seine Artgenossen um die Hälfte zu überragen schien.

Dieser große Mann rief seiner Truppe einen Befehl zu, von dem nur Fetzen an Kais Ohr drangen; verwischt von Wind und Regen klang es eher wie das Heulen eines Tieres als nach menschlicher Sprache. Und doch kam es Kai seltsam vertraut vor – fast konnte er es verstehen, wenn nicht die Worte selbst, so doch ihre Bedeutung. Dann hallten Schreie durch die Luft, und mehrere Plünderer fielen aus ihren Sätteln. Schwarzes Blut wallte im fahlen Mondlicht auf.

Keine Zeit, sich einen Reim darauf zu machen oder zu begreifen, was vorgefallen war, keine Zeit. Der Kampfrausch hatte sich seiner bemächtigt, sperrte Nachdenken und Erinnerung aus. Ein zitternder Schrei brach aus seiner Kehle hervor, damit war die Jagd eröffnet. Und wie als Antwort auf diesen Schrei sah er den großen Mann, den Anführer der Plünderer, sein mächtiges Ross von ihnen abwenden. Direkt nach Norden, in Richtung des Walls.

Es kroch ihm wie ein Omen über die Haut, den Feind fliehen zu sehen – denn er wusste, dass nichts mehr zählte, als diesen Mann zu töten. Da erscholl ein Pfeifen, und die Speere der Plünderer gingen zwischen den Sarmaten nieder. Kai hörte die spitzen Schreie ganz in der Nähe und die nassen Schläge von Pferden und Reitern, die zu Boden gingen.

Keine Zeit, einen Gedanken an die Gefallenen zu verschwenden oder an den großen Mann, der nach Norden floh. Er konnte nur an die Lebenden vor sich denken, an die Männer, die er töten musste. Er packte die Lanze mit beiden Händen und lenkte sein Pferd zwischen die Schatten in der Dunkelheit, dann der entsetzliche Ruck, als seine Waffe ins Fleisch drang, das Zerren und Drehen, als der Mann vor ihm aus dem Sattel gehoben wurde, wie im Flug in der Luft verharrte und dann gebrochen mit einem letzten Kreischen auf die Erde fiel und zur Seite rollte.

Die Sarmaten auf ihren großen Schlachtrössern mussten in der Finsternis wie Monster wirken, wie Riesen mit übergroßen Waffen, als sie die Plünderer in einem einzigen Sturmangriff in Stücke rissen. Kurz überkam ihn eine seltsame Scham, weil diese Feinde so einfach zu töten waren, und schon sah er die verbliebenen Plünderer die Speere fortwerfen und die Hände in die Höhe recken; die wortlosen Kriegsschreie verzerrten sich zu einer Sprache, die zweifelsfrei von Kapitulation kündete, auch wenn Kai die Worte nicht verstand.

Er rief seinen eigenen Reitern zu, diesen Schlächtern, die er durch die halbe Welt geführt hatte – rief sie zurück und befahl ihnen, Gnade walten zu lassen. Sie schienen ihn nicht zu hören. Ein Jahr der Schande lag hinter den Sarmaten, und dieses Jahr wollten sie mit Blut von sich abwaschen. Immer wieder stießen die Lanzen herab, und auch die Pferde töteten nicht weniger begierig als ihre Reiter, denn sie stampften mit ihren scharfen Hufen auf, bis auch der letzte Plünderer reglos auf der Erde lag.

Großes Schweigen. Nur Wind und Regen rollten weiter

über sie hinweg, als der Kampfrausch langsam aus ihren Leibern wich und Pferde wie Reiter unter der seltsamen Kälte erzitterten, die sich nach dem Töten einstellt. Die letzte geisterhafte Berührung der Erschlagenen, wenn sie diese Welt verlassen und ihren Weg in die nächste antreten. Kai rutschte von seinem Ross und sah die Männer an, die sie niedergemacht hatten.

Ihre Pferde waren eher Ponys. Kleine gedrungene Tiere, bestens an die raue Landschaft angepasst, den sarmatischen Schlachtrössern jedoch hoffnungslos unterlegen. Die Gesichter ihrer Reiter waren rußgeschwärzt, nur an manchen Stellen leuchtete unter der Farbe blasse Haut hervor. Kai entdeckte die Wirbel und verschlungenen Formen von Tätowierungen, die ganz anders aussahen als seine eigenen – Knoten und Muster statt der Tierfiguren, mit denen die Sarmaten ihre Körper verzierten. Auch trugen sie keine Rüstungen, nur vereinzelt lagen kleine viereckige Schilde im Gras. Kai hob einen ihrer schön gearbeiteten Speere auf – er war kaum halb so lang wie die Lanzen der Sarmaten, aber eine prächtig polierte Waffe aus Esche und Eisen, am Übergang vom Schaft zur breiten Metallspitze geschmückt mit Federn und Amuletten. Ringsum sah er auch andere aus seinem Volk eilig diese schönen Waffen als Trophäen an sich nehmen, zum Zeichen, dass sie erfolgreich getötet hatten. Einige knieten mit gezückten Messern da, um weitere Trophäen zu nehmen, Trophäen aus Fleisch. Da erst sah er die Frauen und Kinder zwischen den Toten.

Keine Kriegerinnen, denn sie trugen einfache bäuerliche

Kleidung, und ihre Hände waren mit Seilen gefesselt. Kai erinnerte sich an den lauten Befehl und die blutig herabstürzenden Körper, ehe der Kampf begonnen hatte.

»Sie müssen Gefangene gemacht haben, die sie als Sklaven über den Wall fortschaffen wollten«, sagte er halb zu sich selbst.

Und als er die Toten betrachtete, sah er einen, der zurückstarrte.

Einen Knaben, der reglos auf dem Boden lag, noch immer fest in den Armen seines Entführers wie im Schutz des eigenen Vaters. Das Kind lag so still da mit seinem blutverschmierten Gesicht, dass Kai es erst für tot hielt und das Licht in seinen Augen für einen Streich des Mondlichts. Bis ihn diese Augen anblinzelten, nur einmal, ganz langsam.

Kai faltete die Arme des Reiters auseinander und hob den Jungen hoch. Ein Kind von vielleicht acht Sommern, der Blick leer und matt. Schon oft hatte Kai diesen Ausdruck in den Augen eines Kindes gesehen, denn in der Steppe gab es viele, die ihre Familien an Krankheit oder Fehde verloren hatten oder als Geiseln verschleppt worden waren und ihrem Stamm erst zurückgegeben wurden, nachdem man bösen Spaß mit ihnen getrieben hatte, blutbefleckte Überlebende der Überfälle, die ihre Sippe in Stücke gerissen hatten. Gebrochene Überlebende. Manchmal genasen sie wieder, manchmal nicht.

Kai hob den Kopf und sah jene an, die mit ihm geritten waren. Eine trügerische Stille hatte sich um ihn gesenkt, eine Stille, die ihm nicht gefiel. Er sah, dass sie alle wie im

Gebet vertieft waren und in dieselbe Richtung blickten. Sie schauten weder ihn noch das Kind an. Sie schauten nach Norden, in Richtung des Walls.

Ein böses Bauwerk, aus dieser Nähe betrachtet. Von Ost nach West durchzog es die Landschaft, und kein Ende in Sicht. Vielleicht lief es ewig weiter, schloss die ganze Welt ein, fesselte die Erde mit einer Kette aus Stein. Als er ihren Blicken folgte, sah er, dass sie eine bestimmte Stelle des Walls betrachteten. Das kleine Meilenkastell direkt voraus, diesen einen Abschnitt des Walls, wo die Fackeln erloschen waren. Kein Anzeichen mehr von dem großen Reiter, der nach Norden geflohen war, aber es konnte kein Zweifel daran bestehen, wohin er sich abgesetzt hatte. Denn das Tor dort stand offen, und jenseits konnte Kai den Himmel und die Sterne und die weite Ebene erkennen. Das Ende des römischen Imperiums. Ein freies Land.

Einer der Sarmaten, ein Mann, den Kai nicht kannte, sah ihn an und grinste. »Sollen wir?«

Der Plan eines Irren. In tiefer Dunkelheit in den unbekannten Norden zu fliehen, um zweifellos auf Verwandte der Männer zu stoßen, die sie soeben umgebracht hatten, deren Blut noch frisch an ihren Lanzenspitzen glitzerte. Trotzdem spürte Kai es genau wie sie, den Ruf der weiten Landschaft wie das Flüstern einer Geliebten. Das Verlangen nach Freiheit.

Ein Druck an seiner Hand, als das Kind sich an seine Finger klammerte. Und Kai beugte sich hinab und drückte den Jungen an sich. »Denkt an eure Eide«, sagte er. »Vergesst nicht, dass ihr sie auf eure Klingen abgelegt habt.

Denkt an die fünfundzwanzig Jahre. Denkt an die Heimat, die ihr wiedersehen werdet.«

Eine andere Stimme antwortete aus der Dunkelheit. »Nicht immer bedeuten dir Eide so viel.« Und Kai erschauderte. Denn es war die Stimme einer Frau gewesen, einer Frau, die er sehr gut kannte.

Sie war nicht von mächtigem Wuchs wie die Helden aus den alten Geschichten. Nur ein Schatten von vielen und leicht zu übersehen. Trotzdem hätte er sie früher erkennen müssen, denn niemand kämpfte wie sie.

Die meisten kannten sie nur bei ihrem Kriegsnamen – Grausamer Speer. Er aber hatte sie gekannt, lange bevor sie zum Helden ihres Volkes geworden war, und kannte auch ihren richtigen Namen. Laimei – seine Schwester.

»Du hast doch nicht geglaubt, ohne mich auf die Jagd gehen zu können, Bruder?«

»Die Römer haben unseren Frauen das Kämpfen verboten«, antwortete er.

»Du hast nach zwanzig Reitern gefragt und zwanzig Reiter bekommen. Kein wahrer Sarmate würde meinen Platz in dieser Gruppe infrage stellen.« Sie zuckte mit den Schultern. »Aber ein Römer wohl, da hast du recht. Hältst du dich jetzt für einen von ihnen, nachdem du dir die Zeichen deines Stammes aus den Wangen geschnitten hast? Einer von uns bist du jedenfalls nicht.«

Die anderen setzten sich in Bewegung und versammelten sich nach und nach hinter ihr. Sie reckten die Hände nach ihrer Speerspitze und markierten ihre Stirnen mit den blutbenetzten Fingern. Denn weit im Osten war sie eine große Heldin ihres Volkes gewesen, eine, die hoch in der Gunst der Götter stand. Wieder und wieder hörte er die Reiter dieselben Worte flüstern. *Grausamer Speer.*

Kai deutete auf das Kastell und das Tor, den freien Weg in den Norden. »Hast du vor, den Wall zu durchqueren und deinen Eid zu brechen?«

»Mir haben sie keinen Eid abgenommen«, sagte sie. »Sie haben es nicht für nötig gehalten, die Frauen schwören zu lassen.«

»Ziehen wir also nach Norden?«, fragte einer der anderen. »Wir folgen deinem Befehl.«

Sie schwieg eine Zeit lang, neigte den Kopf und lauschte dem Wind, als wartete sie auf ein Omen.

»Nein«, sagte sie schließlich. »Ich will nicht, dass ihr eure Eide brecht. Ihr seid nicht wie mein Bruder.«

»Dann kehren wir um«, sagte Kai. »Mit Trophäen unseres Sieges und Blut an unseren Speeren.«

»Vielleicht«, sagte sie. »Vielleicht gibt es hier draußen aber auch noch mehr Blut zum Vergießen.«

»Sollen wir ihn töten?«, fragte einer der Männer. »Sag es nur, und es wird geschehen. Niemand wird davon erfahren. Unsere Speere sind dein.«

Sie antwortete nicht, und so wartete Kai, während sich die Männer in der Dunkelheit um ihn versammelten. Seine Hände lagen schlaff auf dem Speerschaft. Er spürte den Klammergriff des Jungen, den er gerettet hatte, und fuhr dem Burschen mit einer Hand durch die zerzausten Haare. Da war keine Furcht in seinem Herzen – aber dies weder aus Tapferkeit noch aus der Gewissheit, dass sie ihn verschonen würde. Nur hatte er solch einem Urteil bereits ins Auge geblickt, während der langen und bitteren Fehde mit seiner Schwester, die weit im Osten begonnen hatte. Schon einmal hatte er vor seiner Schwester gestanden und auf ihre Entscheidung gewartet, ob er leben oder sterben sollte. Damals hatte er all seine Furcht aufgebraucht.

Der Schatten seiner Schwester schüttelte den Kopf. »Kein Grund, jemanden zu töten, der bereits tot ist. Denn was ist ein Mann ohne Stamm, wenn nicht ein Leichnam, der bloß noch atmet?« Sie wandte den Blick ab und betrachtete die stillen Umrisse, die im Gras verstreut lagen. »Außerdem haben wir diese Nacht genug tote Sarmaten gesehen.«

Der Bann war gebrochen, der Blutdurst so schnell verflogen, wie er aufgekommen war. Einer der Männer trat vor und umfasste Kais Unterarm, als wären sie Brüder, und gemeinsam zogen sie los, um ihre Gefallenen zu bergen.

Zwei waren von Wurfspeeren getötet worden, und Kai hörte anerkennendes Raunen, dass diese Plünderer in der Dunkelheit so gut gezielt hatten. Ein weiterer war von einem Speerstoß getroffen worden und unter die Hufe des eigenen Pferdes geraten. Ein glücklicher Tod, so sahen es die Sarmaten, denn auf diese Weise riefen die Götter oft ihre bevorzugten Menschen zu sich, die weder durch die Hand von Männern oder Frauen noch durch das langsame Siechtum des Alters fallen sollten – stattdessen erwählten die Götter ein Pferd zum Henker.

Einer der Toten hatte noch keine zwanzig Sommer gesehen, die anderen beiden waren kaum älter. Sie waren gekommen, um ihre Jahre abzuleisten und von der Heimat zu träumen. Nicht eine Woche hatten sie auf ihrem neuen Posten überlebt. So erhob sich ein Gesang um ihre Leiber. Keines der alten Lieder oder Totengebete, denn hier, in diesem Augenblick, wurde ein neues Ritual geboren. »Fünfundzwanzig Jahre«, riefen sie wieder und wieder im Chor. Ein Gebet nicht für ihre gefallenen Kameraden, sondern für sie selbst, erfüllt von der Hoffnung, dass sie eines Tages nach Hause zurückkehren würden.

4

»Ein Tag nur.« Der Präfekt von Cilurnum beugte sich vor und stützte den Kopf in die Hände. »Warum konnten sie nicht noch einen Tag warten?«

Lucius Artorius Castus stand stramm und antwortete nicht. Er hielt den Blick auf eine Stelle ein Stück oberhalb vom Kopf des Präfekten gerichtet und begutachtete die Wand dort, den rissigen Verputz und die Fresken von Göttern und Helden, dazwischen ein Phallus als Glücksbringer. Die übliche Dekoration für das Quartier eines Kommandeurs im Herzen eines römischen Heerlagers. Sein Volk herrschte nun über die halbe Welt, und wo immer sie hinkamen, erfüllt von Stolz auf ihr Reich oder Sehnsucht nach Andenken an die Heimat, brachten sie ihre Kunst mit sich – denselben weißen Putz, dieselben Wandmalereien. Hätte man ihn mit verbundenen Augen in diesen Raum geführt, er hätte sich überall im Imperium wähnen können, sogar in Rom selbst. Bis der harsche Wind wieder auffrischte und sich durch Risse im Mauerwerk bis ins Innere des Gebäudes schlich – die ständige Erinnerung daran, dass sie sich am Rand des Reiches befanden, so fern der Heimat wie nur möglich.

Und genau wie Cilurnum ein Spiegelbild jedes Heerlagers im ganzen Reich war, galt das auch für seinen Präfekten

Glaucus Montanus. Männer wie ihn hatte Lucius immer wieder erlebt – einst mochte Glaucus ein guter Soldat gewesen sein, nun aber lagen seine Augen tief in den Höhlen, seine Arme waren dünn und seine Bewegungen zögerlich. Ein altes Sprichwort der Legion kam Lucius in den Sinn – ein fetter Präfekt war ein Dieb, ein dünner ein Bestohlener.

Endlich hob der Präfekt den Kopf. Zum dritten Mal seit Betreten des Raumes entbot Lucius ihm einen militärischen Gruß, und diesmal wurde er tatsächlich erwidert. »Von wo haben sie dich hergeschickt, hmm?«, fragte Glaucus.

»Vom Danubius, Herr. Ich führe eine Ala schwerer sarmatischer Kavallerie. Wir sollen die Garnison dieses Lagers übernehmen.«

»Das kann nicht stimmen.« Der Präfekt nahm eine Wachstafel vom Tisch, streckte sie von sich und überflog den Inhalt. »Hier steht, dass du von den Asturern kommst. Das ist der Name deines Regiments.«

»Augenscheinlich kann da irgendein Schreiber Sarmaten und Hispanier nicht auseinanderhalten, Herr.«

»Natürlich«, sagte Glaucus. »Ständig solche Fehler. Aber die Götter haben Sinn für Humor. Du bist vom Danubius gekommen, und dorthin werden sie mich zweifellos versetzen. Noch einen Tag Dienst am Wall, und da blamieren mich diese Barbaren.« Er machte eine Pause und wischte sich über die Augen. »Ich werde Rom niemals wiedersehen.«

»Wünschst du, meinen Bericht zu hören, Herr?«, fragte Lucius. Der Präfekt wedelte mit einer Hand – eine Geste, die alles bedeuten konnte. Lucius beschloss, sie als Zustimmung zu werten. »Sie haben den Wall in der Nacht überquert, durch das zwölfte Meilenkastell. Sie haben die Männer dort getötet, sie an Pflöcke gebunden und auf Speere gespießt.«

»Warum?«

»Aus der Ferne sollte das Kastell besetzt aussehen.«

Der Präfekt knurrte. »Gerissen. Aber wie sind sie überhaupt reingekommen?«

»Wissen wir noch nicht, Herr«, sagte Lucius. »Aber sobald sie durch waren, haben sie einen Landstrich südlich des Walls geplündert. Sie haben die Männer dreier Höfe erschlagen, die Frauen und Kinder gefangen genommen, ihre Karren mit Essen und allen Reichtümern beladen, die sie finden konnten.« Lucius zögerte und dachte daran, was sie auf der Suche nach Überlebenden gefunden hatten. Ein Leichnam hatte einen Flegel zum Dreschen von Getreide gehalten, ein anderer ein kleines stumpfes Messer, mit dem man kaum mehr als Käse hätte schneiden können, ein dritter bloß einen dünnen Stock, halb verkohlt aus dem Kochfeuer gezogen. »Die Bauern haben sich gewehrt, so gut sie konnten. Aber sie hatten keine Waffen.«

»Natürlich nicht«, sagte Glaucus. »Wir haben die heimischen Stämme entwaffnet, um den Frieden zu sichern.«

Der Präfekt kratzte und zupfte an seiner Kopfhaut – Läuse oder nervöse Angewohnheit, Lucius konnte es nicht sagen. »Das große Feuer. Eine brennende Scheune?«

»Jawohl.«

»Idiotisch von den Plünderern, sie anzuzünden. Sie wären

zurück durch den Wall verschwunden, und wir hätten nichts gemerkt.«

»Sie haben sie nicht angezündet.«

»Was?«

»Wir haben einen der Bauern mit einem Speer im Bauch und einer Fackel in der Hand vorgefunden. Wir glauben, dass er noch im Sterben das Feuer selbst gelegt hat.«

Der Präfekt quittierte dies mit einem weiteren knappen Knurren, das anerkennend klang – offenbar erinnerte selbst er sich noch entfernt daran, was Tapferkeit bedeutete. Und Lucius dachte an die verkohlte Leiche, die sie gefunden hatten – der Boden neben ihr von klauenhaft verzogenen Fingern zerfurcht, die Lippen weggebrannt, das gequälte Grinsen zum Himmel erhoben. Der Mann hatte sich selbst den schlimmsten aller Tode auferlegt, in der Hoffnung, dadurch gerächt zu werden.

»Ich brauche einen deiner Veteranen, um die Toten zu untersuchen«, sagte Lucius. »Wenn wir herausfinden, welchem Stamm sie angehören, wissen wir, wer dafür verantwortlich ist.«

Der Präfekt rieb sich die Augen. »Ich verstehe nicht. Die Plünderer sind tot. Hier gibt es kein Geheimnis zu lüften.«

»Ihr Anführer ist entkommen, Herr. Und er hat ein anderes Pferd geritten als seine Leute.« Wieder zögerte Lucius. »Den Berichten meiner Männer zufolge könnte es ein römisches Kavalleriepferd gewesen sein.«

Stille. Schabende Schritte am Eingang, als ein Bote mit einem Arm voll Schriftrollen eintrat, doch der Präfekt verscheuchte ihn ungehalten.

»Deine Männer sind Barbaren«, sagte Glaucus schließlich. »Sie erzählen dir Geschichten, um ihr Versagen zu verschleiern. Ich wage stark zu bezweifeln, dass irgendwer nördlich des Walls ein solches Pferd besitzt. Da gibt es nur diese kleinen Bergponys.« Er tippte vor sich auf den Schreibtisch, auf die Berichte und Meldungen von jenseits des Walls. »Und wäre irgendwo solch ein Pferd gestohlen worden, wüsste ich das.«

»Natürlich, Herr«, sagte Lucius. »Aber ab morgen bin ich für dieses Lager verantwortlich. Ich muss mir sicher sein.«

Der Präfekt trommelte mit den Fingern auf die hölzerne Tischplatte. »Es gibt einen örtlichen Stammesfürsten, dem du möglicherweise trauen kannst. Mor, Häuptling der Votadiner. Er kann dir vielleicht sagen, von welchem Stamm diese Plünderer gekommen sind. Aber ich würde mir trotzdem keine Hoffnung machen. Die bleiben meistens stumm, es sei denn, man hat ihnen eine Gegenleistung zu bieten.«

»Ich danke dir, Herr.«

»Sei nur nicht zu eifrig.« Der Präfekt schüttelte den Kopf. »Wir schicken keine Soldaten zum Wall, sondern Menschenopfer. Ganz gleich, ob es gute Männer oder verkommene Schufte sind. Die Stämme fordern ihren Tribut. Eine Plünderung hier, ein Überfall da. Wenn du im Lager bleibst und sie ab und zu mit einer Patrouille fütterst, kriegst du deine vier Dienstjahre vielleicht rum. Such dir ein Stück sumpfiges Farmland in irgendeiner Provinz aus. Nimm dir ein faules und dümmliches Weib zur Frau. Das ist es, was in diesem Land als glückliches Leben durchgeht.« Wieder stützte der Präfekt den Kopf in die Hände. »Die Besten werden in den Osten des Imperiums geschickt, die Glücklichen in den Westen, die Reichen in den Süden. Und in den Norden …«

»Jene, die man vergessen will«, vollendete Lucius das Sprichwort.

»In der Tat. Wie viele musst du hier unterbringen?«

»Fünfhundert Mann Kavallerie und ihre Pferde. Der Rest der Fünftausend ist auf andere Standorte entlang des Walls verteilt worden. Oder nach Süden zur weiteren Ausbildung.«

»Wir haben genug Platz. Auch wenn die Männer gemeinsam mit ihren Pferden untergebracht sind.«

»Dagegen werden sie nichts einzuwenden haben.«

»Selbstverständlich nicht.« Der Präfekt erhob sich und nahm die Kette mit dem Schlüssel zur Soldtruhe ab – von allen Zeichen seines Amtes das Unscheinbarste und doch das Bedeutsamste, denn diese Soldtruhe wurde zusammen mit dem Schrein und den Feldzeichen im Herzen des Lagers aufbewahrt, als wäre auch sie heilig. Lucius wartete darauf, dass Glaucus ihm den Schlüssel aushändigte, aber etwas ließ den anderen noch einen Moment lang innehalten. Zweifellos hatte er lange von diesem Moment geträumt, da er endlich befreit wurde von seinem verhassten Posten. Jetzt aber, im Angesicht seiner eigenen Reise in eine neue Welt, fürchtete er sich womöglich.

»Was hast du getan?«, fragte der Präfekt.

»Inwiefern?«

Glaucus stockte. »Ich war betrunken und habe die Tochter eines Senators beleidigt«, sagte er dann. Es klang wie eine Beichte. »Das habe ich getan, um an diesen Ort geschickt zu werden. Vor zehn Jahren. Was hast du getan? Irgendeinen Fehler musst du begangen haben, sonst wärst du nicht hier.«

Lucius ließ sich mit seiner Antwort Zeit. Er dachte an all die Entscheidungen, die er getroffen hatte, an all die Fehler, und fragte sich, ab wann sein Kurs unverrückbar festgestanden hatte. Ein erbitterter Streit mit seinem Vater vor langer Zeit, der ihn dazu gebracht hatte, in die Legion einzutreten. Dann eine leichtsinnige Tat, als er sich – mit krankem Herzen wegen der Frau und des Kindes, die er an die Antoninische Pest verloren hatte – freiwillig für eine Mission jenseits des Danubius gemeldet hatte. Die seltsame Liebe zu den Sarmaten, die in seiner Zeit als deren Gefangener in ihm herangewachsen war; endlich bei einem Volk zu sein, das anderen Werten anhing als dem blanken Streben nach Macht, das Ehre in mehr Dingen fand als nur dem Sieg. Und dann ging ihm auf, dass er eine bessere Antwort hatte als all diese.

»Ich habe mit dem Kaiser debattiert«, sagte Lucius. »Und gewonnen.«

»Na schön«, gab Glaucus zurück. »Verhöhn mich ruhig. Verbring du selbst ein paar Jahre an diesem Ort, und dann sag mir, was er aus dir macht.«

»Kein Hohn, ich gebe dir mein Wort.« Lucius salutierte und nahm den Schlüssel in Empfang. »Es ist die Wahrheit.«

Glaucus' Hand glitt wie von selbst zu seinem Hals, wo der Schlüssel bis eben gehangen hatte. Er schaute sich im Raum um, als sehe er ihn zum ersten Mal, zum letzten Mal. Er streckte eine Hand halb nach dem Fresko an der Wand aus, ein Zittern durchfuhr seine Finger, die Hand fiel schlaff zur Seite herab. Lucius fragte sich, welche Erinnerung dort in Farbe und Putz verborgen lag – das Gesicht einer Geliebten vielleicht, oder der Traum von Ruhm und Ehre, der ebendies geblieben war, ersetzt durch das ermüdende Tagesgeschäft eines Kommandanten an einer vergessenen Grenze.

»Gut«, sagte Glaucus. »Jetzt bist du Präfekt von Cilurnum. Ich würde dir Glück wünschen, aber wenn du an diesem Ort bist, hast du ohnehin keins. Und solltest du wirklich mit dem Kaiser debattiert haben, wirst du keine Probleme mit dem Legaten bekommen, der für diese Provinz zuständig ist. Er sollte in einer Woche hier sein, du solltest dich also auf seine Ankunft vorbereiten. Dich und deine Sarmaten.«

»Was ist er für ein Mann?«

Ein schwaches dünnes Lächeln war seine Antwort. »Die Sorte, die für seine Freunde sorgt. Bis sie nicht mehr seine Freunde sind. Wenn ich du wäre, würde ich mir überlegen, wie ich ihm imponieren kann.«

* * *

Ein Adler, der auf das Lager von Cilurnum hinabschaute, hätte einen Ort von unnatürlicher Ordnung unter sich erblickt – gerade Linien und perfekte Quadrate, Kasernen und Lagerhäuser rund um das Quartier des Kommandanten und die Bäder, weiße Wände und tönerne Dachschindeln von der Farbe reifer Orangen. Dieser Eindruck der Ordnung endete jedoch an den Mauern des Lagers. Jenseits erstreckte sich der *vicus*, eine wilde Ansammlung maroder Behausungen, die aneinander gelehnt dastanden wie Betrunkene am Ende der Nacht. Im Lauf der Jahre waren sie wie Pilze aus dem Boden gesprossen, bewohnt von Schustern, die Lederstiefel flickten, von Tavernenbesitzern mit tiefen Augenrändern, von Händlern, die Glücksbringer und andere Kleinigkeiten feilboten. Die meisten Geschäfte gehörten ehemaligen Soldaten, mürrischen Ex-Legionären, die alte Wunden pflegten und noch älteren Groll hegten. Sie hatten den Soldatentraum geträumt, von weitem fruchtbaren Farmland, das nach dem Ruhestand ihnen gehören sollte, der gerechte Lohn dafür, fünfundzwanzig Jahre lang Freunden beim Sterben zuzusehen. Sie hatten von fernen Ländern geträumt, von sonnenverwöhnten Äckern, sogar vom Glanze Roms. Meist aber endeten sie kaum eine Meile von den Lagern entfernt, in denen sie Dienst getan hatten. Sie brachten die Abende mit Würfelspielen zu, hauchten ihr Leben im Winter mit der Ruhr aus oder zu jeder Jahreszeit mit einem Messer im Bauch nach einer Kneipenschlägerei.

Auch Frauen wohnten hier. Manche waren die freien Frauen von Soldaten, die nicht offiziell heiraten durften, andere gingen in Bordellen und Seitenstraßen trostloseren Geschäften nach. Und dort, in einem kleinen Häuschen am Rand des *vicus*, wohnte eine Frau, die nicht wie alle anderen war. Sie stand auf der Türschwelle und rümpfte die Nase beim Gestank, der das Dorf durchzog. Eine Sarmatin namens Arite.

Sie hatte Narben auf Wangen und Händen, aus vor langer Zeit geführten Kriegen. Ein geflochtener Zopf aus Gold und Silber fiel bis zur Hälfte ihres Rückens herab. Sie trug ihr langes weites Kleid mit einer Hand gerafft, um den Saum nicht im Schlamm schleifen zu lassen, und trat verärgert nach den Dreckklumpen, die an den Leinenwickeln um ihre Füße und an den Sohlen der schmalen Lederschuhe klebten. Sie waren nicht dreckiger, als sie es am Ende eines Winterlagers in der Steppe gewesen wären, aber etwas an dieser erzwungenen Unterbringung schien den Dreck zu verstärken, bis er juckte und auf der Haut kribbelte.

Einst war die weite Steppe fern im Osten ihr Zuhause gewesen, ein Grasmeer, wo im Schatten der Berge die Herden frei umherzogen. Nun war es eine kleine Hütte in einem Teil des Dorfes, wo die Sonne nur selten schien.

Trotz allem hatte dieser Ort seine Vorzüge. Als sie sich nach Süden drehte und den Rücken an die Lehmziegel ihrer Hütte lehnte, verschwanden der hassenswerte Wall und das Dorf aus ihrem Blickfeld. Sie sah nur noch sanfte Hügellandschaft und Wälder, hier und da von den dünnen Rauchsäulen einiger Herdfeuer durchzogen. Und direkt vor ihr bot sich ein weiterer Anblick, der an die Freiheit der Steppe erinnerte – Pferde und Reiter, die zum Krieg gerüstet über den Exerzierplatz unterhalb des *vicus* zogen.

Sie ritten in ausgeklügelten Formationen, um mal für die Schlacht zu üben, mal für Paraden.

Als sie den sich unablässig verwandelnden Gebilden der Reitergruppen zusah, entfernte sich eine Gestalt plötzlich von den anderen und ritt ihr entgegen. Mit wehem Herzen sah sie den Reiter nahen – einen Moment lang dachte sie, es sei Kai, der da auf sie zuhielt. Es war jedoch kein Mann, sondern eine Frau, die näher kam und vom Pferd stieg, eine Frau, deren Gesicht Kais so ähnlich war, dass die Verwechslung allzu nah lag – Kupferhaut und scharf geschnittene Wangenknochen, dazu kurzes schwarzes Haar. Die Ähnlichkeit verschwand erst, als sie Laimei in die Augen schaute. Sie waren grau und ausdruckslos wie ein bemalter Schild. Die Augen einer Kriegerin – sie verrieten nichts, prüften und maßen unaufhörlich, waren nie zufrieden mit dem, was sie erblickten.

»Wie geht es den Pferden?«, fragte Arite.

»Passabel«, gab Laimei zurück. »Sie müssen sich noch an diese raue Landschaft gewöhnen. Drei von ihnen lahmen bereits. Es ist sehr einfach, die Briten mit ihren Ponys zu verspotten, aber in diesem Gelände haben sie einen Vorteil.« Sie kratzte sich eine trockene Stelle am Kopf, wo sich der Helm verfangen und gescheuert hatte. »Vielleicht tauschen wir ein paar von ihren Ponys ein und ziehen uns eine kleine Herde heran, um unsere Reihen aufzustocken. Ich werde mit den anderen reden und schauen, was sich machen lässt.«

Es war kaum verwunderlich, dass Laimei den Großteil ihrer Zeit bei den Tieren verbrachte und die Männer der

Kriegsmeute in der Kunst des Tötens unterrichtete – in den geheimen Griffen und Bewegungen der Lanze und den Kniffen, die man einem Pferd beibringen konnte. Denn fern im Osten war sie eine Heldin gewesen. Draußen in der Steppe musste man sich als Frau den Weg zu einem Ehemann erkämpfen – drei Männer musste man erschlagen, ehe man den Speer ablegen und sich um die Gründung einer Familie kümmern durfte. Die meisten Frauen versuchten, ihre drei Tötungen so schnell wie möglich hinter sich zu bringen, und wurden dabei von ihrer Sippe unterstützt, manches Mal zitternd und bebend zu Feinden geführt, die schon im Sterben lagen, damit sie ihnen den Rest geben und diesen Tod für sich beanspruchen konnten. Laimei aber hatte sich geweigert, ihren dritten Feind zu erschlagen, und schrieb gefallene Gegner stattdessen ihrem Pferd oder ihren Kampfgefährten zu. Außerdem hatte sie eine Schneise verstümmelter Feinde hinter sich gelassen und sich so ihren Kriegsnamen verdient – Grausamer Speer. Niemand wusste, warum sie es vorzog, Teil der Kriegsmeute zu bleiben.

Laimei trat zu Arite und lehnte sich neben ihr mit dem Rücken an die Wand, eine Fußsohle an die Lehmziegel gestellt.

»Ich hasse es hier«, sagte sie fast beiläufig.

Arite antwortete längere Zeit nicht. Sie erinnerte sich gut an die Auslosung in der Steppe, als die Frauen in einem großen Kreis gestanden hatten, während sich das hohe Gras um sie herum im Wind wiegte. Denn so wurden in ihrem Volk alle wichtigen Dinge entschieden, ob sie die Lebenden oder die Toten betrafen. Aus einer Amphore im

Boden wurden reihum Steine gezogen. Wer einen weißen Stein zog, würde in der Steppe bleiben, wer einen schwarzen zog, würde mit den Männern gen Westen aufbrechen. Und sie erinnerte sich an Laimei, die den gezogenen Stein in ihrer Hand verbarg und rastlos die anderen Frauen abschritt, mit einer nach der anderen flüsternd diskutierte. Flehen, Drohungen, Betteln. Dann wechselte etwas von einer Hand in die andere. Sie tauschte ihren Stein mit einer Frau, die Arite nicht kannte.

»Du hättest immer noch Kriegerin bleiben können«, sagte Arite schließlich. »Wenn du deinen weißen Stein behalten und im Osten geblieben wärst.«

Ein unerwartetes Lächeln von Laimei. »Auch hier bin ich noch Kriegerin. Schon in der Nacht, in der wir angekommen sind, habe ich meinen Speer mit Blut getränkt.« Aber das Lächeln verschwand so plötzlich, wie es erstrahlt war. »Hier ist unsere Kriegsmeute, hier muss ich sein. Sie werden mich wieder kämpfen lassen. Sie müssen es tun.«

Arite schüttelte den Kopf. »Du kannst genauso gut die Sterne vom Himmel pflücken wollen, wie einen Römer darum zu bitten, eine Frau in den Reihen ihrer Krieger zu erlauben.«

Ein bellendes Lachen. »Ich habe viele Dinge getan, von denen man mir vorher gesagt hat, sie seien unmöglich. Das hier ist nur ein weiterer Fall.«

»Dann bist du nicht wegen Kai mitgekommen?«, fragte Arite.

»Nicht alle von uns sind so verliebt in ihn wie du«, erwiderte Laimei.

»Fünfundzwanzig Jahre werden eine lange Zeit sein, um an deiner Verbitterung festzuhalten.«

»Ach, das ist nichts. Es gibt Götter, die einander hassen, seit die Welt geboren wurde. Warum sollte ich nach weniger streben?« Sie schlang sich den Sattel von der Schulter und legte ihn auf dem Boden ab. »Frag deinen Mann, wie einfach es ist, Kai zu hassen. Wenn ich es dir nicht beibringen kann – er bestimmt.«

Daraufhin lagen Worte auf Arites Lippen – tödliche Worte, die nicht mehr hätten zurückgenommen werden können, die eine neue Fehde geboren hätten. Aber hinter ihnen war ein zögerliches Schlurfen zu hören, ein Klang, der sie beide verstummen ließ. Ein Knabe wankte aus dem Haus und stand blinzelnd im Sonnenlicht.

Es war das Kind von der Plünderung, ein kleiner Junge aus dem Stamm der Briganten, vielleicht acht oder neun Sommer alt. Kai hatte ihn in der Nacht, in der die Plünderer über den Wall gekommen waren, zu ihr gebracht – ihr war noch sehr gut in Erinnerung, wie der Junge ausgesehen hatte. Starre weiße Augen in einem blutverschmierten Gesicht, wie ein gehäutetes Tier. »Nur für eine Nacht«, hatte Kai gesagt. »Morgen machen wir seine Sippe ausfindig.«

Aber niemand war des Knaben wegen gekommen, obwohl sie kreuz und quer die Gehöfte der Umgebung abritten. Manche Bauern hatten fast gewirkt, als würden sie den Jungen erkennen, ehe ihre Blicke leer und ihre Mienen starr wurden, sie die Köpfe schüttelten und sagten, mit ihnen sei er nicht verwandt. Arite wusste nicht, was für Bräuche in diesem Land herrschten, dass sie sich von dem Jungen abwandten, ob er vielleicht als verflucht oder feige oder unglückselig galt, da er überlebt hatte, als alle anderen gestorben waren. So oder so hing es nun an ihr, sich um das Kind zu kümmern.

»Spricht er überhaupt?«, fragte Laimei.

»Nein. Ich habe einige Wörter ihrer Sprache aufgeschnappt, vom Weinhändler und vom Bäcker. Aber er reagiert auf nichts, was ich sage.«

Laimei zuckte mit den Schultern, als interessierte es sie nicht; als hätte Arite einen Jagdhund gekauft, der nicht jagen wollte. Das alte Feuer flammte auf, bis Arite es mit tiefem Atem löschte. Wieder und wieder musste sie sich klarmachen, dass Laimei nicht grausam oder herzlos war, sondern einfach in der Welt der Helden lebte, voller Götter und Ungeheuer, und ihr außer Krieg und Jagd nichts wirklich etwas bedeutete. Sie erinnerte sich an etwas, das Laimei vor langer Zeit zu ihr gesagt hatte: *Ich brauche keine gebrochenen Dinge.*

Denn der Junge war gebrochen. Er hatte den glasigen Blick eines Kindes, das entweder gesehen hat, was es nicht sehen soll, oder dem schreckliche Dinge angetan worden sind. Arite war diesem Blick bei all den Kindern, die vom Krieg gezeichnet waren, sehr oft begegnet. Manchmal heilten sie so gut, dass es schien, als wären sie nie gebrochen gewesen, und manchmal heilten sie nicht. Dann fanden sie meist schnell und leise einen Weg in den Tod – sie wanderten während der Flutzeit am Flussufer umher, liefen im Kreis hinter einem unruhigen Pferd, das sie aus dem Leben trat, oder fingen sich ein Winterfieber ein und weigerten sich, dagegen anzukämpfen.

»Wir müssen ihm einen Namen geben«, sagte Arite. »Warum sollte ein Kind am Leben festhalten, wenn es keinen Namen hat?«

»*Du* musst ihm einen Namen geben«, sagte Laimei. »In diesen Kampf mische ich mich nicht ein.«

Da holte Arite ein Bild aus fernen Tagen ein – der Anblick eines Knaben in der Steppe, der lächelte und lachte und sie über die Ebene hinweg rief. Ein Kind, das längst unter der Erde lag. »Dann will ich ihn Chodona nennen«, sagte sie.

Ein Zögern. »Der Name bringt wenig Glück, glaube ich«, sagte Laimei. »Und vor deinem Besucher würde ich ihn auch nicht laut aussprechen.«

Ein seltsames Gefühl tanzte Arite über die Haut – von den Augen eines Geliebten betrachtet zu werden. Und als sie sich umdrehte, um die schattige Straße entlangzuschauen, sah sie tatsächlich einen Mann auf sich zukommen.

Selbst für einen Sarmaten war er groß und hatte lange Glieder. Er trug dichtes schwarzes Haar, das ihn wie ein Bärenfell bedeckte. Einst hatte er einen starken Körper und eine starke Stimme besessen, war ein stolzer Speerträger und ein großer Sänger bei Fest und Feuer gewesen. Hier aber kam ein verkümmerter Mann – die Haut war eingefallen, die Augen leichenleer, die große Stimme zu einem Raunen verblasst. Bahadur, ihr Ehemann.

Als er jedoch ihren Blick erwiderte, lächelte er für einen

Moment. Zwischendurch war er immer noch zu erkennen – der Geist des Mannes, den sie geliebt hatte. Und obwohl sie die meiste Zeit nichts für den mürrischen Fremden empfand, zu dem er geworden war, gab es doch immer wieder Augenblicke, in denen ein Fetzen eines Liedes oder ein Lächeln über seine Lippen kam, in denen er seine Trauer vergaß und einen Herzschlag lang wieder wurde, wer er gewesen war.

Sie hörte, wie die Frau hinter ihr das Gewicht von einem Bein aufs andere verlagerte. »Wolltest du ihn so dringend sehen?«, fragte Laimei, »oder meinen Bruder?«

Arite nahm die Herausforderung an, drehte sich auf dem Absatz um und starrte ihre Begleiterin an. Einen Moment lang glaubte sie, echte Besorgnis in Laimeis grauen Augen zu erkennen, denn die trat einen halben Schritt nach hinten, um notfalls Platz für einen Kampf zu haben. Auch Arite war eine Kriegerin gewesen, vor vielen Jahren. Keine große Heldin, aber sie hatte tapfer und gekonnt getötet, und Laimei musste ein Aufblitzen der Frau gesehen haben, die sie damals gewesen war.

Dann hatte die Überheblichkeit der Heldin Laimei wieder im Griff. Sie schenkte Arite ein knappes Nicken – ein Nicken, wie sie es würdigen Gegnern auf dem Schlachtfeld schenkte, um sie danach mit dem Tod zu ehren.

5

Die Sonne ging auf, die Hörner riefen gen Himmel, und die Torflügel schwangen nach außen. Nicht am Westtor, wo die Nachschubkarawanen eintrafen; nicht am Südtor, welches Männer passierten, um ihre Münzen im *vicus* loszuwerden und ihre Einsamkeit im Suff oder bei Huren zu vergessen. Es war das Nordtor, das ins wilde Land hinausführte, und hindurch ritt Lucius in schimmernder Rüstung, mit fünfzig Mann sarmatischer Kavallerie im Rücken.

Sie sahen nun nicht mehr aus wie Banditen, denn zusammen mit den langen Lanzen war ihnen auch die andere Hälfte der verlorenen Ehre zurückgegeben worden – die mächtigen Schuppenpanzer, die sie seit Jahrhunderten trugen, Pferde und Reiter gleichermaßen. Eisen war jenseits des Danubius ein knappes Gut, also schnitzten sie Pferdehufe zu Schuppen und nähten diese auf Lederpanzer, die wie eine zweite Haut saßen. Mit frisch geölten und gewachsten Rüstungen wirkten sie wie Wesen aus einer anderen Welt, und einmal mehr bauschten sich über ihren Häuptern die hohen Feldzeichen im Wind, die leeren Drachen, die sich mit Wind füllten, wenn die Sarmaten mit Kriegsschreien zum Sturmangriff ansetzten. Zum ersten Mal sollten die Bewohner dieses Landes die sarmatische Kavallerie in voller Pracht erblicken.

Zwei weitere Reiter begleiteten die Einheit. Der eine war ihr Führer, ein Mann vom Stamm der Briganten mit säuerlichem Gesicht. Er saß auf seinem zerzausten Pony, kaute an den langen Enden seines Schnurrbarts und spähte immer wieder nervös zum Horizont. Der andere war ein stummer Zeuge mit faulendem Fleisch – einer der Plünderer, dessen Leichnam am wenigsten von Speeren und Verwesung gezeichnet war, wurde vertäut auf dem Rücken eines Pferdes mitgeschleppt.

Sie bewegten sich durch raues Gelände – düstere Hügel in Schleiern aus Regen, dazwischen unwegsames Heidekraut mit vereinzelten hohen Grasbüscheln. Kein Anzeichen von Dörfern oder Städten, nur vereinzelte Hütten und Gehöfte, wo man sie so kalt und abweisend begrüßte, wie es zur umgebenden Landschaft passte. Manche Gebäude waren verlassen, andere scheinbar ausschließlich von alten Männern bewohnt, die zu Boden starrten und keine Fragen beantworteten.

Nach dem dritten Hof, auf dem sie nur Graubärte vorfanden, wandte Lucius sich an ihren Führer. »Ich gehe davon aus, dass kein böser Fluch auf diesem Land liegt und es hier noch andere Bewohner gibt als Greise?«

»Die gibt es, Herr«, gab der Brigant zurück. »Wenn sie hören, dass die Römer nach Norden über den Wall kommen, verstecken sie ihre Frauen und Kinder.«

»Und die Männer?«

»Ziehen los, um ihre Speere zu holen.«

»Woher wussten sie, dass wir kommen?«

Der Brigant lachte fröhlich, als hätte Lucius ihm einen

besonders gelungenen Witz erzählt. »Es ist besser, anzunehmen, dass sie es immer wissen, Herr. Wenn du dein Heim mit einem Wolf teilen müsstest, würdest du dir seine Stimmungsschwankungen und seine Angewohnheiten auch sehr gut merken, oder?«

»Es wird uns kaum weiterbringen, diese Alten auszufragen«, sagte Lucius. »Wir müssen mit ihrem Häuptling reden.«

»Der wird bald genug auftauchen, Herr. Er will dich nur ein bisschen warten lassen.«

Und er sprach die Wahrheit, denn schon bald tauchten Gestalten am Horizont auf – Votadiner auf den Ponys der Nordlande, die einen wachsamen Abstand einhielten. Lucius sah Speere und Bögen – kleine dünne Jagdspeere und Bögen, die eher dafür gemacht schienen, Vögel aus dem Himmel zu holen, als schwere Rüstung zu durchschlagen. Wahrscheinlich wollten diese Votadiner zur Not einfach sagen können, sie seien gerade auf der Jagd, sollte man sie aufgreifen und verhören. Zweifellos hatten sie ihre eigentlichen Kriegswaffen irgendwo gut versteckt, ihre tödlichen Wurfspeere, wie sie die Plünderer getragen hatten, aber Lucius beschloss, es als gutes Omen zu werten, dass sie diese hier nicht offen sichtbar trugen.

Seine Sarmaten wirkten vollkommen gelassen. Sie saßen ruhig auf ihren Pferden und schienen die Gestalten anfangs kaum zu beachten, die aus den nahen Wäldern kamen und sich auf den Hügeln sammelten. Ab und an hörte er sie reden, wie sie die zerzausten kleinen Ponys mit Hohn (aber auch Komplimenten) bedachten. Sie wogen ihre Lanzen in den Händen und betrachteten die Votadiner mit lässiger Neugier. Falls sie Angst hatten, in einem fremden Land umzingelt zu sein, ließen sie es sich nicht anmerken. Und doch ging von den Sarmaten eine Stimmung aus, die ihm nicht gefiel.

Er rief Kai zu sich. »Alles in Ordnung bei den Männern?«

»Sie sind ruhig genug«, gab Kai zurück.

»Manche Blicke gefallen mir nicht.«

Kai betrachtete seine Leute, als sehe er sie zum ersten Mal. »Es bringt Unglück, ohne Frauen in den Kampf zu ziehen. Sie sind daran nicht gewöhnt.«

Lucius schüttelte den Kopf – ein weiterer Aberglaube, den er ausmerzen oder verhandeln musste. »Sie sollen wachsam bleiben«, sagte er. »Und erinnere sie an den Glücksbringer, den sie in mir haben. Sie glauben doch noch, dass ich Glück bringe, oder?«

Kai grinste. »Fürs Erste. Also sorg dafür, dass du uns nicht in einen Hinterhalt führst, sonst könnte ihr Vertrauen schwinden.«

Anfangs folgten sie dem Fluss, der am Lager vorbeifloss, hielten ihn zu ihrer Rechten wie ein Held in einem Labyrinth, der einen Faden hinter sich abrollt. Ein Pfad aus Wasser, der sie zurück zum Lager führen würde, sollten sie fliehen müssen. Und als es Zeit war, den Fluss hinter sich zu lassen und zwischen die nahen Hügel vorzustoßen, spürte Lucius in dem Moment, wo der ferne Wall hinter einer Anhöhe verschwand, ein kleines Beben der Furcht. Ihr Führer aber schien den Weg gut zu kennen. Er führte sie entschlossen, wenn auch auf gewundenen Pfaden. Immer wieder schien er vor Zeichen und Landmarken zurückzuschrecken, die er allein sah – vor unsichtbaren Grenzen und heiligen Stätten, die man niemals ohne Einladung überqueren dürfe, wie er erklärte.

Endlich kamen sie zu einer Stelle, an der eine Eibe neben einem großen Felsen wuchs. Im Schatten von Baum und Fels stand ein Steinhaufen, bedeckt mit Farbe und Ruß. Darum verteilt lagen die Reste vieler alter Opfergaben.

»Wir sind da«, sagte der Führer. »Hier legen wir ein Geschenk nieder, und der Häuptling wird zu uns kommen. Oder auch nicht, je nach Laune.« Er lächelte und klopfte mit den Knöcheln gegen den Baumstamm. »Es ist ein gutes Omen, ihn leer zu sehen.«

»Was wäre ein schlechtes Omen?«, fragte Lucius.

»Die Leichen erschlagener Feinde von seinen Zweigen hängen zu sehen. Hierher bringen sie nach einem Kampf ihre Trophäen.«

Sie warteten. Ein beißender Wind fegte über die offene Landschaft. Lucius lauschte den Rufen der heimischen Vögel. Dann waberte ein anderes Geräusch durch die Luft – der unwahrscheinliche Klang von Wagenrädern, mitten in dieser Wildnis.

»Haltet euch bereit«, sagte er zu den Sarmaten. »Aber denkt daran, wir sind nicht zum Kämpfen hier.«

Eine Stimme hinter ihm sagte: »Die aber vielleicht?«

Lucius lächelte. »Ihretwegen will ich das nicht hoffen.«

Ein neuer Umriss tauchte am Horizont auf, und einen Moment lang konnte Lucius nicht so recht glauben, was er da sah. Es war kein Karren, sondern ein Streitwagen – er hatte Geschichten von anderen Centurionen gehört, über manche Briten, die auf solchen Gefährten in die Schlacht zogen wie Krieger aus grauer Vorzeit. Der Streitwagen quietschte und ratterte über die Hügel und klang, als sei er seit mindestens einem halben Jahrhundert nicht mehr für den Kampf genutzt worden. Trotzdem hörte er die Sarmaten ihre Anerkennung verkünden, sowohl für den Streitwagen als auch für den Mann, der auf ihm saß – ein kleiner rothaariger Krieger mit nacktem Oberkörper trotz des schneidenden Windes; seine Haut war über und über mit Formen aus blauer Farbe verziert und zeigte geschmeidige Muskeln wie eine jener Großkatzen, die in den fernen Winkeln des Imperiums jagten.

Als der Streitwagen ganz in der Nähe zum Stehen kam, sah Lucius, dass dieser Mann als einziger seines Volkes offen einen Kriegsspeer trug, dessen breite Spitze mit Federn und Glücksbringern behangen war. Dazwischen baumelten jedoch auch Zweige der Stechpalme, das Zeichen der Waffenruhe, und Lucius, dessen Lanze ebenso verziert war, trat vor.

Er hatte eine langsame und ermüdende Konversation mittels ihres Führers erwartet, aber der Häuptling begrüßte ihn sofort in flüssigem Latein. »Ich bin Mor«, sagte er, »Häuptling der Votadiner. Wir grüßen den Fürsten des Walls, den Häuptling der Festung an Fluss und Teich, und bieten ihm unser Geschenk an.«

Der Häuptling winkte. Ein Krieger trat hinter dem Wagen hervor und brachte ein blökendes Lamm, das Lucius gekonnt mit einer Hand in einem alten Bauerngriff packte, der es fest und ruhig hielt. Er antwortete seinerseits: »Ich grüße dich, Fürst des Nordens, Häuptling dieser und vieler weiterer Länder, und biete dir meinerseits ein Geschenk.« Der Führer ritt herbei und bot mit zitternden Händen eine Amphore mit erstklassigem Wein aus Samos an – einen halben Monatssold hatte Lucius für dieses Geschenk ausgegeben.

»Sehr schön«, sagte Mor. Mit einem kurzen Aufblitzen rammte der Häuptling seinen Speer neben sich in den Boden. »Begrüßt du mich als Bruder? In Frieden?«

Lucius versenkte die eigene Lanze in der Erde und ergriff den ihm angebotenen Unterarm. Gegen seinen Willen lächelte er, als er diesen Mann ansah und die wallenden roten Haare betrachtete, die ihm über die Schultern fielen, das schurkische Grinsen und die gewundenen blauen Tätowierungen auf seiner Brust. Nachdem er fast sein Leben lang die eine oder andere Reichsgrenze verteidigt hatte, wusste Lucius nur zu gut, dass es verschiedene Arten von Männern gab, die den Wendelring eines Häuptlings gewannen – entsetzliche Mörder, Marionetten ehrgeiziger Priester, schwache Söhne starker Väter. Aber selten gab es solche, die ihren Platz mit List gewannen und mit Ehrbarkeit behielten, und Lucius konnte nur hoffen, dass er diesen Mann richtig einschätzte.

»Ich grüße dich als Bruder, in Frieden«, erwiderte er.

»Du bist neu in unserem Land?«

»Das bin ich. Der neue Präfekt von Cilurnum.«

»Ach, du solltest es bei unserem Namen nennen. Festung

an Fluss und Teich klingt doch sehr viel schöner, oder nicht?« Der Häuptling betrachtete die Sarmaten und pfiff leise, als begutachtete er eine teure Viehherde. »Und deine tapferen Männer, wo kommen die her?«

»Von sehr weit weg. Aus einem Land namens Sarmatia.«

»Sie sehen mächtig aus«, sagte Mor. »Aber auch traurig. Wie Bäume im November.«

Lucius bemühte sich, die Verblüffung aus seinem Gesicht fernzuhalten, aber es schien ihm zu misslingen, denn Mor lachte und sagte: »Schau nicht so überrascht, mich auf diese Art reden zu hören. Hier in unserem Land erwarten wir von unseren Häuptlingen, dass sie auch Poeten sind. Das wirst du mit der Zeit verstehen.«

»Ich sehe, dass es ein guter Ratschlag war, mich an dich zu wenden«, sagte Lucius. »Glaucus Montanus hat gesagt, du seist ein Mann, dem man vertrauen kann.«

Der Häuptling grinste vergnügt. »Ich glaube, du lügst, aber mit wohlwollenden Absichten. Glaucus Montanus hat sicher gesagt, dass ich dir nützlich sein könnte, aber er hat nie einem von uns vertraut. Nicht in zehn Jahren des Friedens.« Das Lächeln verblasste. »Ich bin froh, dich als seinen Nachfolger zu wissen. Dein Anblick gefällt mir besser als seiner.«

»Ach«, sagte Lucius, »ich bin mir sicher, du schmeichelst jedem neuen Präfekten so.«

»Das tue ich. Aber in diesem Fall entspricht es der Wahrheit. Ich hoffe, der Frieden zwischen unseren Völkern hält mindestens noch einmal hundert Jahre. Auch wenn ich fürchte, dass es Ärger ist, der dich nördlich des Walls treibt.«

»Warum?«

»Ansonsten hättest du keinen so guten Wein mitgebracht.« Mor zuckte mit den Schultern. »Aber es kann kein allzu großer Ärger sein. Sonst würden unsere Speere nicht im Boden stecken und wir uns jetzt nicht unterhalten.«

»So ist es. Vor drei Tagen ist eine Gruppe Plünderer über den Wall gekommen.«

Mor zischte durch die Zähne. »Ich habe davon gehört, aber ich wollte es nicht glauben. Viele Tote?«

»Ja. Bauern. Und die Plünderer.«

»Leute von euch?«

»Ein paar.«

»Das tut mir leid.«

»Im Ernst?«

»Wirklich.« Der Häuptling schaute auf Hügel und Heide, auf die Wälder in der Ferne. »Es gibt hier draußen genug Wild und Wölfe für alle. Es gibt keinen Grund, uns gegenseitig zu jagen. Trotzdem endet es offenbar immer so. Männer jagen Männer.«

»Dann kannst du mir vielleicht helfen. Ich habe die Leiche eines Plünderers mitgebracht. Nenn mir seinen Namen oder den seines Stammes, dann kann ich dafür sorgen, dass so etwas nicht noch einmal passiert.«

Der Häuptling wurde still. »Ich muss ihn nicht anschauen, um zu wissen, dass es niemand von meinem Volk ist.«

»Dann schau ihn dir trotzdem an, als freundliche Geste mir gegenüber.«

Der Häuptling antwortete nicht. Lucius schnipste mit

den Fingern und hörte die schweren Schritte eines Pferdes. Beißender Verwesungsgeruch stieg ihm in die Nase.

Mor schaute nur ganz kurz hin. »Ich schwöre es bei meinen Göttern und bei meinen Ahnen. Das ist kein Mann aus meinem Stamm, der zum Töten über den Wall nach Süden gekommen ist.«

»Ich glaube dir.« *Aber ich glaube auch, dass du weißt, wo er herkommt*, dachte Lucius bei sich.

Der Häuptling hob die Arme, an denen Reifen aus Bronze und Silber herabrutschten, als er gen Norden deutete. »Du wirst dich weiter umschauen müssen, um die zu finden, die das getan haben könnten, und mit einem derart kleinen Gefolge würde ich diese Reise nicht antreten.« Er beäugte das sarmatische Pferd, auf dem Lucius saß, mit der Sehnsucht eines Liebenden im Blick. »Auch nicht mit derart prächtigen Pferden und feinen Waffen.«

»Falls unsere Freundschaft Bestand hat, könntest auch du eines Tages solche Pferde besitzen. Aber warum weiter im Norden?«

»Es wird einer der dortigen Stämme sein, der Krieg mit euch riskieren will. Die Selgovier vielleicht, oder die Dumnonier. Mörder und Diebe – und noch schlimmer: Narren. Niemand, der im Schatten des Walls lebt, will Krieg.«

»Warum nicht?«

»Wann immer es Ärger gibt, sind es die Farmen der Votadiner, die gebrandschatzt werden. *Unsere* Frauen werden geschändet, *unsere* Männer müssen sterben. Ganz egal, welcher Stamm dafür verantwortlich ist.«

»Deswegen bin ich nicht hier«, sagte Lucius. »Das ist nicht meine Art.«

»Aber es ist die Art deines Volkes. Römer überqueren den Wall nach Norden auf der Suche nach Blut, nicht nach Antworten.«

Eine Zeit lang sagte Lucius nichts. Er lauschte dem Ruf des Windes und hoffte, Inspiration daraus zu ziehen. Das Flüstern eines Gottes, wie die Sarmaten es nannten.

»Es gibt eine Antwort, die ich gerne hätte«, sagte er endlich. »Die Antwort auf ein Rätsel. Vielleicht könntest du mir helfen, sie zu finden?«

»Und das Rätsel lautet?«

»Ein Mann überquert auf einem großen römischen Pferd den Wall nach Süden und führt seine Leute an, um zu plündern und zu schänden. Als einziger Überlebender reitet er zurück nach Norden. Ein Mann, der selbst größer ist als all deine Landsleute. Wer ist er, und wohin wendet er sich?«

»Ein Trugbild im Feuerschein«, sagte Mor sofort. »Oder im Dunkeln.«

»Ah, aber genau das sagt auch Glaucus Montanus. Und wir wissen beide, dass er niemals die Wahrheit sagt. Es ist nicht seine Art.«

Der Häuptling lachte leise und reumütig. »Ja«, sagte er, »das mag stimmen.«

»Ihr habt keine solchen Pferde?«

»Wir haben nur die, die du hier siehst. Für das, was sie in diesem rauen Gelände leisten müssen, sind sie hervorragend. Aber auch wir sehnen uns nach schönen Dingen.«

Der Häuptling schüttelte den Kopf. »Die Römer wollen sie nicht handeln und bewachen sie noch argwöhnischer als ihre Frauen.«

»Wie würde ein Stamm aus dem Norden an solch ein Pferd kommen? Und was für ein Mann würde es reiten?«

Eine schmerzliche Stille breitete sich zwischen ihnen aus. Fast schien der Häuptling vor seinen Augen zu altern. »Das ist das Rätsel«, sagte Mor. »Und ich kann es nicht für dich lösen.«

»Ich kann dich sehr gut leiden«, sagte Lucius. »Aber ich glaube, dass du nicht die Wahrheit sagst.«

Der Häuptling schien sich zu sträuben, und ringsum klapperten plötzlich Speere. »Nennst du mich einen Lügner?«

»Nein. Aber du sagst nicht die Wahrheit. Zumindest nicht die ganze.«

Der Häuptling senkte den Blick und zupfte mit den Fingern am Rand seines Streitwagens herum. Er antwortete nicht.

»Es gibt da etwas, worüber du mit mir sprechen willst«, sagte Lucius. »Etwas, das mir eine Antwort auf dieses Rätsel geben könnte.«

»So ist es. Aber mir wurde eine mächtige *geas* auferlegt, nicht darüber zu sprechen.«

»*Geas*? Das Wort kenne ich nicht.«

»Ich weiß nicht, wie ich es in eurer Sprache ausdrücken soll. Befehl. Bestimmung. Schicksal. Es ist all das in einem.«

»Dann will ich nicht von dir verlangen, sie zu brechen«,

sagte Lucius. »Aber ich weiß, dass es manche Eide gibt, die man brechen muss, ohne Schande auf sich zu laden.«

»Ich kann dich langsam auch gut leiden, Römer«, gab Mor zurück. »Also will ich dir eines sagen. Geh nicht nach Norden. Dort erwartet dich nur der Tod.«

»Ich mag dich auch, Häuptling der Votadiner. Also will ich dir auch etwas sagen. Du musst jene aus dem Norden daran hindern, dein Land zu durchqueren. Ansonsten wird uns nichts anderes übrig bleiben, als mit Speer und Feuer zurückzukehren.«

Der Häuptling riss seinen Speer aus der Erde – so plötzlich und schnell, dass er Lucius ohne Gegenwehr hätte vom Pferd stoßen können. Aber Mor drehte den Römern den Rücken zu, reckte die Waffe in die Luft und rief seinen Leuten etwas zu. Ein Beben ging durch die Männer am Horizont, und sie sangen ihm etwas zu – kein Kriegsgesang, dachte Lucius, sondern ein Klagen; eines der schönen alten Lieder aus den Zeiten, die verloren sind und nie mehr wiederkommen. Und als der Häuptling sich entfernte, verblasste auch das Lied allmählich. Ein Rad des Streitwagens hüpfte und neigte sich auf dem unebenen Boden, bis es aussah, als müsste es unweigerlich bersten. Aber es hielt zumindest lange genug stand, um den Häuptling über den Horizont zu tragen.

Der Führer neben Lucius zitterte. »Dieses Lied, das war ...«

»... ich weiß, wovon es gehandelt hat«, sagte Lucius gereizt.

»Aber du sprichst unsere Sprache nicht.«

»Das muss ich auch nicht, um zu wissen, was das Lied

bedeutet.« Er klopfte mit dem Speerschaft gegen den Schild. Kai setzte sein Pferd in Bewegung und wiederholte das Signal.

»Wahrscheinlich steigt er hin und wieder auch aus und läuft«, sagte Kai und sah dem entschwindenden Häuptling hinterher. »Wenn er außer Sichtweite von Fremden ist. Weit kommt er mit dem Ding ohnehin nicht, so schick es auch sein mag.« Er verlagerte sein Gewicht im Sattel. »Was hat er dir erzählt?«

»Nichts als neue Rätsel und Geheimnisse.«

»Verdunkeln wir unsere Speere heute mit Blut, oder bleiben sie glänzend?« Während er das sagte, glitt Kais Blick über den Horizont – mindestens hundert Mann standen dort versammelt, und wer konnte sagen, wie viele hinter den Hügeln warteten? Trotzdem stellte er die Frage so beiläufig, als hätte er lässig eine Wette auf die Augenzahl der nächsten Würfel abgegeben.

»Sie glänzen weiter, hoffentlich«, gab Lucius zurück. »Weiter nach Norden ziehen wir nur mit deutlich mehr Männern.«

Kai grinste. »Dann werde ich die gute Nachricht verbreiten.«

»Gute Nachricht? Ich dachte, sie wollen unbedingt kämpfen.«

»Wollten sie auch, bis sie den Häuptling gesehen haben.«
»Sie fürchten ihn?«

»Sie mögen ihn«, sagte Kai. »Mehr als die meisten römischen Häuptlinge, die wir gesehen haben. Er ist ein echter Krieger.«

»Das ist er.« Lucius stockte unentschlossen. Manche Hoffnung war zwischen die Bäume in die Wälder entschlüpft, manche Frage blieb ungestellt und unbeantwortet. Er spürte ein wildes Verlangen, sein Pferd anzuspornen und dem Häuptling zu folgen, denn er hatte das Gefühl, zu einem guten Ergebnis zu kommen, könnten sie nur ein wenig länger miteinander sprechen. Stattdessen drehte er sein Ross gen Süden. »Brechen wir auf.«

Zurück zum Wall, mit mehr Fragen als Antworten. Ab und an glaubte Lucius, das ferne Lied zu hören, dieses Lied eines sterbenden Volkes, das ihm noch immer in den Ohren klang. Aber hier gab es keine Geräusche außer denen der Vögel und des Windes. Sie folgten dem Fluss hinaus aus dem Labyrinth von Hügeln und Heide, bis sich der Wall einmal mehr vor ihnen erhob.

Eine Freude in seinem Herzen, die Stärke Roms in Stein gemeißelt zu sehen. Denn wie alle Römer wusste auch Lucius, dass die Stärke der Menschen oft versagte. Mit ihren Mauern aus Stein aber hatten sie die Welt erobert.

Das Lächeln auf seinen Lippen erstarb, als er sich umdrehte und die Männer ansah, die ihm folgten. Auf dem Ritt zurück durch die offene Landschaft hatte er den Eindruck gewonnen, dass ein Stück der Traurigkeit von ihnen abfiel und Andeutungen ihres alten Temperaments zurückkehrten – dieser stete Hunger nach Leben und sorgloser Freude, der ihm fern im Osten so viel Neues eröffnet hatte. Denn der Regen hatte aufgehört, und ein waberndes Licht kroch zwischen den Wolken hindurch, die Wächter am Horizont waren verschwunden, und das Gelände war eben genug, um vor Überfällen sicher zu sein. Es schien nichts mehr zu fürchten zu geben, und so waren sie vielleicht in der Lage gewesen, sich wieder in ihrer Steppe zu wähnen – als Patrouille im eigenen Land, die von einem Plünderzug jenseits der Grenze zurückkehrte und sich einfach an der Sonne im Gesicht und an der Bewegung der Pferde erfreute.

All das war verflogen. Beim Anblick des Walls sahen sie nicht, was er sah. Sie sahen ihr Gefängnis, die Kette aus Stein, mit der man sie gebunden hatte, das Symbol ihrer schmachvollen Niederlage.

Er hörte einen von ihnen flüstern, ganz in der Nähe. Jene Worte, die für sie hier auf der anderen Seite der Erde fast zu einem Gebet geworden waren. »Fünfundzwanzig Jahre.« Schnell ritten sie weiter zur Festung – jetzt offenbar begierig, ihren Geist mit Wein abzustumpfen, sich mit Würfeln oder Frauen abzulenken. Um sich am Ende in Schlaf und Träume zu flüchten.

6

Kai erwachte in der Dunkelheit.

Das allein hätte ihn nicht ängstigen dürfen. Denn obwohl sein Volk so oft wie möglich unter den Sternen nächtigte, zogen auch sie sich in den harten Steppenwintern in ihre Zeltwagen oder die Hütten in den Tälern der Winterlager zurück. Dort aber war die Dunkelheit niemals so vollkommen – immer schien ein zarter Hauch von Sternenlicht durch die Zeltbahnen der Wagen oder Löcher in den Wänden, und oft brannte ganz in der Nähe ein Feuer. Hier, umgeben von den Steinwänden der Kaserne, die Fensterläden geschlossen gegen den harten Wind, erwachte er aus erstickenden Träumen in einer Welt ohne Licht, rang nach Atem und griff um sich wie ein Ertrinkender.

Ganz in der Nähe ertönte eine Stimme in der Finsternis. »Es ist keine Schande, sich zu ängstigen. Dieser Ort ist wie ein Grabhügel.«

»Ich wünschte, das wäre er, Gaevani«, sagte Kai. »Dann würdest du wenigstens den Mund halten.«

Eine Bewegung auf der Liege neben seiner – Kai konnte ihn nicht sehen, hatte das schiefe Grinsen des Mannes aber deutlich vor Augen. »Ach, ich glaube, du weißt, dass das nicht stimmt. Ich wäre ein lästiger Geist – extra für dich.«

Tiefer im Gebäude, aber nicht weit entfernt wurde ein

Kochfeuer entzündet, und ein wenig Licht stahl sich in den Raum. Kai atmete tief ein und inhalierte den starken, vertrauten Duft der Pferde, die direkt nebenan untergebracht waren. Allmählich schwand seine Angst. Jetzt konnte er auch Gaevani in der nächsten Reihe von Liegen erkennen – er starrte an die Decke und fuhr sich geistesabwesend mit einer Hand über die Stirn. Bei dieser Beleuchtung konnte Kai die alte verknotete Narbe nicht sehen, die dort prangte, aber er kannte ihren Anblick gut. Er selbst hatte sie verursacht, als sie in der Steppe ihre Fehde ausgetragen hatten. Und doch war Gaevani an diesem Ort einer der wenigen, die Kais Gesellschaft noch zu schätzen schienen.

»Es wirkt wie ein Land voller Geister«, sagte Kai.

»Ach ja. Dein Trugbild auf dem großen Ross. Bei jedem anderen Mann würde ich es für eine Lügengeschichte halten, aber du warst nie schlau genug, um gut zu flunkern.« Gaevani rollte sich auf die Seite und rieb sich die Augen. »Vergiss dein Gespenst. Noch drei Umdrehungen vom Stundenglas, dann sind wir mit der Nachtwache dran. Mehr nicht. Ruh dich aus, wenn du kannst.«

»Wir fristen unser Leben zwischen Sandkörnern und Steinmauern.« Kai schüttelte den Kopf. »Ich weiß nicht, ob ich mich je daran gewöhnen kann.«

»Ach, selbst ein Grab wie dieses hier ist gar nicht so schlecht«, gab Gaevani zurück. »Solange man die richtige Gesellschaft hat.«

»Herzlichen Dank.«

»Nicht du, Idiot. Ich meine die Frauen im *vicus*.«

»Laimei und Arite?«

»Nein! *Andere* Frauen. In einem Gebäude, wo über der Tür eine Ziege aus Stroh hängt. Saratos hat mir davon erzählt. Frauen mit traurigen Augen, aber trotzdem ganz ansehnlich.« Er hielt die Hand hoch, und Kai hörte das Klimpern von Silber. »Ein paar von denen hier, mehr brauchst du nicht.«

»Du willst da noch vor Anbruch unserer Schicht hin?«

Gaevani schnaubte. »Das ist nicht nach meinem Geschmack. Ich brauche keine Frauen außerhalb der Mauern, solange es Männer innerhalb der Mauern gibt. Und bei den Männern muss man nicht bezahlen, wenn man so stattlich ist wie ich. Aber ich dachte, die Frauen sind vielleicht nach deinem Geschmack. Damit du nicht in Schwierigkeiten gerätst.«

»Was für Schwierigkeiten?«

Das Lächeln schwankte ein wenig. Gaevani zögerte. »War es reines Pech, dass Bahadur hierher versetzt worden ist?«, fragte er schließlich. »Oder hast du das veranlasst?«

»Wie kommst du darauf, dass ich was damit zu tun hatte?«

»Ach komm. Lucius würde fast alles tun, wenn du ihn darum bittest. Du hättest Bahadur ans andere Ende des Walls schicken können, und seine Frau gleich mit. Ich sollte mich wohl geschmeichelt fühlen, dass du mich auch hier einquartiert hast.«

Da erinnerte Kai sich an die Diskussionen mit Lucius. An den Blick voll wohlwollender Betroffenheit, den sein Freund ihm zugeworfen hatte, als Kai wieder und wieder darauf bestand, dass Bahadur nur mit ihm zusammen versetzt werden sollte. »Vielleicht habe ich bei diesen Entscheidungen die Hand im Spiel gehabt«, sagte er.

»Glaubst du, dass er dir deswegen irgendwann vergibt? Oder machst du es nur, um seine Frau in deiner Nähe zu haben?«

Erst antwortete Kai nicht. Dann sagte er: »Ich scheine die Angewohnheit zu haben, Freunde zu Feinden zu machen und Feinde zu Freunden. Vielleicht gelingt mir das noch einmal.«

Schreie ganz in der Nähe – wüste Beschimpfungen, ineinander verkeilte Schatten. Kai kam krabbelnd auf die Beine und sah sich nach dem Umriss eines Messers um oder den schnellen, abgehackten Bewegungen einer Hand, die eines trug. Aber das Handgemenge war so schnell vorbei, wie es begonnen hatte, mit einer Umarmung und rauem Gelächter. Einer der Männer drückte sich den Handballen auf einen Schnitt im Gesicht, für den jedoch keine Waffe, sondern ein Faustschlag verantwortlich war.

»So früh schon unruhig«, sagte Gaevani. »Die schneiden sich noch in Stücke, wenn sie weiter so eingepfercht sind.« Er schüttelte den Kopf. »Tu mir den Gefallen – lauf rüber in den *vicus*. Nimm ein paar Münzen mit und geh zu einer der Frauen, die man dafür bekommt.«

»Und warum sollte ich das tun?«, fragte Kai.

»Du bist einsam. Es ist besser, mit Silber für eine Frau zu bezahlen, als mit Scham. Oder mit Blut.«

Kais Blick streifte durch die Dunkelheit und suchte

nach einem altbekannten Umriss. Denn irgendwo dort im Schatten lag Bahadur. »Ich bin einsam, das stimmt. Also lass mich dir erzählen …«

»Nein, nein, nein«, sagte Gaevani und rollte sich mit dem Gesicht zur steinernen Wand. »Ich will es nicht hören. Nicht schon wieder.«

Kai sagte nichts, starrte nur Gaevanis Rücken an und wartete. Wartete, bis eintrat, wovon er gewusst hatte, dass es eintreten würde, und Gaevani sich wieder zu ihm drehte. Denn es war beinahe ein heiliger Akt, den Kai von ihm verlangte. Ein weiteres neues Ritual, geboren auf ihrem Weg aus der Steppe in die Ferne, das kein Mann einem anderen verweigern würde.

»Erzähl mir davon«, sagte Gaevani, mit müder Stimme wie eine Mutter, die ein anstrengendes Kind bei Laune halten will. »Erzähl mir von dem Tag, an dem du nach Hause kommst.«

Kai schaute in den Lichtschein des Kochfeuers, ließ seinen Blick sanft werden, starrte die tanzenden Flammen an. »Es wird im Herbst sein«, sagte er. »Spät, sehr spät in der Reisezeit. Der Winterwind hat schon eingesetzt. Ich habe Angst – Angst, es nicht rechtzeitig zu schaffen. Ich trage viel Grau in meinem Haar. Meine Knie schmerzen, wann immer es regnet. Aber während dieser Reise fühle ich mich wieder wie ein junger Mann.«

Kai lächelte vor sich hin. »Ich werde die Straßen der Römer entlangreiten. Ich werde einer ihrer Bürger sein, und niemand wagt es, mich aufzuhalten. Ich werde ihr ganzes riesiges Reich durchqueren, als freier Mann, bis ich das letzte ihrer Tore am Ufer des Danu durchquere. Und dann, endlich, bin ich sie los.«

Er stockte, als er Geraschel ganz in der Nähe hörte. Andere gesellten sich dazu, begierig wie Kinder, zu hören, was er zu sagen hatte, denn sie alle liebten diese Geschichten, so oft sie sie auch schon gehört hatten. Jeder von ihnen erzählte die gleiche Geschichte auf andere Weise.

»Meine Stute wird sich fürchten«, fuhr er fort, »auf der Reise über das Wasser. Aber dann wird sie mich anschauen, und ihre Furcht wird verebben. Sie wird mich anschauen und wissen, dass sie in die Heimat ihrer Rasse zurückkehrt, an einen Ort, den sie nie erblickt hat.«

Kai zögerte und versuchte sich zu erinnern. Denn obwohl sie vor weniger als einem Jahr aufgebrochen waren, begann er diese Heimat bereits zu vergessen. »Das hohe Gras wird im Wind tanzen«, sagte er. »Die Wildblumen werden vertrocknet sein wie Tupfer aus rostigem Eisen. Und diese Berge in der Ferne – erinnert ihr euch noch? Wie eine Wiege ums Land, wie die schützenden Hände eines Gottes, für immer mit weißem Schnee bestäubt. Und ich werde frei über die weite Ebene reiten, den Jagdpfaden folgen, die sich in fünfundzwanzig Jahren nicht verändert haben, den Herden hinterher, die in die Winterlager ziehen. Und da, endlich, werde ich sie wiedersehen. Meine Tochter, Tomyris.«

Stille. Jeder Mann in der Kammer malte sich eine ganz ähnliche Szene aus. Jeder von ihnen sah dort einen anderen Menschen stehen, ihre eigenen Kinder, die sie in der Steppe zurückgelassen hatten. Und eine Zeit lang verlor Kai sich in seinem eigenen Geist; seine Augen bewegten sich, als er

Dinge sah, die nicht da waren. Das hohe Steppengras, das sich im Wind beugte wie ein Mann vor seinem König, die Herden der Pferde, die über die Ebene tanzten. Eine Gestalt am Ufersaum eines Flusses, torkelnde Kinder um ihre Füße – eine Frau mit seinen schwarzen Haaren und einer rastlosen, ungeduldigen Energie in jedem einzelnen Schritt. Halb geformte Wörter hingen ihm im Mund – die Worte, die er zu seiner Tochter sprechen würde. Dann verblasste die Vision, und wieder kehrte er zurück in die dunkle Kammer am Ende des Imperiums, eine halbe Welt entfernt.

»Sie wird längst Mutter sein«, sagte er. »Stellt euch das nur vor – viele kleine Kais, die durch die Steppe streifen und Unfug anstellen.«

»Grässlich«, sagte Gaevani trocken.

»Zunächst wird sie mich nicht wiedererkennen«, sagte Kai, »weil ich so alt geworden bin. Aber ich erkenne sie sofort. Und dann sitzen wir gemeinsam am Feuer und erzählen unsere Geschichten.«

Leises Seufzen von den dunklen Gestalten ringsum – in diesem Moment teilten sie alle seinen Traum.

»Bist du fertig?«, fragte Gaevani.

»Bin ich«, gab Kai zurück. »Eines Tages wirst du mir von deiner Rückkehr erzählen. Und ich werde dir lauschen.«

Gaevani lachte. »Das ist der Unterschied zwischen dir und mir.«

»Was denn?«

»Ich *weiß*, dass ich nicht zurückkehre. Du musst es erst noch begreifen.«

Draußen ertönte der Ruf von Hörnern und Trommeln.

Und obwohl die Zeit für seine Wache noch nicht gekommen war, stand Kai auf, um ihm zu folgen.

»Und wohin gehst du jetzt?« Gaevani betrachtete ihn argwöhnisch.

»Deinen Ratschlag befolgen«, antwortete Kai. »Ich ziehe los, um eine Frau zu finden.«

* * *

Es war so einfach, Laimei zu täuschen. Nicht auf dem Schlachtfeld oder auf dem Übungsplatz, wo sie jede Finte erahnte, jeden Trick von Hand oder Pferd – sie beobachtete alles mit versteinerter Miene und wartete nur darauf, dass man einen Fehler machte, sich eine Blöße gab, die sie mit ihrem Speer ausnutzen konnte. Als Arite ihr aber mit betont sorgloser Lässigkeit mitteilte, loszuziehen, um ein wenig Wein zu kaufen, zuckte Laimei bloß mit den Schultern und polierte weiter den Brustpanzer aus Metallschuppen, der über ihrem Knie lag.

Sie schien weder die Neugier eines Kindes noch den Tiefblick eines Erwachsenen in sich zu tragen. Oder vielleicht stimmte das nicht so ganz, denn in sämtlichen Dingen, die den Krieg betrafen, war sie anspruchsvoll und präzise – jedes Gelenk ihrer Rüstung wurde überprüft, der Speer wieder und wieder getestet und gewogen, die Männer ihrer Kriegsmeute mit unablässiger Härte in den Bewegungsmustern von Mensch und Pferd unterrichtet. Vielleicht wusste Laimei sehr wohl, dass man sie anlog. Vielleicht war es ihr schlicht egal.

Trotzdem erhielt Arite den Schein aufrecht und ging in Richtung der Weinhändler davon. Ein Blick über die Schulter aus Furcht, dass ihr jemand folgen könnte, dann bog sie plötzlich ab, einmal, zweimal, bis sie schließlich eine dunkle Ecke des *vicus* erreichte. Hier stand ein halb eingestürztes Gebäude, dessen schräge Wand einen Schatten auf die umliegenden Bauten warf. Die verbrannten Holzbalken stachen frei in den Himmel, emporgereckt wie geschwärzte Finger. Gerüchten zufolge hatte hier ein Münzfälscher gearbeitet, ehe das Feuer aufgelodert war und Holz und Stroh binnen Sekunden zerfressen hatte.

Sie wartete und spähte immer wieder die Gasse entlang. Hier waren fast nur Kinder anzutreffen, die in dem zerstörten Gebäude nach Silber oder Kupfer oder Zinn gruben. Trotzdem empfahl es sich, wachsam zu bleiben. Angeblich verschwanden im *vicus* immer wieder Frauen – und auch Männer. Sie wurden still und heimlich in diesem oder jenem Keller eingemauert oder ins Wasser geworfen, um ein Stück flussabwärts in den Binsen angespült zu werden, aufgedunsen und purpurn vor Fäulnis.

Als schließlich Schritte ertönten, ging sie daher instinktiv kampfbereit in die Hocke und legte die Hand an das Messer in ihrem Gürtel. Die Gestalt riss die Hände hoch und näherte sich wie ein Gefangener, mit langsam schlurfenden Schritten. Doch es war Kai, und er lächelte.

»Was hast du den anderen erzählt?«, fragte sie.

»Was ich ihnen immer erzähle. Dass ich herkomme, um mein Silber einer Frau zu geben.« Er zuckte mit den Schultern und senkte die Hände. »Es hat den Vorzug, die Wahrheit zu sein, nur nicht so, wie sie glauben.« Leise klimperte Metall auf Metall, als er ihr den kleinen Beutel aushändigte. »Die Hälfte meines Solds«, sagte er. »Für Laimei. Und für dich.«

»Ich bin sehr dankbar. Wir müssen auch für den Jungen sorgen, den du mitgebracht hast.«

»Er redet immer noch nicht?«

»Kein Wort. Vielleicht muss er noch heilen.«

»Und Laimei?«

»Die spricht dafür eher zu viel.«

Kai warf den Kopf in den Nacken und lachte. Allen Umständen zum Trotz schlich sich auch in Arites Gesicht ein schiefes Lächeln.

»Deine Schwester ist wie ein preisgekröntes Ross«, sagte sie. »Teuer im Unterhalt.« Sie wog den Münzbeutel in der Hand und schüttelte sachte den Kopf. »Du musst für dich selbst auch etwas übrig lassen. Das hier ist zu viel.«

»Ach«, sagte er leichthin, »das bisschen, was ich brauche, kann ich mir auch von den anderen leihen oder erspielen. Bis jetzt habe ich Glück. Aber sie lassen uns wirklich für alles bezahlen. Waffen, Rüstung, selbst unsere eigenen Pferde verkaufen sie uns zurück.« Er verzog den Mund. »Die Römer wissen nichts von Geschenken.«

»Bis auf Lucius.«

»Bis auf Lucius«, wiederholte er ernst, fast wie im Gebet. Dann lächelte er abermals. »Und meine Schwester ist *wirklich* eine unerbittliche Lehrerin. Gibt sie all ihr Silber aus?«

»Ha, es ist unter ihrer Würde, sich mit dergleichen zu befassen«, gab Arite zurück. »Also muss ich mich darum kümmern. Und es gibt dauernd irgendetwas Neues, das sie für ihr Pferd oder für ihre Rüstung braucht, und ihr genügt nur die allerbeste Handwerkskunst.«

»Geht es ihr gut?«

»Wer weiß das schon? Sie verbringt ihre Tage damit, die Kriegsmeute zu unterrichten, und es scheint ihr so viel Spaß zu machen wie eh und je. Aber ich weiß nicht, ob das von Dauer sein kann. Sie hat unmögliche Pläne.«

»Das geht uns allen so«, antwortete Kai.

Sie schwiegen eine Weile. Arite streckte die Hand nach dem ausgebrannten Gebäude aus, zupfte ein verkohltes Holzstück aus der Mauer und zerdrückte es zu Asche. Denn noch immer sah sie es in Kais Blick, diese närrische, wunderbare Hoffnung, die nur junge Leute in sich tragen – den Glauben daran, dass sich die Welt ihren Wünschen beugen wird und alles so kommt, wie sie es gerne hätten. Sie selbst mit ihren grauen Strähnen hatte geglaubt, solche Gedanken hinter sich gelassen zu haben. Aber manchmal konnte auch sie sich kaum dagegen wehren.

»Wie ist es denn, nördlich des Walls?«, fragte sie.

»Ein schönes Land«, antwortete er. »Erinnert mich ein bisschen an die Heimat. Ich hoffe, sie schicken uns bald wieder raus. Vielleicht nach dem Tanz der Pferde.«

Arite dachte an die endlosen Übungseinheiten auf dem Exerzierplatz. »Das ist es, wofür die Kriegsmeute übt?«, fragte sie. »Eine Art Vorführung?«

Kai nickte. »Genau das. Bald soll ein römischer Häuptling herkommen – ein Legat, so nennen sie das. Lucius sagt, wir müssen ihn mit unserer Reitkunst beeindrucken.«

»Ich hoffe, es gelingt euch.«

»Wenn du es wünschst, wird es so kommen.« Er zögerte. »Und Bahadur? Geht es ihm gut?«

Arite zuckte mit den Schultern. »Manchmal schon. Und manchmal …«

Ein schmerzverzerrtes Lächeln, dann wieder Schweigen.

Im vergangenen Winter, als sie beide geglaubt hatten, Bahadur sei gestorben, war es ihnen so simpel, so natürlich vorgekommen, gemeinsam Trost zu finden. Vor allem bei den Sarmaten – den alten Geschichten nach war es einst Brauch gewesen, einfach seinen Köcher an das Zelt des Mannes zu hängen, den man sich zum Geliebten nehmen wollte. Bei ihnen aber war ungebeten ein verräterisches Verlangen gesprossen und sogar nach Bahadurs Rückkehr geblieben. Und mit diesem Verlangen hatten sie gemeinsam Bahadurs Herz gebrochen.

Dort in dieser Gasse fürchtete sie sich plötzlich vor dem Schweigen und vor dem, was aus ihm erwachsen könnte. Ein gefährliches Funkeln lag in seinen Augen, als er sie ansah, und sie stellte sich vor, dass er das gleiche Funkeln auch in ihrem Blick entdecken musste.

»Gib auf dich Acht, Kai«, sagte sie. »Und sei vorsichtig.«

Eine Hand streckte sich nach ihr aus – zögerlich, fast ängstlich; wie ein Kind, das in der Dunkelheit erwacht und nach Geborgenheit sucht. Und sie trat einen Schritt zurück. »Genau das meine ich«, sagte sie.

Ohne ein weiteres Wort wandte sie sich ab und trat aus der dunklen Gasse hinaus ins Licht.

7

Die Fackeln waren entzündet, der Kreis in den Boden geritzt. Über ihnen ragte schattenhaft der Wall auf.

Sechs Männer warteten am Südrand dieses Kreises – eine einsame Versammlung an solch einem weiten, offenen Ort. Ganz vorn stand Lucius. Der Flammenschein glitzerte in jeder Wölbung seines Brustpanzers, sein Helmbusch stand hoch und stolz. Sein Blick war die meiste Zeit geradeaus gerichtet. Nur manchmal schweifte er nach links ab, wo ein Mann mit der entspannten Leichtigkeit eines Edelmannes auf einem Pferd saß. Der römische Herrscher dieses Landes, Caerellius Priscus, Legat des Nordens.

Sie hatten kaum miteinander gesprochen, seit der Mann am späten Nachmittag eingetroffen war, einen Tag früher als erwartet. Lucius wollte direkt nach der Ankunft mit seinem Lagebericht beginnen, aber der Legat hatte unverzüglich die Hand gehoben und mit einem Lächeln gesagt: »Lass sie mich erst mit eigenen Augen sehen, beim Tanz der Pferde. Dann weiß ich, worüber wir uns unterhalten müssen.« Und so wurde es gemacht. Sie begaben sich zum Übungsplatz, wo Lucius die letzten Befehle gab. Er selbst, der Legat und vier Männer seiner Leibgarde, allesamt wohlgenährt, muskelbepackt, stolz und arrogant – wie alle Elitesoldaten. Lucius erlaubte sich ein knappes, dünnes Lächeln. Diese kleine

Leibgarde würde bald sehen, wie nutzlos, wie hilflos sie war, sollten die Sarmaten einen Aufstand beschließen. Auch zweihundert von ihnen hätten nichts dagegen ausrichten können.

Dort warteten sie zu Füßen des mächtigen Walls. Das Kastell von Cilurnum ragte ein Stück entfernt in der Düsternis auf. Der verhangene Himmel, die peitschenden Regenschwaden und die flackernden Fackeln schränkten seine Nachtsicht erheblich ein. So kam es, dass Lucius sie hörte, ehe er sie sah – das Klappern und Klimpern der Rüstungen und den schweren Hufschlag der Pferde. Schatten in der Dunkelheit, und ein aufgeregtes Zittern durchfuhr ihn.

Sie trugen keine Lichter, ritten trittsicher durch die Nacht. Eine große Kolonne, scheinbar zahllos in der Dunkelheit, auch wenn Lucius wusste, dass es sich um einhundert seiner besten Reiter handelte. Sie kamen näher, nah genug, um Einzelheiten zu erkennen. Der Fackelschein tanzte über Gesichter aus Eisen – die unheimlichen Kavaleriehelme, die menschlichen Gesichtern nachempfunden waren, ließen kein Stück Haut erkennen; nur die Augen, die in tiefem Schatten lagen. Beim Tanz der Pferde hatte die römische Kavallerie diese Masken zu tragen. Die Männer aus einem Dutzend verschiedener Länder, die sich ergeben hatten, gefangengenommen oder von ihren Häuptlingen als menschliche Tributzahlung an Rom entrichtet worden waren, wurden zu gesichtslosen Menschen aus Eisen, während sie für jene kämpften, die sie erobert hatten. Auch in ihren Bewegungen wirkten sie wie Automata; keine überflüssige Geste von Mann oder Pferd, als sie am Rand des Kreises zum Stehen kamen.

Ein Moment vollkommener Stille – des schrecklichen Wartens wie vor einer Schlacht, wenn alle Versammelten wissen, dass bald das Töten beginnt. Bald und unausweichlich, aber noch nicht sofort.

Dann ein Kreischen in der Luft, ein Kriegsschrei, der zugleich ein Lied verlorener Helden und Ruf zur Schlachtordnung war – der Befehl zum Sturmangriff. Der Legat zuckte im Sattel zusammen, als die Stimmen über die Stille hereinbrachen, denn obwohl er diesen Schlachtengesang nie zuvor gehört haben konnte, kannte sein Herz ihn doch allzu gut, wie ein Lämmchen wimmert und schreit, wenn es zum ersten Mal das Heulen des Wolfes vernimmt. Dies war das Kriegsgeschrei, das seit Hunderten von Jahren am Ufer des Danubius erschollen war, wo sich die Sarmaten unablässig gegen die Mauern des Imperiums geworfen hatten. Es war der Klang, zu dem Römer starben.

Die Sarmaten preschten los, senkten die langen Lanzen, richteten sie auf die Römer. Lucius hörte die Männer an seiner Seite mit den Füßen scharren, hörte die Pferde angsterfüllt schnauben. Er stand völlig reglos und hielt den Blick starr auf seine Hauptmänner gerichtet.

Im letzten Moment drehten die Sarmaten ab, brachen wie eine Woge und flossen seitlich an Lucius und dem Legaten vorbei. Der Windstoß des Sturmangriffs war stark genug, ihre Helmbüsche zum Tanzen zu bringen. Die Sarmaten wendeten, strebten zurück und durchliefen wie Vogelschwärme am Himmel ihre Formationen – die Linie, das Rechteck, den Keil.

Mit Stolz in der Brust sah Lucius ihnen zu. Er hatte befürchtet, die Sarmaten könnten die Vorführung als triviales Spiel auffassen, es für unter ihrer Würde erachten, für einen römischen Legaten zu tanzen, aber sie schienen diesen Wettstreit noch besser zu verstehen als er selbst; für Ruhm und Ehre ihr Leben aufs Spiel zu setzen. Vor allem aber verstanden sie die Macht dieses Rituals – sich bei Fackelschein in einem Kreis zu versammeln, einen Tanz mit Pferd und Speer aufzuführen und zu zeigen, wie gut sie töten konnten.

Die hundert Sarmaten teilten sich in zwei Trupps zu je fünfzig Mann auf. Sie reckten die Lanzenspitzen in den Feuerschein, damit jeder sehen konnte, dass dies keine falschen Waffen waren, mit denen Knaben übten, sondern Klingen aus Eisen. Das Licht blitzte an den tödlich scharfen Schneiden auf. Dann setzten sie zum nächsten Sturmangriff an, diesmal direkt aufeinander zu.

Binnen eines Herzschlags war es zu spät, noch abzudrehen – sie waren ganz ihrer Sache verschrieben und wirkten unaufhaltsam, als wäre eine der alten Fehden der Steppe plötzlich neu entbrannt, und sie könnten an nichts anderes mehr denken, als einander zu töten. Erst im letzten Moment brachen die Schlachtreihen in Kolonnen auf, zwischen denen gerade genug Platz war, um Pferd und Reiter hindurchzulassen. Dann verschmolzen sie zu einer Masse, zwei Flüsse in der Flut zu einem vermählt.

Eine winzige Unachtsamkeit, ein einziges Pferd an der falschen Stelle, und Blut wäre auf die harte Erde gespritzt, die Männer hätten einander aufgespießt oder wären unter die schweren Hufe geraten. Aber mit großem Donner und bebender Erde, als erwüchse ein Sturm aus dem Boden zu ihren Füßen, waren die Reiter aneinander vorbei und bildeten mit weiten Kurven wieder eine Einheit. Noch mehrfach wiederholten sie dieses Schauspiel und schnitten dabei immer raffiniertere Formationen in die Nachtluft, bis sie schließlich rings um den Kreis zum Stehen kamen. Die Flanken der Pferde glänzten schweißnass.

Dann kam einer der Reiter nach vorn, packte seine große Lanze mit beiden Händen in der Mitte des Schafts und hielt sie parallel zum Boden vor sich. Der Sarmate bellte Wörter in seiner eigenen Sprache – eine Frage, die gleichzeitig wie ein Gebet klang.

»Was sagt er?«, flüsterte der Legat.

»Es ist an der Zeit, dass sie einander ernsthaft bekämpfen«, antwortete Lucius. »Sie fragen, ob du wünschst, dass sie mit den stumpfen oder mit den spitzen Enden ihrer Speere kämpfen.«

Lucius wusste, dass er mit dieser Frage ein hohes Risiko einging, denn es gab eine Menge Sadisten unter den Präfekten und Legaten, die sich nichts daraus gemacht hätten, die Leben von Barbaren zu ihrer persönlichen Belustigung wegzuwerfen. Aber er musste wissen, was für einem Mann er jetzt diente, denn dieser Mann hielt ihrer aller Leben in der Hand.

Der Legat lächelte, und es war nicht das Lächeln eines Mörders. »Mit den stumpfen«, sagte er.

Lucius wiederholte seine Worte in der Sprache der Sarmaten, und sofort drehten sie ihre Lanzen um. Zwanzig von ihnen ritten nach vorn; alle trugen Zeichen eines

Recken. Einer besaß eine Lanze, deren Schaft mit Drachenschnitzereien verziert war, mit schuppigen Bestien, die sich bis hinauf zur Spitze wanden. Ein anderer hatte seine Rüstung mit den Hauern eines Ebers und dem Fell eines Bären verziert, die er allein erlegt hatte. Noch einer hatte einen langen geflochtenen Bart, in dem ein Dutzend Ringe klimperten, die er aus den Schwertern besiegter Feinde gehämmert hatte. Lucius war froh, an keinem Sattel Skalps hängen zu sehen – unter Sarmaten eine gebräuchliche Verzierung, aber sie hatten sich seinem Befehl gefügt, auf diese speziellen Trophäen zu verzichten.

Wieder die Stille vor dem Kampf, die durch kein Zeichen oder Signal beendet wurde, aber ganz plötzlich schienen die Sarmaten zu wissen, dass der Zeitpunkt gekommen war. Manche wiederholten flüsternd die Befehle ihres Kriegsgottes oder hörten den schmetternden Hornruf der Geister ihrer Ahnen; es waren Klänge, die wohl nur ihre Recken und Helden vernehmen konnten.

Keine Kriegsschreie, keine Lieder, die daran erinnerten, dass die Helden aus alten Tagen ihnen zusahen. Diese Kämpfer brauchten keine Glücksbringer, die ängstliche Männer mit Mut erfüllten, keine wachsamen Helden, die ihre Speere lenkten. Die wahren Recken kämpften stumm.

Einen Moment später gab es bereits fünf leere Sättel. Lucius verzog das Gesicht, als er das hallende Krachen eines splitternden Knochens hörte. Er sah einen Mann, der sich das Knie hielt und ins Erdreich biss, um seinen Schmerz zu ersticken. Er sah eines der prächtigen Pferde, das kreischend mit den Vorderbeinen in den Himmel trat, denn sein Rückgrat war gebrochen. Ringsum aber ertönte ein Brüllen von den Sarmaten, denn sie begrüßten die Klänge des Todes auf dem Feld, als wären sie Zeugen einer heiligen Handlung.

Die verbleibenden Recken wanden sich wie Haie im Wasser, das Licht spiegelte sich blitzend in ihren Schuppenpanzern, während sie die stumpfen Speere schwangen. Eher brutal als kunstvoll, wie es beim Töten immer war, was die alten Geschichten auch erzählen mochten. Ein paar von ihnen scherten aus der Menge aus und setzten zu einem neuen Angriff an. Männer wurden durch die Luft geschleudert, flogen in grazilen Bahnen umher, bis sie zu Boden krachten, rollten und hüpften und dann still dalagen.

Sehr plötzlich waren nur noch wenige von ihnen übrig. Der Boden war von Besiegten übersät; geschlagene und gebrochene Männer, die von ihren Kameraden vom Feld geschleift wurden. Drei Krieger verblieben, und eine Zeit lang griffen sie einander nicht an. Sie saßen vornübergebeugt und zusammengesunken vor Erschöpfung im Sattel, als hätte sie der Fluch des Alters getroffen. Noch immer waren keine Kriegsschreie zu hören. Nur ihre abgehackten Atemzüge strichen über das Feld, das verzweifelt röchelnde Keuchen jener, die um ihr Leben gekämpft haben. Man konnte sehen, wie sie einander musterten, wie sie die Heldenzeichen auf den Speeren und Rüstungen suchten, um zu erkennen, wen sie vor sich hatten. Lucius sah, dass der Mann mit den Drachenmustern am Speerschaft noch übrig war, dazu ein weiterer, dessen Helm von den Kieferknochen eines Wolfes eingerahmt wurde. Der dritte Krieger trug Quasten aus rotem Filz an der Speerspitze, wie

Blut, das immerwährend hinabtropfte und doch niemals den Boden erreichte.

Die drei schienen eine stille Übereinkunft zu treffen. Denn zwei von ihnen, der Drache und der Wolf, gesellten sich zueinander – eine stumme Allianz, geboren offenbar aus der Erkenntnis, dass der dritte Krieger mit den roten Quasten nicht von einem allein bezwungen werden konnte.

Auf die restlos erschöpften Krieger musste der kleine Übungsplatz wie eine endlos weite Ebene wirken, wie das riesige Grasmeer fern im Osten, das sie hinter sich gelassen hatten. Ihre Pferde stolperten und hielten müde aufeinander zu – selbst aus dieser Entfernung sah man Speichel aus ihren Mäulern rinnen und die großen Augen wild und weiß rollen. Sie hatten vielleicht noch die Kraft für einen letzten Ansturm im Leib, wenn überhaupt.

Der Drache und der Wolf entfernten sich voneinander und kreisten seitlich. Lucius rechnete damit, dass sich der einzelne Recke sofort einem der beiden zuwenden würde. Stattdessen hielt er mit überlegener Arroganz an seinem geraden Kurs fest, die Lanze gesenkt. Er ritt direkt in die Falle.

Völlige Stille ringsum, bis auf den langsamen Hufschlag der drei Pferde. Jede Einzelheit hatte sich in seinen Geist gebrannt – Lucius hätte die Augen schließen und die Szene in eine Wachstafel kratzen können. Jede Schuppe der Rüstungen, und wo sie abgeplatzt oder zerkratzt waren. Die Finger in den Lederhandschuhen, die sich gegen Krämpfe beugten und die Lanzen umklammerten. Das nervöse Tippen eines Stiefels gegen eine Flanke. Alles war so klar, und Lucius schaute so genau hin, konzentrierte sich ganz auf den Krieger mit den roten Quasten. Und trotzdem sah er es nicht, als es geschah.

Wie ein Schatten, der über den Boden jagt, wenn eine Fackel entzündet wird – so schnell bewegte sich der rote Speer, als hätte sein Pferd die Welt für einen Moment verlassen und sie an einer anderen Stelle wieder betreten. Das Pferd setzte zum Angriff an. Mit einer letzten gewaltigen Anstrengung, die nur von einem Pferd geleistet werden kann, das seinen Reiter mehr liebt als das Leben selbst, war es bei dem Kämpfer mit den Drachen am Speerschaft. Das stumpfe Ende der Lanze fuhr ihm in die Seite, Ross und Reiter drehten sich und fielen und brachen auf dem Boden zusammen.

Der Krieger mit dem Wolfshelm war dicht herangekommen und ließ die Falle zuschnappen. Aber sein Pferd taumelte, die müden Beine knickten weg, der Kriegsschrei wurde panisch verzerrt. Sein Pferd ging nicht zu Boden, aber der rote Speer fuhr herum, wandte sich im Sattel um, zog die lange Lanze nach hinten, hielt sie im letzten Moment nur noch in einer zitternden Hand, der Reiter fast Rücken an Rücken mit seinem Pferd, das Gesicht in den Himmel gerichtet.

Es folgte der nasse Klang eines Körpers, der auf durchweichte Erde fällt, begleitet vom kläglichen Keuchen eines Pferdes, das sich nicht länger auf den Beinen halten kann. Und dann war der Krieger mit dem roten Speer allein auf dem Feld.

Er sackte in sich zusammen und saß so reglos da, dass er einen Moment lang wie tot wirkte, durchbohrt von der unsichtbaren Waffe eines Gottes. Denn in ihrer Eifersucht streckten die Götter manche Helden im Augenblick ihres größten Triumphes nieder, um sie zu stehlen und mit sich ins nächste Leben zu nehmen. Dann aber sah Lucius eine Hand liebevoll über den Widerrist des Pferdes streichen. Und als der Wind auffrischte, trug er Fetzen von Lauten mit sich, ein wortloses Flüstern voller Dankbarkeit.

Die Sarmaten ringsum schrien und jubelten nicht, denn sie waren Zeugen eines heiligen Austauschs geworden. Dafür erhob sich ein großes Klappern, als sie die Speere gen Himmel reckten, ein einziges Wort ausstießen und dann wieder stumm dasaßen.

»Was haben sie gesagt?«, fragte der Legat.

»Tod«, sagte Lucius. »Sie rufen den Gott ihrer Gefallenen an.«

»Überwältigend«, flüsterte Caerellius. »Sie werden allen Geschichten gerecht, die man sich über sie erzählt. Wachsen sogar darüber hinaus.«

»Dank dir, Herr«, sagte Lucius müde und stolz. Denn in Wahrheit hatte er nicht gewusst, ob sie ein Jahr durchhalten würden. Er hatte sich gefragt, ob die Schmach der Niederlage die Sarmaten brechen würde, ob es sie in den Wahnsinn treiben würde, die Heimat verlassen zu müssen, bis Rom sie schließlich doch vernichten musste. Es wäre nicht das erste Mal gewesen — Auxiliartruppen, die es nicht ertragen konnten, Rom zu dienen, die aus der Geschichtsschreibung verschwanden, wenige Monate nach ihrer Gründung wieder aufgelöst, die als Rebellen vernichtet oder von Henkern hingerichtet wurden und dann stillschweigend dem Vergessen anheimfielen.

Stattdessen hielt der Legat eine Krone aus Eichenlaub in die Höhe, den Preis, der für Können und Tapferkeit vergeben wurde. Ein Schatz, von dem jeder Soldat träumte. »Der Sieger soll herkommen«, sagte er.

Lucius rief den Reiter in der Sprache seines Volkes zu sich. Langsam, fast unverschämt gemächlich drehte der Krieger sein Pferd in ihre Richtung, legte die Lanze über den Rücken des Tieres und kam heran, um seine Trophäe in Empfang zu nehmen.

Erst im letzten Moment begriff Lucius, wer dieser Krieger war – ein Blick in die Augen hinter der ausdruckslosen Eisenmaske des Helms, eine bestimmte Drehung im Handgelenk, wie dieser Krieger seinen Speer auf eine Weise hielt, die ihm verdächtig bekannt vorkam. Kurz bevor der Helm vom Kopf glitt, wusste Lucius, wessen Gesicht zum Vorschein kommen würde.

Kein langes Haar fiel herab, denn sie befanden sich nicht in einer der alten Legenden über die Amazonen und andere Kriegerinnen. Aber trotz ihrer kurz geschorenen Haare und all der Narben, die sie trug, konnte man sie nicht mit einem Mann verwechseln; es war Laimei, die den Speer mit den roten Quasten trug, die auf diesem Feld gesiegt hatte und die nun vor ihnen saß, um ihren Preis entgegenzunehmen.

Lucius wartete auf die Wut des Legaten und auf die Strafe, die er aussprechen würde. Denn es gab in der römischen Armee keinen höheren Gott als Befehle und Disziplin, und niemand durfte Waffen für Rom tragen außer jenen, die Rom selbst dazu erwählte. Und Rom würde es niemals zulassen, eine Frau in den Krieg zu schicken.

Sie hatten wenigstens eine Dezimation ihrer Truppe zu befürchten, bei der jeder zehnte Mann gebunden und von den eigenen Kameraden gesteinigt wurde. Lucius selbst würde etwas noch Schlimmeres erwarten – eine jener seltenen und ausgefeilten Strafen, die den Anführern derer vorbehalten waren, die Verrat begangen hatten.

Und dann hörte er neben sich leises Gelächter.

»Was für ein wunderbares Spektakel ihr mir vorgeführt habt«, sagte Caerellius. »Ich hatte von ihren Frauenkriegern gehört, aber nie erwartet, derlei mit eigenen Augen zu sehen.« Er beugte sich vor und ließ den Siegerkranz auf die Lanzenspitze gleiten.

Ein kaum merkliches Zucken durchlief Laimeis Hand und die Lanze – vielleicht ein alter Tötungsreflex, da sie einen römischen Anführer so dicht vor sich hatte. Doch außer Lucius schien es niemand zu bemerken. Dann richtete sie die Lanze auf, und das Eichenlaub rutschte hinab, sie zog den Siegerkranz vom Schaft und setzte ihn sich auf den Kopf. Ein breites, mörderisches Lächeln erstrahlte in ihrem Gesicht.

»Du hast wohlgetan«, sagte Caerellius. »Sie alle haben wohlgetan. Such ein paar deiner Hauptmänner aus. Sie sollen uns beim Festmahl Gesellschaft leisten.«

Das Gefühl der Gefahr wich von ihm, aber nur für einen Moment, bis der Legat hinterherschob: »Und sorg dafür, dass *sie* auch einen Platz unter uns bekommt. Es ist nur recht und billig, die Siegerin zu ehren, findest du nicht?«

8

Von einem Festmahl hatte der Legat gesprochen – ein schmeichelhafter Begriff für das, was sie ihm zu bieten hatten, denn hier an der Grenze war die Gastfreundschaft eher rauer Natur. Es gab rissige Tonschalen hoch beladen mit frischem Wild, gutes Brot, ein wenig Olivenöl und dazu Austern, die an der Küste gesammelt und dann von einem Läufer den Wall entlang gebracht worden waren – der an jedem Meilenkastell eine Auster als »Steuer« verloren hatte, um schnell passieren zu dürfen. Keine der Delikatessen, an die ein kultivierter Mann aus Rom gewöhnt war – Feigen und Leber, in Wein eingelegter Fisch, die Zungen seltener Vögel. Aber Caerellius wirkte durchaus entspannt bei dem schlichten Mahl in Lucius' Unterkunft, wo der Putz von den Wänden bröckelte und der schneidende Wind von draußen mit der Hitze rang, die aus den Feuerschalen ringsum und aus dem Hypokaustum zu ihren Füßen drang. Er lag auf seinem Sofa, nippte am Wein und wirkte so gelassen wie ein Mann in den eigenen vier Wänden.

»Eine lange Straße hat dich hergebracht«, sagte er zu Lucius. »Es gibt nicht viele Leute, die zwei Ränder des Reiches gesehen haben, den Osten und den Norden. Den Danubius und den Wall.«

»Ich bin ein glücklicher Mann, Herr.«

»Ach, das würde ich nicht sagen. Beides sind keine Orte, an denen sich Römer unbedingt freiwillig aufhalten. Vielleicht hattest du stattdessen doppeltes Pech?« Er schnappte sich ein Stück gebratenes Wild und rührte damit in einer Schüssel mit Fischsauce herum. »Was ist dein Eindruck von diesem Land?«

»Es ist so gut wie jedes andere für einen Soldaten. Aber ein hartes Leben für seine Bewohner.«

»Ja, und der Quell vieler Probleme. Die Barbaren haben kaum etwas zu verlieren, und das macht sie gefährlich. Die Stämme hassen einander noch mehr als uns – nur deshalb lässt sich der Frieden überhaupt bewahren. Ein hartes Land, wie du schon sagtest. Aber es könnte starke Soldaten hervorbringen, meinst du nicht?«

Lucius zögerte. Der Legat hatte die eleganten Manieren der römischen Oberschicht, die geübte Ausdrucksweise und Rhetorik, die Lucius nur schwer entschlüsseln konnte. »Warst du selbst Soldat, Herr?«

»Nur aus der Ferne«, sagte Caerellius trocken. »Senatorenabstand nennen es die Centurionen, wenn ich mich recht entsinne.«

Lucius wartete darauf, dass der Mann weiterredete und versuchte gleichzeitig, sich daran zu erinnern, ob er selbst das Gespräch zu führen hatte oder nicht – es war sehr lange her, dass er sich in der Gesellschaft von Adligen befunden hatte. Aber Caerellius schien damit zufrieden zu sein, die Sarmaten zu beobachten, die ihre Gäste waren.

Drei waren ausgewählt worden, ihnen Gesellschaft zu leisten. Laimei, auf deren Arm ein violetter Bluterguss prangte, als sie ihn nach einer Schüssel mit Brot ausstreckte. Ihr Blick glitt rastlos durchs Zimmer. Gaevani – der im Kampf als Vorletzter noch gestanden und den Wolfshelm getragen hatte – redete fast ohne Unterbrechung und wechselte zwischen Sarmatisch und Latein hin und her, während er aß und trank. Und schließlich Kai, der sich sorgsam Mühe gab, seine Schwester nicht anzusehen und einsilbig Gaevanis spöttische Fragen beantwortete. Kai und Gaevani lagen auf ihren Speisesofas und ahmten die Bräuche der Römer nach. Einzig Laimei saß mit geradem Rücken und überschlagenen Beinen da, als wartete sie auf einen Befehl.

»Ich hätte nie gedacht, einmal mit eigenen Augen eine Amazone zu sehen«, sagte der Legat beiläufig. Laimei wirkte sofort gereizt, und Caerellius lachte. »Sie spricht unsere Sprache?«

»Kaum. Aber dieses Wort kennt sie offenbar.«

»Sie besitzt den Stolz eines Kriegers. Sag ihr, dass es als Kompliment gemeint war, Lucius. Und gibt es viele wie sie, im fernen Osten?«

»All ihre Frauen kämpfen«, sagte Lucius. »Aber wenige wie sie, Herr.«

»Stimmt es, was man sich erzählt? Dass sie einen Mann töten müssen, ehe sie heiraten dürfen?«

»Drei Männer, Herr.«

Caerellius nippte an seinem Wein. »Und wie ist es bei ihr? Schätzt sie das Töten so sehr oder den Ehemann so gering?«

»Das müsstest du sie selbst fragen, Herr.«

»Ich glaube, das traue ich mich nicht«, sagte der Legat mit einem Lächeln und verstummte, als der nächste Gang aufgetischt wurde. Er beobachtete die Sarmaten beim Essen.

Vielleicht hatte er die Manieren von Wilden erwartet, aber die Sarmaten aßen vorsichtig und achtsam, ließen regelmäßig die Schüsseln kreisen und wirkten sehr darauf bedacht, von keiner Speise mehr zu nehmen, als ihnen zustand, auch wenn es bessere Kost sein musste, als sie die letzten Monate bekommen hatten.

Gaevani bemerkte den Blick des Legaten und sagte in beinahe akzentfreiem Latein: »Du hattest gehofft, zu sehen, wie wir unsere Zähne in dieses Essen schlagen, nehme ich an? Ungehobelte Barbaren, die wir sind?«

»Natürlich«, gab der Legat fröhlich zurück. »Wie Wölfe mit frischer Beute.«

Gaevani schüttelte den Kopf. »Dann hast du offenbar noch nie Wölfe fressen sehen. Sie wechseln sich ab, genau wie wir – überaus höfliche Tiere. Und ihre Anführer suchen sich zuerst die feinsten Stücke heraus.« Mit ausschweifender Geste bot er dem Legaten einen unberührten Teller dar, der sich mit lautem Lachen ein paar Stücke herunternahm.

»Es gibt drei große Tugenden für unser Volk, die schon von alten Geschichten überliefert werden«, fuhr Gaevani fort. »Tapferkeit im Kampf, Höflichkeit gegenüber Frauen und«, er machte eine Pause und klatschte sich auf den Bauch, »Zurückhaltung beim Essen.«

»Dann werden aus euch wohl keine guten Römer«, gab Caerellius schmunzelnd zurück. »Wir schaffen davon nur eine Sache gleichzeitig, und das lediglich an guten Tagen.«

»Keine Sorge«, sagte Gaevani. »Wir werden uns bemühen, euch zu lehren.«

Alles lachte, Caerellius am lautesten. Lucius lächelte höflich, sah sich aber außerstande, die allgemeine Heiterkeit zu teilen. Denn er sah, dass die Sarmaten zwar sparsam mit dem Essen waren, dafür aber sorglos mit dem Wein umgingen – sie tranken ihn unverdünnt, und er war ihnen bereits in die Wangen gestiegen. Lucius zog Kais Blick auf sich und nickte in Richtung der Becher.

Kai murmelte etwas in seiner Sprache, woraufhin Gaevani seinen Wein demonstrativ zurück auf den Tisch stellte. »Vergebt uns. Zurückhaltung beim Essen schätzen wir sehr, aber Zurückhaltung beim Trinken nimmt der Welt jede Freude. Wir müssen uns aufheitern, wo wir können, in diesem harten Land, wie ihr es genannt habt. Verglichen mit unserer Heimat gibt es hier sonst kaum Annehmlichkeiten.«

»Die Silbermünzen und die Umsorgung Roms sind euch demnach nicht Lohn genug?«

»Uns wurde ein Krieg versprochen«, sagte Gaevani. »Von eurem Kaiser persönlich.«

Der Legat reckte sich und verschränkte die Hände hinter dem Kopf. »Die Welt ist kein friedfertiger Ort. Ich bin mir sicher, ihr werdet ihn bekommen.«

»Wir sind nicht gut im Warten.«

»Gaevani«, sagte Lucius.

»Vergib mir«, sagte Gaevani und legte eine Hand auf die Brust. »Ich spreche nur aus dem Herzen. Ich beuge mich deiner Bestrafung.«

»Ach, da ist keine nötig«, sagte Caerellius. »Ich bewundere euren Mut. Und ich hoffe, dass ihr nicht lange auf euren Krieg warten müsst.« Der Legat hustete und räusperte sich, trank seinen Wein aus und hob den leeren Kelch zum Gruß. »Ich weiß, ihr seid fern der Heimat«, sagte er. »Es mag euch schändlich vorkommen, euren Eroberern zu dienen.«

Keine Antwort. Kai starrte zu Boden, und Gaevani war plötzlich sehr mit seiner Liege beschäftigt; er zupfte an einem Strohhalm, der durch ein Loch im Stoff hervorlugte. Einzig Laimei erwiderte den Blick des Legaten, unnachgiebig und ohne zu blinzeln.

»Wir sind ein Volk von vielen Nationen«, fuhr Caerellius fort. »Ihr seid unsere Brüder, wenn ihr uns nur annehmt. Und alles, was wir verlangen, ist Tapferkeit. Alles, was wir verlangen, sind der Sieg und das Einhalten abgelegter Eide. Dafür bieten wir im Gegenzug die Möglichkeit, die Welt zu verändern, sie zu beherrschen.«

Abermals Stille. Denn dies waren heilige Worte, die der Legat aussprach, und vielleicht war er sich dessen auch bewusst. Selbst Gaevani lächelte nicht mehr, sondern nickte beim Zuhören andächtig.

Der Legat klatschte in die Hände und brach damit den Bann. »Aber jetzt müsst ihr mir verzeihen. Ihr seid hergekommen, um zu feiern, und ich habe die Stimmung verdorben. Ich müsste noch einige Worte mit eurem Kommandanten wechseln – wenn ihr so gut wärt, vor der Tür zu warten?«

»Ich bin mir sicher, sie sind vom Tanz der Pferde erschöpft genug«, sagte Lucius. »Wir können sie nach Hause schicken und mit ausgedehnter Nachtruhe belohnen.«

»Ah, aber noch können sie nicht gehen«, sagte der Legat mit einem breiten Lächeln. »Und sie sollen auch eine größere Belohnung erhalten als das. Ich muss der Siegerin noch die Ehre erweisen. Was immer sie verlangt, sie soll es haben – sag ihr, dass sie darüber nachdenken mag, solange wir uns unterhalten.«

Kai wiederholte ihr diese Worte in der Sprache der Sarmaten – leise und zögernd, als fürchtete er, sie damit zu verärgern. Sie aber stand auf wie jemand, der aus einem Traum erwacht, und auf einmal brannte ein Feuer in ihren Augen, das Lucius nicht gefiel. Schlimmer noch – zum ersten Mal, soweit er sich erinnern konnte, sah er ihr Lächeln.

* * *

Draußen im Innenhof umschmeichelte frische Nachtluft ihre Haut. Mit Erleichterung betrachtete er die Sterne hoch am Himmel, auch wenn der Boden unter seinen Füßen ein wenig schwankte – Kai schüttelte den Kopf. Zu viel Wein.

»Hätte nie gedacht, dass ich einmal so froh sein würde, ein Fest zu verlassen«, sagte er.

»Warum?«, fragte Gaevani. »Gutes Essen und guter Wein. Genieß es, solange du kannst.«

»Ich hätte lieber unter freiem Himmel an einem Feuer gegessen. Und ich halte nicht viel von der Gesellschaft.«

»Der Legat?« Gaevani lehnte sich an die Mauer und pulte zwischen den Zähnen. »Er ist gar nicht so übel für einen parfümierten römischen Herren. Vielleicht bringt uns sein Besuch noch Vorteile.«

»Ich weiß nicht«, sagte Kai. »Er erinnert mich ein bisschen an dich.«

»Wie meinst du das?«

»Einer, der ständig lächelt, sich aber etwas zu sehr selbst liebt.«

Gaevani lachte – zu laut, sodass es von den umliegenden Mauern widerhallte. »Vielleicht kann ich ihn deswegen gut leiden.« Er zuckte mit den Schultern. »Und das ist auch gut so, schließlich ist er jetzt unser Herr.«

»Ich habe geschworen, Lucius zu folgen. Du ebenfalls.«

Gaevani nickte in Richtung der geschlossenen Tür, umrandet vom Schein der Feuerschalen zu beiden Seiten. »Das hat nichts zu bedeuten. Genau darüber wird er gerade mit Lucius reden, und deshalb will er unserer Siegerin auch einen Wunsch erfüllen. Man will uns kaufen.«

»Und was hältst du davon?«, fragte Kai. »Ich habe wenig Lust, Teil von irgendwelchen römischen Spielchen zu werden.«

»Ich glaube, uns wird kaum eine Wahl bleiben. Also sollten wir zumindest einen anständigen Preis für uns rausschlagen.« Gaevani drehte den Kopf in Richtung Laimei. »Aber ich vertraue unserer Unterhändlerin nicht.«

Denn noch hatte Laimei kein Wort gesagt – sie schritt von Wand zu Wand, umrundete die Säulen. Ihre Füße erzeugten ein unablässiges Trippeln auf den Steinen. Auf der langen Reise hatte Lucius ihnen von Rom erzählt, von den Tierhäusern des Kaisers, wo alle möglichen wilden Kreaturen gehalten wurden, darunter auch mächtige schwarze Katzen aus Ländern im fernen Süden. Vielleicht sahen die hinter ihren eisernen Gitterstäben ein bisschen aus wie Laimei jetzt.

»Hast du irgendwas zu sagen?«, fragte sie und blieb stehen. »Etwas Relevantes, meine ich, nicht das übliche endlose Gefasel.«

»Die Siegprämie hätte mein sein sollen«, sagte Gaevani zu ihr. »Du hattest Glück. Wenn mein Pferd nicht gestrauchelt wäre …«

»Es ist aber gestrauchelt.«

»Und du willst wohl behaupten, du hättest gewusst, dass es so kommt?«

Sie gab keine Antwort, abgesehen von einem dünnen Lächeln.

»Worum wirst du ihn bitten?«, fragte Kai.

»Was geht dich das an?«

»Es geht mich durchaus etwas an.« Er nickte in Richtung Tür. »Gaevani hat recht – wir müssen dieses Spiel mitspielen. Dieser Mann hat unser aller Leben in der Hand.«

»Er hat *eure* Leben in der Hand, meinst du wohl. Und solche Spiele sind was für Kinder.« Sie hob stolz den Kopf. »Ich weiß schon, worum ich ihn bitten werde.«

»Laimei, denk …«

»Warum sollte ich darüber groß nachdenken?«, sagte sie. »Männer denken, Götter wissen, Helden wählen. Ich wähle meinen Platz in der Kriegsmeute, der mir zusteht.«

Eine Zeit lang reagierte Kai nicht. Ein Teil von ihm hatte gewusst, dass sie sich so entscheiden würde. Alles, wonach sie sich im Leben sehnte, dieser Ehrenplatz an der Spitze der Kriegsmeute, eine Stellung, für die man kämpfen musste, um sie zu erreichen, und kämpfen, um sie zu behalten, denn immer gab es neidische Männer, die diesen Ruhm für sich selbst beanspruchten. Er wandte sich an Gaevani und hoffte, er würde etwas sagen, aber Gaevani blieb stumm. Seine Miene war im Dunkeln nicht zu entziffern.

»Das ist eine Sache, die er dir nicht gewähren kann«, sagte Kai endlich. »Frauen kämpfen nicht für Rom. Wenn du darum bittest, wird Lucius …«

»Was interessiert mich Lucius?«

»Er hat viel für uns geopfert. Fast alles.«

»Dann kann er noch ein wenig mehr geben, wenn er so danach lechzt, einer von uns zu sein.«

»Und was ist mit dem Legaten? Fürs Erste scheinen wir ihn zu amüsieren. Aber wenn du ihn darum bittest, nageln sie dich ans Kreuz.«

»Die Sarmaten werden ihn abschlachten, sollte er das versuchen.« Wieder dieses schreckliche Lächeln. »Du begreifst es nicht, oder? Weder Lucius noch dieser närrische Legat befehligen diese Männer. Sondern ich. Ich bin noch immer ihre Heldin.«

Mit stolzem Lächeln stand sie da, breitbeinig und vollkommen furchtlos. Und selbst da, als sie Worte aussprach, die ihrem Volk einzig Verdammnis bringen würden, konnte Kai nicht anders, als sie zu bewundern. Wie er es immer getan hatte, selbst in den dunkelsten Stunden ihrer Fehde, selbst als sie einander mit dem Speer in der

Hand gegenübergestanden hatten. Denn sie war vielleicht die Letzte ihrer Art. Nie wieder würden die Frauen ihres Volkes Waffen tragen, auch nicht fern im Osten – dafür würde Rom sorgen. Nichts, was er sagen konnte, würde Laimei umstimmen, und in diesem Augenblick wollte er es auch nicht. Sollte ihre Heldin ein letztes Mal sprechen. Mit solchen Taten hatten sich all die alten Geschichten ihren Platz zwischen den Sternen verdient; mit einem Versuch, das Unmögliche zu wagen.

Da ertönte eine Stimme in der Dunkelheit. Ein einziges ruhiges Wort aus Gaevanis Mund. »Nein.«

»Nein was?«, gab Laimei zurück.

»Nein zu allem«, sagte Gaevani geduldig und etwas spöttisch. »Du befehligst sie nicht. Die Sarmaten werden nicht für dich kämpfen. Du wirst den Legaten nicht darum bitten.«

»Du glaubst, für die anderen sprechen zu können?«, fragte sie.

»Besser, als du es kannst. Wir sind nicht mehr in der Steppe, und du bist keine Heldin mehr.«

Sie hob die Hand und tippte gegen die Blattkrone auf ihrem Haupt.

»Dieses Schmuckstück hast du dir verdient«, sagte er, »nicht aber das Recht der Befehlsgewalt. Sie werden für dich keine Rebellion anfangen.«

»Dann hältst du sie alle für Feiglinge.«

»Nein, für die Ehre werden sie mit Freuden sterben«, sagte Gaevani. »Aber nicht für deinen Stolz. Und sie werden für dich auch nicht das Leben ihrer Angehörigen wegwerfen.«

Sie zögerte, antwortete nicht.

Gaevani schüttelte den Kopf. »Natürlich hast du daran keinen Gedanken verschwendet. In was für einer einfachen Welt du lebst. Was, glaubst du, veranstalten sie mit unseren Sippen, die im Osten geblieben sind, wenn wir hier rebellieren?«

»Ich weiß es nicht«, sagte sie. »Wer kann das schon sagen?« Diesmal aber lag seltener Zweifel in ihrer Stimme.

»Sie werden jetzt von Rom regiert«, sagte Gaevani. »Von Rom beschützt. Und Rom wird sie samt und sonders ermorden, sollten wir uns auflehnen. Unsere Kinder dort leben mit einem Messer an der Kehle. All dein Heldenglück ändert daran nichts. Hier hast du keine Macht.«

Laimei schloss die Augen und richtete das Gesicht gen Himmel. Über ihnen funkelten die Sterne, ein seltener Anblick in diesem wolkenverhangenen Land. An diesem Nachthimmel schrieben die Sarmaten ihre Legenden, nicht auf Wachs oder Papyrus. Und manche der vertrauten Geschichten konnten auch hier gelesen werden: Syrdon der Listige, Arash neben seinem Heldengrab aus Sternen. Manch andere Sage war verloren, verschlungen vom wandernden Horizont, um vielleicht nie wieder zum Vorschein zu kommen. Und in diesem Moment sah Kai das Licht der Sterne in Laimeis Tränen gespiegelt.

»Ist das wahr, was er sagt?«, fragte sie ihn.

Kai konnte sich nicht erinnern, wann sie das letzte Mal so mit ihm gesprochen hatte – wann sie das letzte Mal etwas von ihm gebraucht hatte. »Es ist wahr«, sagte er. Und sah diese schlichten Worte wie einen Speer durch ihren Leib fahren.

Ein alter, fehlgeleiteter Instinkt trieb ihn dazu, die Hand nach ihr auszustrecken und sie zu trösten, was er seit ihrer Kindheit nicht mehr getan hatte. Ohne Mutter und mit einem Vater, der dauernd mit der Kriegsmeute unterwegs war, hatten sie einander festhalten und abwechselnd mütterliche Worte zuflüstern müssen. Und so sah er seine Hand in ihre Richtung gleiten, machte einen halben Schritt in ihren Kampfbereich, in den tödlichen Radius ihres Schwertarms. Sie aber schrak vor seiner Berührung zurück, fletschte die Zähne und griff an ihre Seite nach einem Messer, das nicht da war.

»Du musst ihn um etwas anderes bitten«, sagte er. »Das ist deine Pflicht. Deine Pflicht als Heldin.«

Stille. Er glaubte den Wahnsinn in ihren Augen anschwellen zu sehen wie ein Feuer, das außer Kontrolle zu geraten drohte. Die größten Krieger wurden am Ende alle wahnsinnig – darin stimmten die alten Geschichten überein, denn es war der Preis, den die Götter für brillantes Kampfgeschick forderten. Dass am Ende der Geist unter den eigenen Leistungen zusammenbrechen und sich der Held auf seine Gefährten stürzen oder einen unmöglichen Kampf gegen einen Berg oder das Meer antreten musste. Und seine eingeschworene Kriegsmeute, seine Freunde und Familie, mussten sich ein letztes Mal versammeln, um ihren gefallenen Recken zu erschlagen.

Ihre Zeit aber war noch nicht gekommen, wie es schien. »Gut«, sagte sie mit leerer Stimme. »Ich werde tun, was ihr verlangt. Dieses eine Mal. Aber niemals wieder.« Sie hob die Hand in den Himmel, und Kai sah ihren ausgestreckten Finger auf das Schwert von Arash zeigen, das dort oben hing. Denn hier hatte sie keine eigene Klinge, auf die sie schwören konnte, und so leistete sie ihren Eid auf das Sternenschwert. »Aber ich werde mich an euch beiden rächen«, sagte sie mit hoher, unheilvoller Stimme wie ein Priester während eines Rituals. »Das schwöre ich bei den Göttern.«

* * *

»So«, sagte der Legat und schenkte sich einen weiteren Becher Wein ein. »Erzähl mir von dem Überfall.«

Lucius antwortete zunächst nicht. Er gab demonstrativ vor, seine Gedanken zu ordnen, obwohl er diese Worte eingeübt hatte, seit der Besuch des Legaten angekündigt worden war. Aber in dieser Stille versuchte er, einen Eindruck von dem Mann zu bekommen.

Er sah schwarze Haare, an den Schläfen von Silber durchwirkt. Er sah ein Gesicht voller Lachfältchen, ohne Anzeichen vergangener Schmerzen oder Sorgen. Caerellius trug keinen Hinweis auf Schande an sich – keine gebeugten Schultern oder rastlosen Blicke, kein ängstliches Stocken in der Stimme. Und doch war er hier, im vergessenen Norden des Imperiums. Vielleicht hatte ihn ein Übermaß an Ambitionen hierher verschlagen, wo er leise seinen Dienst tun und langsam in Vergessenheit geraten sollte.

»Drei von unseren Leuten sind tot«, sagte Lucius schließlich, »und zwanzig von den Plünderern. Ein paar Höfe gebrandschatzt – etwa dreißig Bauern erschlagen.«

»Überlebende?«

»Ein Knabe vom hiesigen Stamm der Briganten. Auch wenn er nicht berichten kann, was passiert ist.«

»Und sind Plünderer entkommen?«

Ein knappes Zögern, während Lucius mit einer Lüge liebäugelte. Aber das Lächeln des Legaten schien in der Stille nur noch breiter zu werden, bis seine Zähne sichtbar wurden. *Ich werde es merken*, schien dieses Gesicht zu sagen.

»Ein Reiter auf einem großen Pferd, Herr«, sagte Lucius. »Ein römisches Kavalleriepferd, vermute ich, auch wenn ich es nicht beweisen kann.«

»Verstehe.« Caerellius ließ den Wein in seinem Becher kreisen. »Seltsam, nicht wahr?«

»Ja, Herr. Ich bin zu einer Machtdemonstration in den Norden geritten und habe mit einem Häuptling der Votadiner gesprochen, der uns in der Vergangenheit freundlich gesonnen war.«

»Irgendwelche Antworten?«

»Nein«, sagte Lucius. »Aber ich glaube nicht, dass es seine Leute waren, die den Überfall ausgeführt haben. Er wirkte verängstigt.«

»Und bist du es?«

»Nein, Herr. Nur vorsichtig.«

»Sehr gut.«

Der Legat redete jetzt deutlich schmuckloser, und Lucius behagte es gar nicht, dass dieser Mann vor seinen Soldaten den Politiker spielte, nicht aber vor deren Befehlshaber. *Mich kann man jederzeit austauschen*, dachte er. *Sie nicht.*

»Hast du meine Ankunft gefürchtet?«, fragte Caerellius.

»Es ist immer klug, den Besuch eines Legaten zu fürchten, Herr.«

»Gewiss. Aber es gibt richtige und falsche Arten von Furcht. Du sollst mich als deinen Befehlshaber fürchten, nicht als einen mörderischen Tyrannen.«

»Dann will ich mir Mühe geben, dich auf die rechte Art zu fürchten, Herr.«

Caerellius lachte und hob den Becher. »Auf Rom.«

»Auf den Kaiser«, gab Lucius zurück.

Süß und würzig hing der Geschmack des Weins an seinen Lippen. Der Legat betrachtete ihn stumm.

»Der Kaiser ist in schlechter Verfassung«, sagte Caerellius schließlich. »Es wissen nur wenige davon, aber mit dir will ich es teilen.«

Wieder senkte sich Stille über den Raum. An sich waren die Worte des Legaten unverfänglich gewesen, dennoch wohnte ihnen ein Hauch von Verrat inne – über den Tod eines Gottes zu sprechen.

»Ich wünsche dem Kaiser beste Gesundheit«, sagte Lucius. »Möge er noch zahllose Jahre regieren.«

»Natürlich. Aber sollte er es nicht tun, könnte sich vieles ändern.« Caerellius neigte den Kopf. »Ich habe Geschichten über dich gehört.«

»Und was besagen diese Geschichten?«

»Dass du furchtlos bist. Und närrisch.«

»In beiden Fällen ein Irrtum, Herr.«

Caerellius lachte. »Das sehe ich.«

»Und was sagen die Geschichten über meine Sarmaten?«

»*Deine* Sarmaten? Soso.« Der Legat wedelte mahnend mit dem Finger. »Vorsichtig. Das ist der erste Fehler, den du bislang gemacht hast. Sie gehören dem Kaiser. Und mir.«

»Ja, Herr.« *Sie gehören vor allem sich selbst,* dachte er.

Der Legat ließ sich wieder auf seinem Sofa nieder und spielte an einem Strohhalm herum, der aus dem Kissen ragte. »Sie sind besser als jede andere Kavallerie, die ich je gesehen habe«, sagte er fast beiläufig. »Und es grenzt an ein Wunder, dass sie so schnell so diszipliniert vorgehen.«

»Es war nicht viel Arbeit, ihnen unsere Taktiken beizubringen – die meisten kennen sie selbst.«

»Ein stürmisches Volk«, sagte Caerellius. »Glaubst du, sie werden sich auflehnen?«

»Sie haben ihre Eide auf ihre Klingen und am Herdfeuer abgelegt«, sagte Lucius. »Ihre Eide bedeuten ihnen viel.«

»Eide sind auch vorher schon gebrochen worden.«

»Nicht von diesen Menschen, Herr.«

Der Legat nickte. »Mag sein. Trotzdem sehe ich da eine Schwäche.«

»Und die wäre?«

Caerellius sah zu ihm auf und lächelte matt. »Du natürlich.«

Ein Hauch von Gefahr – dieser kalte Schauer auf der Haut. »Herr?«

»Du siehst nicht, wie sie dich anschauen?«, meinte Caerellius scheinbar amüsiert. »Verglichen damit, wie sie mich anschauen? Ja, ihre Loyalität ist stark, aber sie hängt …« Der Legat machte eine Pause und hielt Zeigefinger und

Daumen empor, einen Spaltbreit entfernt. »... an so viel. Pass gut auf dich auf, Lucius. Zum Wohle deiner Männer, wenn schon nicht um deinetwillen.«

Eine Zeit lang schwiegen sie beide. Irgendwo in der Nähe die gleichmäßigen Schritte einer Wache, das Quietschen eines sich öffnenden Tores. Fetzen eines Liedes, die von den Mauern herabsanken, wo sich ein Wachtposten mit der eigenen Stimme wachhalten wollte.

Wieder legte der Legat den Kopf schief. »Was willst du, Lucius?«

Er stockte. »Rom dienen, Herr.«

»Ah«, stieß Caerellius aus. »Das ist dein zweiter Fehler. Lüg mich nicht an. Ich weiß, dass du nicht wirklich an unsere Sache glaubst. Irgendwann einmal vielleicht, aber jetzt nicht mehr.«

Lucius hatte plötzlich eine trockene Kehle wie vor einem Angriff.

»Sag mir, was du wirklich willst«, meinte der Legat. »Eventuell kann ich es dir bieten.«

Für eine entsprechende Gegenleistung. Lucius bemühte sich, seine Gesichtszüge so nichtssagend wie möglich zu halten, spürte jedoch ein bitteres Lächeln an seinen Mundwinkeln zupfen. Denn so war es immer mit Rom, ein Feilschen um Ambitionen und Gefälligkeiten. Ja, sie waren geschickte Händler von Ambitionen, schließlich hatten sie sich auf diesem Weg die halbe Welt gekauft. Aber er erinnerte sich an das seltsame, verräterische Gefühl, das ihn als Gefangener der Sarmaten beschlichen hatte – eines Volkes, das nur durch Ehre und Eide gebunden war, wie ihm schien. Männer und Frauen, die man nicht kaufen konnte, wie der Legat gerade versuchte, ihn zu kaufen.

»Warum lächelst du?«, fragte Caerellius.

»Wahrscheinlich, weil ich mich darüber wundere, dass ein Legat einem Präfekten eine solche Frage stellt, statt andersherum.«

Caerellius schien nachzudenken. »Na schön. Sag mir, was du willst, damit ich weiß, ob ich dir trauen kann oder nicht.«

»Ich will sie am Leben halten, Herr. Die Sarmaten.«

Das Lächeln des Legaten flackerte. »Die Liebe eines Hauptmanns für seine Männer. Eine schöne Sache.«

»Aber nicht die Antwort, die du hören wolltest, Herr.«

»Nein.« Caerellius schaute in seinen Weinbecher und schüttete den Bodensatz in eine Feuerschale. »Du glaubst, die Spielarten der Politik seien unter deiner Würde?«

»Nein, Herr. Nur, dass ich nicht für sie gemacht bin.«

»Ein einfacher Soldat, wie? Aber doch alles andere als einfach. Hättest du nur mehr Ambitionen … Na schön, es hilft wohl nichts.« Trotzdem nestelte der Legat weiter am Stoff des Sofas herum und schien auf mehr zu warten. Lucius kam sich vor wie ein Mann in tiefer Dunkelheit, versuchte die Umrisse der richtigen Worte zu ertasten, jener Aussage, die er tätigen musste, um die Sicherheit seiner Leute zu gewährleisten.

»Wenn du gekommen bist, um mich zu bitten, mein Leben oder das meiner Männer für Macht und Ruhm zu riskieren, muss ich ablehnen«, meinte Lucius dann. »Aber ich werde diesen Grenzwall bewachen und meine Aufgabe gewissenhaft erfüllen. Weder von mir noch von diesem Ort hast du etwas zu befürchten, solange ich zuständig bin. Ich bin nicht dein Feind.« Bedächtig leerte er seinen Becher. »Ist das genug für dich, Herr?«

Der Legat lächelte dünn und schenkte sich nach. »Vielleicht ja. Du bist sicher kein Narr, anders, als behauptet wurde. Aber es mag die Zeit kommen, da du dich entscheiden musst. Selbst ein Wachhund muss wissen, wem seine Loyalität gilt, wenn es darauf ankommt.« Wieder hob er den Becher. »Auf *deine* Sarmaten. Ich mag sie, sogar die Amazone.«

»Dank dir, Herr.«

Caerellius nickte und wischte sich mit der Hand über den Mund. »Ich werde dafür sorgen, dass sie gut gebaut ist.«

»Was denn, Herr?«

»Die Veteranenkolonie für deine Männer, wenn sie ihre fünfundzwanzig Jahre abgeleistet haben. Sie wird etwas weiter südlich liegen, bei Bremetennacum – der Boden ist dort fruchtbarer. Und sie werden sich bestimmt freuen, den Wall nicht mehr sehen zu müssen.«

Lucius zögerte. »Das ist ein großherziges Angebot. Aber sie sehnen sich danach, nach Hause zurückzukehren. Sie sollen über den Danubius zurückkehren, nach Sarmatien.«

»Das war kein Angebot, Lucius. Das sollte doch …« Caerellius verstummte und betrachtete Lucius, als sehe er ihn zum ersten Mal. Als habe er ein störrisches Kind vor sich.

Das Licht der Feuerschalen tanzte und flackerte, warf zuckende Schatten an die Wände. Asche schraubte sich wie Schnee durch die Luft, untermalt vom üppigen Geruch nach Wein und gebratenem Fleisch. Sie befanden sich an einem ruhigen, abgeschiedenen Ort, und doch ertappte Lucius sich dabei, wie er nach dem Klang von Kriegshörnern lauschte, nach dem Schwirren von Pfeilen. Noch immer hatte er es nicht gelernt – stets rechnete er damit, auf dem Schlachtfeld besiegt zu werden, nicht in kleinen ruhigen Räumen wie diesem.

»Sie werden nie zurückkehren, oder?«, fragte er.

»Selbstverständlich nicht«, antwortete der Legat geduldig. »Warum sollte der Kaiser fünftausend Mann widerspenstige Kavallerie zu einer unsicheren Grenze zurückschicken? Du hast es selbst gesagt – sie sind ein Volk voll Ehre, und ehrbare Menschen haben ein langes Gedächtnis.«

Scharfer Zorn stieg ihm heiß in die Kehle, und Lucius bemühte sich, ihn auszuatmen, ehe er sprach. »Dann waren es leere Worte, die du mit ihnen gewechselt hast.«

»Vorsicht, Präfekt«, sagte Caerellius. »Ich mag dich. Ich mag deine Soldaten. Du glaubst vielleicht, dass du hier draußen an der Grenze nichts zu verlieren hast. Aber du irrst.« Der Legat stand auf und wischte über einen eingebildeten Fleck auf seinem Umhang. »Und es waren keine leeren Worte. Aber Rom hat nicht so lange überdauert, indem es der Dummheit frönt. Oder der Sentimentalität.«

Lucius starrte seine Hände an. »Und was, glaubst du, werden sie tun, wenn man ihnen sagt, dass sie nie mehr nach Hause dürfen?«

»Sie werden tun, was Soldaten immer tun. Sie werden sich Frauen vor Ort suchen und mit ihnen Kinder produzieren. Und irgendwann, so gut ihr Gedächtnis auch sein mag, werden sie vergessen.«

»Du kennst sie nicht so, wie ich sie kenne.«

»Mag sein«, gab Caerellius zurück. »Wir werden sehen. Aber nun komm – wir wollen schauen, um was für einen Preis mich deine Amazone bittet.«

Lucius hob den Kopf. »Wie wäre es mit einer Wette? Ich weiß bereits, wonach sie fragen wird.«

Der Legat musterte ihn belustigt. »Was soll der Einsatz sein?«

»Ein Gefallen, dem anderen geschuldet.«

Caerellius schüttelte den Kopf. »Der Gefallen eines Legaten ist mehr wert als der eines Präfekten. Ein Gefallen von mir, aber ein Versprechen von dir. Von einem Mann der Ehre, der du eindeutig bist, ist ein Versprechen wahrlich eine würdige Belohnung.«

Lucius nickte. »So sei es. Worum wird sie dich bitten?«

»Ich glaube, sie wird nach etwas Schönem fragen«, sagte der Legat. »Nach einer Waffe oder einem Pferd. Helden sind eitel, Frauen sowieso. Einen schönen Preis wird sie verlangen.« Er lächelte. »Und was glaubst *du*, wonach sie fragen wird?«

»Danach, einen Platz als Kriegerin zu bekommen, wie es einer Heldin zusteht.«

Caerellius lachte. »Sie ist mutig, aber nicht *so* mutig. Närrisch, aber nicht *so* närrisch. Ich habe das Gefühl, mit Frauen kenne ich mich etwas besser aus als du. Aber gut, ruf sie herein.«

Bei dieser Aufforderung konnte Lucius nicht widerstehen. Er hob den Kopf und stieß denselben Kampfschrei aus, der zuvor auch über den Übungsplatz geschallt war.

Die Antwort der Sarmaten erfolgte auf der Stelle – flink wie Jagdhunde strömten sie zur Tür herein, so schnell, dass die Leibgarde des Legaten hinter ihnen herrannte, als hätten sie Angst, die Fremden könnten ihren Herrn umschwärmen und in wenigen Augenblicken niederstrecken.

Mit Stolz in der Brust betrachtete er sie, so furchtlos und tapfer. Mit bitterer Genugtuung sah er die Angst in den Augen des Legaten. Und doch stellte Lucius fest, dass er selbst sich beim Anblick der Sarmaten ebenfalls ängstigte, auch wenn er nicht sagen konnte, weshalb. Er traute sich kaum, den Mund aufzumachen, schien nach einer wortlosen Botschaft zu suchen, die ihnen auf den Leib geschrieben sein mochte. Denn ihre Blicke waren wachsam, und sie ließen die Köpfe hängen. Aus unerfindlichen Gründen wirkten sie bereits besiegt.

»Bring deine Bitte vor, Laimei«, sagte er schließlich.

Sie hob den Kopf und sah Caerellius an. »Gib mir einen guten Speer«, sagte sie langsam und dumpf, »von der Sorte, wie sie eure besten Krieger tragen.« Sie wandte das Gesicht ab, und einen Moment lang glaubte Lucius, die Schmach in ihrem Blick zu erkennen. »Eine Erinnerung an die Zeit, als ich noch kämpfen durfte, die ich mir an die Wand hängen kann.«

Immerhin hatte es der Legat nicht nötig, seinen Sieg auszukosten. Mit ernstem Blick stellte er ihr seine Fragen – welche Länge, welches Gewicht, welche Dekoration oder Verzierung, und sie antwortete höflich. Ein Hauch ihrer Heldenwürde schien zurückzukehren, während sie sprach.

Fast hätte man das Gefühl bekommen können, sie sage die Wahrheit.

Die Sarmaten salutierten – solche Gesten wirkten bei ihnen noch unerprobt und zögerlich wie bei Kindern, die ihren Vater nachahmen. Dann waren sie wieder in der Nacht verschwunden.

Während er ihnen hinterherschaute, spürte er den Legaten an seine Seite treten und hörte ein Flüstern dicht an seinem Ohr.

»Dein dritter Fehler, wie es scheint.«

»So scheint es«, sagte Lucius. »Und welches Versprechen verlangst du von mir?«

Lucius hatte erwartet, der Legat würde kurz warten – seinen Sieg genießen oder über die genaue Formulierung nachdenken. Aber anscheinend wusste er bereits, wonach er fragen wollte. »Nur Folgendes«, sagte er. »Du versprichst mir, unter keinen Umständen mit ihnen über das zu reden, was wir hier besprochen haben. Sie dürfen nicht erfahren, dass sie ihre Heimat nie wiedersehen werden.«

Lucius schloss die Augen – wie er als Kind gelernt hatte, in einem bösen Traum die Augen zu schließen und sie dann wieder zu öffnen, um sich zu wecken. »Herr, ich …«

»Es hängt zu viel davon ab«, sagte Caerellius. »Ich kann mir hier keinen Aufstand leisten. Ich brauche dein Ehrenwort. Bei unseren Adlern und deinem Schwur auf den Kaiser.« Er verzog das Gesicht. »Bei den Göttern der Sarmaten, falls sie dir nach deiner Zeit unter ihnen etwas bedeuten. Ein Eid auf Klinge und Feuer. Schwörst du es?«

Und endlich sagte Lucius: »Ich schwöre es.«

9

Kai stand vor der Unterkunft des Präfekten und wartete.

Er war allein, denn sobald man sie entlassen hatte, war Laimei durch die Nacht in Richtung *vicus* davongeeilt, und Gaevani hatte ein zweites Mal spöttisch salutiert, ehe er zur Kaserne getorkelt war. Kai hatte ihm lächelnd nachgeblickt – es wäre eine gute Gelegenheit für eine Wette gewesen. Eine Handvoll Silber hätte er darauf gesetzt, dass Gaevani das üppige Essen in die Gosse entleeren würde, ehe er es zu seinem Bett schaffte.

Aber es war niemand mehr da, mit dem er hätte wetten können. Lucius war noch drinnen und handelte zweifellos irgendwelche Dinge mit dem Legaten aus. Eine Vorstellung, die weder Angst noch Zweifel mit sich brachte, denn Kai hatte dieses seltsame, unbesiegbare Gefühl im Bauch, das sich nur einstellte, wenn man einem außergewöhnlichen Hauptmann folgte. Einem Anführer, den man lieben konnte, der eine Form von Loyalität hervorrief, die jede Entscheidung einfach erscheinen ließ. Man kämpfte auf Befehl dieses Hauptmanns, starb gar zur Not, und all das wäre selbstverständlich, denn dieser Mann hatte sich das Recht verdient, über das eigene Leben zu entscheiden und würde stets wissen, was zu tun war.

Und schließlich hörte er die Schritte – das schwere,

gleichmäßige Auftreten eines Soldaten nach langer Ausbildung. Kai lächelte und freute sich, recht zu behalten, denn er war davon überzeugt gewesen, dass Lucius, so erschöpft er auch sein mochte, wie ein echter Sarmate noch einmal Nachtluft und Sternenhimmel erleben wollte, ehe er schlafen ging.

Gemeinsam teilten sie die Stille. Für den Moment wirkte es fast, als wären sie allein. Kai hörte den Gleichschritt der Soldaten auf den Mauern, das Knirschen der Nägel auf den Steinen. Aus dem *vicus* drang der spitze Schrei einer Frau, der von Schmerz oder Verzückung zeugen mochte. Dennoch war es für dieses Militärlager eine stille Nacht. Kai konnte die Augen schließen und sich in die wilden Tage vor dem Krieg zurückdenken, als er frei durch die Steppe geritten war. Die Tage, die verloren waren, aber einmal zurückkehren würden.

Er schlug die Augen auf und wusste, was er sagen musste. »Es tut mir leid. Ich habe nicht gewusst, dass sie beim Tanz der Pferde in unseren Reihen war.«

»Du sollst eigentlich mein Stellvertreter sein«, sagte Lucius. »Mein Wort muss dein Wort sein, und dein Wort Gesetz. Menschen sterben, falls dem nicht so ist.«

»Die Männer wollten es mir nicht sagen. Wahrscheinlich haben sie geglaubt, dass sie ihnen Glück bringt.« Kai schaute zu Boden. »Wenn du meinen Posten jemand anderem geben willst, verstehe ich das. Und ich akzeptiere auch jede Form von Bestrafung, die du im Sinn hast.«

Eine Hand legte sich ihm auf die Schulter. »Ich will dich dafür nicht bestrafen«, sagte Lucius. »Und auch deinen Posten nicht neu vergeben. Es gibt niemanden, der ihn mehr verdient hätte.«

Mit einer schnellen Geste wischte Kai die heißen Tränen fort – unter Sarmaten galt Weinen nicht als schändlich, aber er wusste, dass die Römer es für unmännlich hielten. »Und die Sache mit Laimei ist erledigt«, sagte er. »Gaevani hat mit ihr geredet.«

»Was hat er gesagt?«

»Schwer zu erklären, wenn man nicht dabei war. Aber er hat ihr gewissermaßen eine Lektion erteilt.«

»Gut. Gut.« Und da grinste Lucius müde, aber fröhlich, erfüllt von der Sorte erschöpfter Freude, die auf eine harte Schlacht folgt.

»Geht es dir gut?«, fragte Kai.

»Es geht mir gut«, gab der Römer zurück. »Aber ich bin froh, wenn *er* wieder weg ist.«

»Ja. Dann bist du wieder unter deinesgleichen.«

»Meinesgleichen, ja? Ich danke dir.«

»Es ist die Wahrheit«, sagte Kai. »Die Götter haben dir einen bösen Streich gespielt, dass sie deine sarmatische Seele bei der Geburt in einen Römerkörper gesteckt haben. Aber jetzt hast du dein Volk gefunden.«

»Mag sein.« Lucius schaute in Richtung des Haupttores und des Übungsplatzes, der sich jenseits erstreckte. »Und vielleicht hat deine Schwester heute tatsächlich ihr Glück mit eingebracht. Die Männer haben ganze Arbeit geleistet.«

»Wir haben solche Rituale selbst«, sagte Kai. »Es hat ihnen gutgetan. Es hat sie an ihre Heimat erinnert.«

Lucius zögerte. »Vermisst du die Steppe immer noch?«

»Jeden Tag mehr und mehr«, sagte Kai. Er versuchte zu lächeln. »Aber fünfundzwanzig Jahre, das ist keine so lange Wartezeit. Ich werde meine Tochter wiedersehen.«

Unschuldige Worte, aber Lucius zuckte zusammen, als hätte man ihn geohrfeigt. Ehe Kai ihn darauf ansprechen konnte, ergriff er selbst das Wort. »Sag ihnen, dass ich stolz auf sie bin«, meinte der Römer mit brüchiger Stimme. »Falls ihnen das etwas bedeutet.«

»Es bedeutet ihnen alles.« Kai grinste seinen Hauptmann an – selbst nach allem, was sie gemeinsam durchgemacht hatten, wunderte er sich manchmal darüber, wie wenig Lucius die Sarmaten zu verstehen schien. »Du hast es noch nicht begriffen, oder?«

»Was?«

»Sie glauben, dass du von den Göttern gesegnet bist, Lucius. Den Großen Häuptling nennen sie dich. Einen Helden aus alten Zeiten.«

»Ich töte euren König, und ihr haltet mich für einen Helden?« Lucius schüttelte den Kopf. »Ihr seid ein komisches Volk.«

»*Dein* Volk.«

»Wenn du das sagst.« Da sah Lucius müde aus, und alt weit jenseits seiner Jahre. Im Zwielicht glaubte Kai, beinahe mitansehen zu können, dass sich die grauen Haare des Römers wie Fäulnis oder Krankheit ausbreiteten. »Ich muss schlafen«, sagte Lucius. »Und du auch. Übung im Morgengrauen. Ein paar von ihnen ziehen ihre Lanzen beim Sturmangriff immer noch zu weit nach oben.«

Kai nickte. »Sie sind daran gewöhnt, sich größeren Pferden gegenüberzusehen.« Er stockte. »Du machst dir zu viele Sorgen. Ich glaube, dieser Legat hat deinen Kopf mit römischem Unsinn gefüllt. Wir werden einander unsere Versprechen erfüllen, und alles wird gut. Alles andere ist nicht von Belang.«

Er sah Tränen in Lucius' Augen, so schmachvoll sie für ihn auch sein mochten, und die Kiefer des Römers arbeiteten, als wollte er noch etwas erwidern. Stattdessen zog er Kai in einer brüderlichen Umarmung an sich.

Dann trennten sie sich, denn es musste nichts weitergesagt werden. Lucius ging in sein Quartier, und Kai hätte in die Kaserne zurückkehren sollen, aber etwas ließ ihn zögern – dieses schöne Gefühl von Wärme und Glück, das durch Wein und die Gesellschaft guter Freunde hervorgerufen wird, von der Sicherheit, die man verspürt, wenn ein Versprechen gehalten wird. Und so wandte sich Kai nicht nach Westen, sondern nach Süden in Richtung des Tores und des *vicus*, der sich jenseits der Mauern erstreckte.

Jeder Schritt der Schritt eines Narren. Und mit jedem Schritt diskutierte er mit sich selbst, wie es Betrunkene und Einsame schon seit jeher getan haben. Nur einen Blick auf Arites Haus werfen, mehr nicht. Nur einmal kurz an der Tür klopfen und dann hinaus in die Nacht fliehen wie ein Kind, das einen Streich spielt. Nur ein paar Worte wechseln, ganz bestimmt nicht mehr.

Der *vicus* lag still da. Kai hätte erwartet, dass mehr Männer den Triumph beim Tanz der Pferde feiern würden, aber vielleicht hatten sie sich bereits um den Verstand getrunken. Oder sie hatten sich ernst in der Kaserne versammelt, ohne Appetit auf Wein und Gesang, um einfach in dem Gefühl zu schwelgen, das sich manchmal nach einem Kampf einstellte – einen heiligen Moment durchlebt zu haben. Denn nur dort, auf der Schwelle zwischen Leben und Tod, konnte man wirklich einen Blick auf die Götter erhaschen.

Er streifte durch die Straßen bis zu dem Haus, das sich Arite und Laimei mit dem Jungen teilten, der nicht sprach. In seinen Träumen wanderte er oft hierher, und immer waren es Träume voller Wärme und Freude, von Heimkehr und Frieden. Jetzt aber, im Licht des Halbmondes, lief ihm ein kalter Schauer über die Haut.

Denn die Tür stand offen, ratterte vor und zurück im Wind – wofür es Dutzende Gründe geben mochte. Ein verzogener Holzbalken, ein durchgefaulter Riegel, schlichte Nachlässigkeit. Kai aber beschlich bei diesem Anblick ein vertrautes Gefühl, das er schon oft erlebt hatte, in Wald und Feld, in Eis und Schnee, mit einem Pferd unter sich und einem Speer in der Hand. Denn die Götter versuchten immer, einem Krieger eine faire Chance zu geben; ihn wissen zu lassen, dass der Tod ganz in der Nähe lauerte.

Einen Moment lang verließ ihn der Mut. Genau wie ein Pferd es hasst, an einem Uferstreifen oder am Strand zu kämpfen, weil es weiß, dass der Tod unter jedem Flecken unsicheren Bodens lauern kann, so fürchtete auch er sich, in der Dunkelheit auf dieses Haus zuzugehen. Beim Kampf auf freiem Feld mit einem Speer in der Hand konnte ihn die Tapferkeit seines Volkes nicht im Stich lassen, denn sie war durch tausend Geschichten ein Teil von ihm. Aber er kannte keine Geschichten über Tapferkeit in dunklen, beengten Räumen, nur Geschichten über Helden, die unter der Erde begraben wurden, und über Kinder, die von Monstern in ihre Höhlen gezerrt wurden.

Dann dachte er daran, wer sich in diesem Haus befinden mochte. Laimei, mit der er Blutsbande teilte. Arite, mit der ihn noch viel mehr verband. Das Kind, das er gerettet hatte, ein Geschenk der Götter, das zu verschmähen lästerlich gewesen wäre. Er trug keine Waffe, also las er einen Stein von der Straße auf und umschloss ihn fest mit der Hand – die erste und älteste Waffe, die Menschen auf dieser Erde gefunden hatten. So gerüstet betrat er vorsichtig das Haus.

Mit vorgestreckter linker Hand bewegte er sich durch die Dunkelheit, erfüllt von einer seltsam ruhigen Gewissheit, diese Hand notfalls verlieren zu können, falls ihm das die nötige Zeit brachte, um sich zur Wehr zu setzen. Er konnte fast hören, wie eine Klinge durch die Finsternis zischte, sein Fleisch zerteilte und seine Finger auf dem Fußboden verstreute.

Aber da war nichts. Langsam hatten sich seine Augen so weit umgewöhnt, dass er Umrisse erkennen konnte – leere Decken, ein einfacher Tisch, kleine Getreidesäcke. Die wenigen Andenken, die sie aus der Steppe mitgebracht hatten – ein kleines gemustertes Tuch, in dem eine Goldmünze steckte, ein Pfeil, der gebrochen und wieder zusammengebunden worden war, der Splitter eines alten Eisenspeeres. Aber kein Mensch.

Noch immer ungelenk in dieser Dunkelheit streckte er die Hand nach dem Tisch aus, um sich festzuhalten. Sofort durchzuckten ihn Schmerzen – eine Linie aus kaltem Feuer in der Handfläche, wo sich die Schneide einer Klinge in seine Haut gebohrt hatte. Mit spitzen Fingern löste er sie aus dem Holz der Tischplatte. Er konnte nicht genau erkennen, was er da gefunden hatte – ein Messer vielleicht, obwohl er weder einen Griff noch eine Bruchkante ertasten konnte. Aber das Blut machte seine Finger schlüpfrig, die Klinge rutschte ab und schlug auf den Steinboden, wo sie wie eine Glocke ertönte.

Etwas regte sich hinter ihm, als wäre es vom vergossenen Blut heraufbeschworen worden, ganz so, wie man mit den Geistern der jenseitigen Lande finstere Geschäfte tätigt. Denn es war doch jemand mit ihm im Raum – eine Gestalt in der Ecke, die so still dalag, dass er sie erst jetzt entdeckte.

Sie lag zusammengerollt auf dem Boden und schien sich nicht bewegen zu können. Ihre einzige Regung war eine Hand, die schwach an der Luft zupfte, das einzige Geräusch ein zartes Flüstern, das im Hämmern des Blutes in seinen Ohren unterging. Trotzdem wusste er sofort, dass es Arite war, die mit den glasig dumpfen Augen einer Sterbenden zu ihm emporstarrte.

Einen Moment lang konnte er sich nicht von der Stelle rühren, war festgefroren wie in einem Albtraum. Und alles, was er denken konnte, seltsam gelassen und vollkommen klar, war ein einziger Gedanke, immer und immer wieder: *Laimei hat das getan. Das ist die Rache, von der sie gesprochen hat.*

Dann war er an ihrer Seite – wie in einer Parodie der alten Intimität legte er die Hände auf ihre Haut und suchte nach Verletzungen. Vielleicht hegte sie ähnliche Gedanken, zumindest lag ein schmales spöttisches Lächeln auf ihren Lippen, ehe sie einmal mehr vor Schmerzen keuchte. Denn dort in der Wölbung ihres Rückens war sie, die tiefe Schnittwunde, auf die er nun seine Handfläche presste. Heiß und schnell spürte er ihr Leben zwischen seinen Fingern versiegen.

Ihre Lippen auf seinen, der Geschmack von Leben und Tod. Dann ihr bebender Kopf an seiner Schulter. Er hielt sie ganz fest, flüsterte ihr Dinge zu, an die er sich später nicht mehr erinnern konnte, wie Worte in einem Traum, die mit dem Erwachen verloren gehen.

Vielleicht hätte sie auch noch etwas gesagt – Worte, die für ihn wie kostbare Geschenke gewesen wären, die er mit sich durch die harten Jahre getragen hätte, die vor ihm lagen. Aber ihr blieb keine Zeit mehr. Ihnen blieb keine Zeit mehr.

Denn da war noch jemand hinter ihnen im Raum. Kai hörte kein Geräusch, spürte keinen Atem auf der Haut, und doch wusste er es, wie sich ein Hirsch oft nach dem Jäger umdreht, ehe sich der Pfeil von der Sehne löst. Er wandte sich um und erwartete, Laimei mit einer Klinge in der Hand zu sehen, um zu Ende zu bringen, was sie begonnen hatte. Was er aber sah, war ungleich schlimmer.

Es war Bahadur, der dort im Türrahmen stand. Arites Ehemann, der auf sie herabschaute und den Tod in seinen Gesichtszügen trug.

Teil 2

Das Versprechen

10

Es gab eine Geschichte, die man sich unter den Römern erzählte – dass die Männer aus Sarmatien nicht alterten. Bei
keinem Stamm, in keinem Dorf hatte man je grauhaarige
Männer gesehen, wie tief die Römer ihren Krieg auch in
die Steppe getragen hatten. Aber es war weder Segen noch
das Ergebnis eines Handels, den ein Held vor langer Zeit
mit den Göttern geschlossen hatte, denn wurde ein Mann
so alt, dass er nicht mehr reiten oder fest seinen Speer halten konnte, war es die Pflicht seines Sohnes, ihm den Tod
eines Kriegers zu gewähren. Die Sippe in der Steppe um
sich zu scharen, dem Vater einen Kuss auf die Stirn zu geben und mit dem Schwert seine Kehle zu öffnen. Vor langer Zeit war diese Pflicht auch Kai beschieden gewesen,
aber als der Zeitpunkt kam, hatte er seinem Vater nicht mit
einem ehrbaren Tod dienen können. Das Schwert war ihm
aus den tauben Fingern gefallen, Laimei war in den Kreis
der Sippe getreten und hatte es aufgehoben – ihr Vater war
der erste Mann gewesen, den sie getötet hatte.

Die Fehde mit seiner Schwester, ein endlos kreisender
Tanz aus Hass und Liebe, und die Schande, die er vor den
Augen der Sippe auf sich geladen hatte – all das war diesem Moment entsprungen. Aber auch etwas Wunderbares
hatte dort seinen Anfang genommen. Denn als sich alle

anderen von ihm abwandten, war es Bahadur, der Kai bei sich aufgenommen und ihm einen Platz in seiner Kriegsmeute gegeben hatte, obwohl er als unglückselig und unwürdig galt. Gemeinsam hatten sie jene wahnsinnig wilde Freude geteilt, die sich so selten zwischen Männern einstellt – nur, wenn sie einander restlos vertrauen und eine Bindung zwischen ihnen entsteht, die scheinbar niemals mehr gebrochen werden kann.

Am Ende aber war sie gebrochen worden, durch Kai und Arite. Und jetzt stand Bahadur auf der Türschwelle und schaute auf sie herab.

Instinktiv wollte Kai nach der gebrochenen Klinge auf dem Boden greifen, denn sein erster Gedanke war, dass es Bahadur gewesen sein musste, der seine Frau so zugerichtet hatte. Dass er einer dieser Männer geworden war, die versuchen, ihre Schande und ihren Hass mit dem Blut einer Frau fortzuspülen, und nun zurückgekehrt war, um sein Werk zu vollenden.

Bahadur trat vor, reckte die Hände in die Dunkelheit, griff in die Luft. Aber diese Hände schlossen sich weder um Kais Kehle, noch suchten sie nach der Klinge am Boden. Kai spürte eine Hand auf die seine fallen, sodass die Wunde doppelt behütet war, und als Bahadur neben ihnen niederkniete und den Kopf dicht an die Wunde führte, wusste Kai, was er vorhatte. All der Dinge zum Trotz, die zwischen ihnen vorgefallen waren, teilten sie noch immer eine intime, wortlose Sprache, und jeder schien die Gedanken des anderen zu kennen.

»Riecht nach einer sauberen Wunde«, sagte Bahadur. Er

leckte sich das Blut von der Hand. »Schmeckt nicht nach Galle. Wir müssen sie bewegen, und zwar sofort.«

»Bahadur …«, sagte Kai, verstummte jedoch wieder. Da lag eine entsetzliche Leere in Bahadurs Blick, als wäre Kai nicht wirklich da, als spräche Bahadur bloß mit einem Geist. Er hatte den Druck seiner Hand auf der Wunde gebraucht. Das war alles.

»Geh jetzt«, sagte Bahadur. »Weck den *medicus* auf. Zur Not mit gezückter Klinge. Ich komme gleich mit ihr nach.«

»Bist du sicher?«

Ein kurzes Aufflackern von Zorn, ehe Bahadurs Gesicht abermals ausdruckslos wurde. »Ich bin stärker, du bist schneller – los jetzt!«

Ein Blutschwall in seiner Hand, als Bahadur seinen Platz einnahm, und dann eilte Kai davon, stolperte über den nassen Boden und rannte hinaus auf die Straße. Keine Zeit zu verlieren, absolut keine Zeit, und doch musste er ein letztes Mal zurückschauen. Er sah, dass Bahadur Arite ganz eng an sich gedrückt hatte, wie eine Mutter mit einem totgeborenen Kind – er starrte hinab in ihr graues Gesicht, ihr Kopf hing schlaff in seinen Armen, und wider jede Hoffnung wünschte er, noch einmal ihre Stimme zu hören.

* * *

Später blieben ihm von der Erinnerung an diese Stunden nur noch Fragmente, als wäre alles im Traum geschehen. Die Gebäude des *vicus* stürzten an ihm vorbei, als fielen sie vom Himmel. Die Wachen am Tor lachten ihn aus, denn im Dunkel war kaum zu sehen, wie viel Blut an ihm klebte, und riefen ihm derbe Witze hinterher, die erwählte Hure vielleicht erst in ein paar Tagen wieder zu besuchen. Das Gesicht des *medicus* schwamm vor ihm und war sehr bald wieder verschwunden. Seine Kehle war wund geschrien.

Als die Welt endlich aufhörte, sich zu drehen, fand er sich draußen an der frischen Luft wieder, in der Gasse neben der Krankenstube. Vor ihm stand Bahadur und war ganz in Blut gehüllt, wie ein gehäutetes Menschenopfer zu Ehren finsterer Götter.

Kai wartete auf den alten Hass, auf das selbstironische Lächeln im Gesicht seines Gegenübers. Aber noch immer war da nur diese wachsame Leere.

Irgendwann sprach Bahadur. »Mit ihrem Kuss hat sie dir das Leben gerettet.«

»Ist das so?«

»Andernfalls hätte ich dich getötet.« Ein kurzes Zögern – ein Riss in der ausdruckslosen Maske. »Ich wollte glauben, dass du es getan hast.«

»Ich wollte glauben, dass *du* es warst«, gab Kai zurück.

Und da lächelte Bahadur doch noch, aber es war ein bitteres schmales Zucken, ein bloßer Schatten dessen, was einst sein Gesicht erhellt hatte. »Das würde alles so viel einfacher machen, nicht?«, sagte er. »Offenbar haben die Götter doch Sinn für Humor.« Er schaute an sich herab auf die Kruste aus trocknendem Blut. »Aber ich danke dir für das, was du versucht hast. Selbst wenn ich weiß, warum du da warst.«

»Sie hat nicht gewusst, dass ich komme. Ich ...« Aber Kai

sah Bahadurs blutige Hände zu Fäusten werden und führte den Satz nicht zu Ende. Stattdessen fragte er: »Kommt sie durch?«

»Ich weiß es nicht«, antwortete Bahadur. Es lag keinerlei Hoffnung in seiner Stimme. Beide wussten sie, wie neidisch die Götter auf dieses Geschenk namens Leben waren und dass sie es bei jeder Gelegenheit wieder an sich rissen. Selbst ein kleiner Schnitt in der Haut verhieß oft bereits den Tod, vereiterte schwarz und grün oder schickte rote Linien durch die Haut, gefolgt von einem Fieber, welches das Leben aus dem Leib brannte. Und Arite hatte eine tiefe Wunde erlitten, eine Wunde, wie sie nur die wenigsten überlebten.

»Sie ist stark«, sagte Kai, der nicht wusste, was er sonst sagen sollte.

»Nicht so stark wie deine Schwester, augenscheinlich«, sagte Bahadur. »Es kann nur sie gewesen sein, oder?«

Kai nickte widerstrebend. »Sie muss es wohl getan haben.«

»Warum?«

»Sie war sehr wütend heute Abend, nach der Feier. Aber ich hätte nie gedacht …«

»Wann hast du das schon getan?« Bahadur schüttelte den Kopf und spuckte aus. »Ich habe deiner Familie nichts als Liebe gegeben, und das hat mich alles gekostet.« Dann schien er nicht mehr weiterreden zu können. Eine Hand fuhr in sein Gesicht und fing die Tränen auf, ehe sie fallen konnten, die andere streckte er wie einen Schild aus, die Handfläche in Richtung Kai erhoben. So standen sie

143

sich gegenüber, gezeichnet vom Blut der Frau, die sie beide liebten, bis Bahadurs Schultern nicht länger bebten und er die Hand senkte. Seine Augen waren wieder ausdruckslos und trocken.

»Ich muss bei ihr bleiben«, sagte Bahadur, »und auf ihren Tod warten. Und du musst deine Schwester finden. Wenigstens das bist du mir schuldig.«

Kai nickte langsam. »Und was dann? Was wird aus uns?«

»Gar nichts.« Damit wandte Bahadur sich ab und betrat das Krankenhaus, diesen Ort des Todes. Dann aber blieb er im Türrahmen stehen.

»Ich habe mich lange gefragt«, sagte Bahadur, »warum Arite dich so liebt.« Er schaute Kai über die Schulter hinweg an. »Aber warum sollte ich? Ich habe dich schließlich auch einmal geliebt.«

* * *

Erst konnte er Gaevani nicht wecken. Leichtfüßig wie ein Dieb hatte er sich durch die Kaserne geschlichen und Gaevani auf seiner Liege schlafen sehen, ohne dass irgendwer alarmiert gewesen wäre. Aber weder eine Hand auf Gaevanis Schulter noch ein sanftes Rütteln ließ ihn aufwachen. Erst die stumpfe Seite einer kalten Klinge an seiner Kehle sorgte dafür, dass er träge ein Auge aufschlug.

»Geh weg«, sagte er. Schwer hing der Geruch von Wein und Galle in seinem Atem.

»Du musst sofort mitkommen«, sagte Kai.

»Warum?«

»Keine Fragen. Weder warum, noch wen wir verfolgen. Du musst einfach mitkommen.«

»Es geht also um eine Frau, stimmt's? Es ist etwas spät für …«, setzte Gaevani an, aber sein Grinsen erstarb, als er das Blut an Kais Händen entdeckte.

»Siehst du? Wir müssen sofort los. Die Spur verblasst bereits.«

»Raus aus dem Lager?«

»Ja.«

»Auf Lucius' Befehl?«

Kai zögerte. »Nein. Noch kann ich es ihm nicht sagen.«

»Wie sieht die Strafe aus fürs Desertieren ohne Befehle?«, flüsterte Gaevani. »Steinigung oder Kreuzigung? Hab ich vergessen. Sag mir wenigstens, wie du mich sterben sehen willst.«

»Bitte, Gaevani.«

Am Ende brauchte es nicht mehr als das. Bei den Sarmaten musste man nur um etwas bitten, und es wurde einem gewährt – für dieses eine kleine Wort schenkte mancher sein Leben her. Gaevani kroch unter der Decke hervor und winkte ihn zum anderen Ende der Kaserne.

Die Pferde erwachten nur widerstrebend, eines wieherte ungehalten. Sie waren erschöpft von ihrem Tanz, noch mehr als die Reiter, denn sie hatten nicht gewusst, dass es sich nur um einen Schaukampf handelte. Als sie einander in zwei Reihen gegenüberstanden und das Funkeln in den Speerspitzen sahen, hatten sie glauben müssen, es handle sich um eine Schlacht auf Leben und Tod.

Es war unmöglich, die Reittiere aus dem Stall zu bringen, ohne gesehen zu werden. Manche Männer waren bereits wieder wach, einige liebten sich eng umschlungen. Andere erwachten, als Kai an ihnen vorüberging, aber obwohl er gemurmelte Flüche hörte und ihm das eine oder andere Augenpaar argwöhnisch folgte, stellte niemand die Frage, wohin sie wollten – das würde erst morgen passieren, denn sie waren ein Volk ohne Geheimnisse. Sie teilten ihre Gedanken wie den Wein oder das Silber, offen und sorglos. Aber das alles erst am Tage. In dieser Nacht hatte ihr Vertrauen Vorrang.

Hinaus auf die Straße und in Richtung Tor – hier lauerten größere Gefahren, denn nicht alle im Lager gehörten ihrem Volk an. Er versuchte sich auszumalen, welche Schliche oder Bestechungen nötig sein würden, um an den Torwächtern vorbeizukommen. Er wartete auf Stimmen, die ihr Begehr wissen wollten oder eine Losung verlangten, die sie nicht kannten, aber als einer der Torwächter seine Frage stellen wollte, entgegnete Gaevani schlicht: »Es geht um unsere Ehre.«

Zurück zu dem Haus im *vicus*, und hier endlich verließen die letzten Anzeichen von Irritation Gaevanis Miene. Auf einmal wirkte er ernst wie ein Priester bei einem Opferritual, während er die Omen auf der Straße deutete, die Abdrücke von Schuhen und Hufen, in denen ein Zeichen der Götter stecken mochte.

»Ich habe die Fährte«, sagte er bald.

»Bist du sicher?«

Gaevani spuckte aus. »So sicher wie ich sein kann, wenn ich sie hier auf der Straße aufnehmen muss, wo Dutzende von Leuten die Spuren zertrampelt haben. Aber schau hier«, sagte er und deutete auf einen Stein, dem rostfarbenes Blut anhaftete.

Bald waren sie im Freien – jenseits des *vicus* in tiefer Finsternis, wo das Heidekraut unter den Hufen ihrer Pferde seufzte. Sie entzündeten ihre Fackeln und beugten sich weit in den Sätteln vor, bis sie messerscharfe Stiche am unteren Ende der Wirbelsäule spürten. Sorgfältig suchten sie den Boden nach der Fährte ab. Viele Male wurden sie von Rehen oder anderen Tieren in die Irre geführt und mussten zum Ausgangspunkt zurückkehren, bis sie sicher waren, den richtigen Spuren zu folgen. Langsam, quälend langsam, kaum eine halbe Meile vom Lager entfernt, aber da endlich war es deutlich zu erkennen, die Spur frischer Pferdehufe.

Bald darauf kamen sie schneller voran. Sie waren noch weit von ihrer Beute entfernt, aber jetzt kam ihnen die Lage weniger aussichtslos vor, denn die Fährte hatte sie zu einem alten Wildwechsel geführt und schien nicht mehr davon abzuweichen, sodass sie ihre Pferde kurzzeitig sogar traben lassen konnten. Eine Zeit lang hatte er die Hoffnung, seine Schwester tatsächlich einzuholen.

Da spürte Kai etwas auf der Haut – ein Dutzend kleine Berührungen auf Armen und Haaren, ein Zischen in den Ohren, und plötzlich lagen die Zügel glitschig in seinen Händen. Ein vertrautes Gefühl, das er zuerst nicht erkannte, da er es schlicht nicht wahrhaben wollte. Als aber ein Brüllen den Himmel spaltete, ließ es sich nicht mehr leugnen.

Der Regen prasselte auf sie nieder, dieses Geschenk der Götter für Bauern und Diebe gleichermaßen, das die Felder benetzt und alle Spuren verwischt. Trotzdem ritten sie weiter, wie verrückt und ohne Hoffnung drängten sie die Pferde zu verzweifeltem Galopp, während die Fackeln fauchend erloschen. Kai suchte nach Umrissen am Horizont, dem Licht eines Lagerfeuers, dem Zeichen eines gnädigen Gottes. Aber da war nichts. Die Götter hatten ihre Entscheidung getroffen.

Angewidert warf Gaevani seine durchnässte Fackel fort. »Das war's. Weiter reiten wir diese Nacht nicht, sonst laufen wir Gefahr, dass die Pferde lahm werden.« Er zögerte. »Ich kann mir nicht sicher sein. Aber ich glaube, dass sich die Spur langsam nach Norden wendet. Sie will den Wall überqueren.«

»Sie?«, sagte Kai. Aber auch er konnte die Lüge in seiner Stimme hören.

Gaevani schüttelte den Kopf. »Wir jagen Laimei, oder etwa nicht? Ist sie endlich verrückt geworden?«

Kai nickte. »Ihre Zeit ist gekommen.«

Der Regen fiel auf sie nieder. Die Pferde warfen die Köpfe herum und taten ihr Missfallen kund. Aber die Männer saßen zusammengesunken in ihren Sätteln – offenbar konnten sie es beide nicht übers Herz bringen, kehrtzumachen.

»Ich habe sie sehr erzürnt heute«, sagte Gaevani. »Aber ich hätte nicht gedacht …«

»Es ist nicht deine Schuld«, sagte Kai.

»Was willst du Lucius erzählen?«

Kai schaute über die Schulter zum Militärlager, zu den Feuern oben auf den Mauern. Einen Moment lang hing ein nutzloses Stoßgebet auf seinen Lippen, dass die Sonne für immer hinter dem Horizont bleiben möge. Sollten sie für alle Zeit in dieser bösen Nacht gefangen bleiben, wenn nur der neue Tag niemals käme. Aber das Gebet wäre nutzlos gewesen. Selbst die Götter konnten die Zeit nur für einen kurzen Augenblick anhalten – für diese winzige Spanne, ehe ein Speer sein Ziel fand, oder beim Anblick eines geliebten Menschen nach langer Trennung, oder beim letzten Atemzug vor dem Angriff. Ein einziger Herzschlag, das war alles, was sie einem schenken konnten, ehe der große Strom der Zeit weiterfloss.

»Ich werde ihm die Wahrheit sagen«, sagte Kai schließlich. »Wie ich es immer getan habe. Wie er es mir gegenüber immer getan hat.«

11

Vielleicht war dies die Art, auf die alle Mauern irgendwann einstürzen – das war alles, was Lucius denken
konnte, als Kai ihm berichtete. Nicht durch eine schreckliche Horde aus dem hohen Norden, die sämtliche Legionen hinwegfegte und sich mordend und brandschat-
zend einen Weg bis zu den Toren Roms bahnte. Sondern
durch kleine Momente des Verrats, durch einen wanken-
den Verstand, durch das Aufblitzen eines Messers in der
Dunkelheit. Unmögliche Versprechen, die man nicht
einhalten konnte; Eide, die Männer sinnlos in den Tod
schickten. Und wenn diese Horde von Barbaren schließlich anrückte, würde sie die Wachtürme verwaist vorfin-
den, die Fackeln erloschen. Nur Geister bewachten dann
noch diese Grenze, denn Rom würde sich bereits selbst
besiegt haben. Ein langsames Siechtum ohne den letzten glorreichen Endkampf, von dem die Dichter singen
konnten.

Als Kai seinen Bericht beendete, antwortete Lucius lange
nicht. Dann, schließlich: »Arite – wird sie überleben?«

»Ich weiß es nicht«, sagte Kai mit brechender Stimme,
blinzelte heftig und hob trotzig den Kopf. »Sie schläft und
wacht nicht auf.«

»Und Laimei?«

»Sie ist fort. Und sie hat den Jungen mitgenommen. Das Kind der Briganten, von der Plünderung.«

Lucius stellte fest, dass er Kai nicht länger in die Augen schauen konnte. Da saßen sie in der Kammer des Präfekten, und noch immer hing der beißend ranzige Geruch des Weins vom Vorabend in der Luft. Dies war das Machtzentrum für viele Meilen ringsum; in einem Land, wo sein Wort Gesetz war, konnte jedes Wort aus seinem Mund den Tod bringen. Aber offenbar konnte er nicht einmal seine eigenen Leute befehligen.

»Warum sollte sie den Knaben mitnehmen?«, fragte er.

Kai antwortete nicht – er wankte vor Erschöpfung und schien die Frage zunächst nicht zu verstehen. »Sie hat schon immer Angst davor gehabt, allein zu sein«, sagte er dann.

»Und gleich erzählst du mir, dass sie auch Angst vor der Dunkelheit hat«, sagte Lucius.

»Das haben viele Helden. Man sagt, dass sie dort in den Schatten die Toten sehen. Die Gesichter all derer, die sie getötet haben.« Kai stockte. »Was wirst du tun, Lucius?«

Bei den meisten anderen Präfekten wäre es einem Todesurteil gleichgekommen, ihnen solch eine Frage zu stellen. Lucius hatte gesehen, wie Legionäre ausgepeitscht und totgeschlagen wurden, deren Stimmen sich am Satzende erhoben hatten – das leiseste Anzeichen einer Frage war genug gewesen, sie zu verdammen. Und er war sicher, dass auch Kai dies wusste und trotzdem sein Leben für diese Frage riskierte.

»Wie viele Leute haben euch gesehen?«, fragte Lucius.

»Zwei am Tor. Und möglicherweise noch andere im *vicus*, als wir durch die Straßen geritten sind. Ich weiß es nicht. Alles war still.«

Dann gab es noch Hoffnung. Ein oder zwei blutverschmierte Gestalten auf der Straße erregten kaum Aufsehen, denn oft wurden Fehden auf Messers Schneide entschieden. Und sollte irgendwer gesehen haben, dass sie eine Frau zum Krankenhaus getragen hatten, so war das noch weniger Grund zur Aufregung. Dass Frauen von Männern getötet wurden, war hier nichts Ungewöhnliches.

Er nahm eine der Wachstafeln von seinem Schreibtisch zur Hand – die hölzerne Rückseite war mit seinem Amtssiegel versehen, das an diesem Ort dem Wort und Gesetz des Kaisers gleichkam. Er fing an, mit dem Griffel ins Wachs zu ritzen. »Ich schreibe hier, dass du mir diese Vorgänge berichtet hast. Dass ich dir befohlen habe, sofort die Verfolgung aufzunehmen. Du bist los, hast eine flüchtige Person gesucht, hast eine Fährte gefunden, bist zurückgekehrt.« So ritzte Lucius die Buchstaben, die seinem Freund vielleicht noch das Leben retten konnten.

»Schreib das nicht.«

Der Griffel verharrte. »Warum nicht?«

»Weil es dann alle wissen«, sagte Kai. »Dass sie es getan hat, und dass sie fort ist.«

»Warum sollten sie es nicht erfahren?«

Kai schlug die Augen nieder. »Arite könnte überleben«, sagte er. »Laimei könnte zurückkommen.«

»Falls irgendjemand, der dich letzte Nacht gesehen hat, den Mund aufmacht, muss ich dich töten«, sagte Lucius langsam. »Ich kann keine Gnade walten lassen. Es war richtig, sie finden zu wollen, aber es war trotzdem Fahnenflucht.«

»Ich weiß.«

Lucius warf den Griffel mit angewiderter Miene auf den Tisch. »Wie du willst. Ich schreibe es nicht. Dann lass dich eben steinigen für eine Mörderin.«

»Wenn es so sein soll, wird es so sein.«

Eine Zeit lang schwiegen beide. Lucius spürte Kais Blicke auf sich, aber er kramte zwischen den Pergamenten und Tafeln und Birkenrinden herum, den Befehlen und Inventarlisten – all dem endlosen, nutzlosen Verwaltungsaufwand des Lagers.

»Was wird sie tun?«, fragte er irgendwann.

»Wer weiß.«

»Und warum sollte sie das Kind mitnehmen?«

»Warum sollte sie Arite töten wollen?« Kai schüttelte den Kopf. »In unserem Volk sagt man, dass alle großen Helden kurz vor ihrem Ende dem Wahn verfallen. Ist es bei den Römern auch so?«

»Unsere Helden scheinen immer zu sterben, bevor sie die Gelegenheit dazu haben. Und auf mich hat sie nie einen wahnsinnigen Eindruck gemacht.«

Da Lucius nicht wusste, was er sonst tun sollte, lenkte er den Blick auf die große Karte an der Wand – eine überaus präzise Darstellung des Walls und aller Meilenkastelle, nummeriert und mit exakten Entfernungsangaben versehen. Weite Landstriche waren mit den Namen der Stämme versehen, die dort lebten – Votadiner, Briganten, Selgovier.

Und doch wussten sie kaum etwas über diese Gegenden. »Glaubst du, sie ist über den Wall?«, fragte Lucius.

»Zumindest schien ihre Fährte in diese Richtung zu weisen, bevor wir sie im Regen verloren haben.«

»Ich werde eine Eilmeldung an die Meilenkastelle rausgeben. Nicht, dass sie nach ihr suchen sollen«, fügte er rasch hinzu, als er die Bestürzung in Kais Gesicht sah. »Nur, damit wir wissen, ob irgendjemand den Wall durchqueren wollte.«

»Und was dann?«

»Ich stelle eine Patrouille zusammen und ziehe los, um sie zu finden«, sagte Lucius.

Ein schwerer Atemzug – fast ein Schluchzen – von Kai. »Es ist meine Bürde. Ich muss mitkommen.«

Lucius schüttelte den Kopf. »Diese Arbeit will ich dir nicht überlassen. Es ist mir egal, was für Schande du empfindest, ich will nicht, dass du das tun musst.«

»Du verstehst das nicht. Sie gehört zu meiner Sippe, also muss ich für ihre Taten geradestehen.«

Lucius zögerte. »Dein Ehrgefühl wird uns noch alle den Kopf kosten.«

»Ich habe mein Wort gegeben. Du weißt, dass ich es halten muss. Würdest du es nicht genauso machen?«

Ein tiefes Verlangen überkam ihn, die Wahrheit zu sagen. Seine Ehre aufzugeben und seinen Eid zu brechen wie einen morschen Ast über dem Knie. Kai zu sagen, dass er nie mehr nach Hause kommen würde. Alles, was ihm über Disziplin und Recht beigebracht worden war, in einem Atemzug zu vergessen. Stattdessen sagte Lucius nur: »Wir werden beide gehen.«

Bei diesen Worten schien sich Kais Miene ein klein wenig aufzuhellen, als streifte der Geist eines Lächelns seine Lippen. »Gemeinsam«, sagte er. »Wie es sein sollte.«

»Wie es sein sollte.« Aber wie schwer die Lüge zwischen ihnen in der Luft hing, wusste Lucius allein.

* * *

Es hätte kein Problem darstellen sollen, eine einzelne Sarmatin mit einem geraubten Kind auf einem mächtigen Steppenross aufzuspüren. Kai sorgte sich eher, sie zu spät zu finden, ihre Leiche an einem Baum aufgeknüpft, wie die Briganten und Votadiner den Erzählungen nach ihre Kriegstrophäen zur Schau stellten.

Aber es gab keine Spur von ihr. Kein Meilenkastell hatte eine Sichtung zu vermelden, und als sie die Stämme südlich des Walls zur Rede stellten, fiel die Antwort nicht anders aus als bei den Stämmen im Norden. Auch hier schienen die meisten Bewohner verschwunden zu sein – auf den Höfen waren einzig alte Männer anzutreffen, weder Mann noch Frau ohne Silber im Haar, und keine Kinder, die sich um die Herden von Schafen und Ziegen kümmerten, die durch Gras und Heide zogen. Wie in einem Land, wo ein Fluch schon vor langer Zeit jeden Frauenleib verödet hatte – wie die Götter in den alten Geschichten manchmal ganze Völker ausgerottet hatten, deren letzte Generation ohne Nachkommen alt werden und sterben musste. Die verbleibenden Briganten waren harte Leute – großgewachsen und stolz und mit den zähen Gesichtern derer, die im Grenzland ihr Auskommen suchten. Und obgleich sie freigiebig ihr Heidebier teilten, blieben sie ansonsten schweigsam und verschlossen.

In ihrer Verzweiflung wandten sich Lucius und Kai einmal mehr nach Norden, getrieben von der Vermutung, Laimei könnte einen Weg gefunden haben, den Wall ungesehen zu überqueren. Aber dort hatten sie noch weniger Erfolg. Einen ganzen Tag lang warteten sie mit Geschenken in der Hand unter dem alten Baum, aber der lächelnde Häuptling, Mor von den Votadinern, ließ sich diesmal nicht blicken.

An jenem dritten Tag, als sie ihre Pferde im Schatten verschnaufen ließen und ein weiteres verlassenes Gehöft der Votadiner hinter ihnen lag, sagte Lucius zu Kai: »Wahrscheinlich willst du mich demnächst bitten, daran zu glauben, dass sie Zauber wirken und sich unsichtbar machen kann?«

»Nein«, antwortete Kai. »Sie ist kein Baum- oder Flussgeist. Aber ob sie sich südlich oder nördlich des Walls befindet, kann ich nicht sagen.«

Lucius zögerte. »Sie könnte auch tot sein, Kai. Durch ihre eigene Hand oder …«

»Nein.« Energisch schüttelte Kai den Kopf. »Sie würde sich niemals das Leben nehmen und sich so dem Tod im Kampf verwehren. Und ich glaube, hätte sie mit irgendwem gekämpft und verloren, hätten wir irgendwo ihre Spuren gefunden.«

»Ich sag dir eines«, entgegnete Lucius. »Die Leute hier verheimlichen uns irgendwas. Sie schicken ihre Graubärte vor, um mit uns zu reden. Sie haben gewusst, dass wir kommen. Und ihr Schweigen zeugt von Geheimnissen.«

»Was hast du vor?«

»Ich sollte tun, was Rom immer getan hat«, sagte Lucius und verzog das Gesicht. »Sie am Straßenrand kreuzigen, sie mit Messer und Feuer bearbeiten. Sie zum Reden bringen.«

»Aber das wirst du nicht.«

»Nein.«

»Weil du es nicht übers Herz bringst, oder weil du glaubst, dass nichts dabei herumkäme?«

»Sagen wir einfach, ein bisschen von beidem.« Lucius setzte den Helm wieder auf, und seine Augen wurden zu tiefen Schattenteichen. »Also, lass uns einen weiteren Tag zu Ende bringen, an dem wir nichts finden und überall belogen werden.«

Aber am Ende fanden sie doch etwas. Weder eine verstümmelte Leiche an einem Baum noch eine Fährte, die sie zu einer Festung oder einer Lichtung führte, wo Laimei in einem Duellkreis stand und darauf wartete, dass einer der beiden vortrat, um ihr den Heldentod zu gewähren. Was sie fanden, war ein einziges Wort, das zu schnell gesprochen, eine kleine Lüge, die zu schlecht vorgetragen wurde.

Denn auf dem letzten Hof, den sie an diesem dritten Tag aufsuchten, wurden sie von einem fröhlichen Votadiner begrüßt. Er war zahnlos und uralt, seine Haut von tiefen Furchen durchzogen und vom Licht der Sonne zu Bronze gebrannt. Wie eine Jahrhunderte alte Eiche winkte er ihnen zu und rief etwas in seiner eigenen Sprache. Er zeigte keinerlei Besorgnis, fünfzig grimmige und schwer bewaffnete Reiter vor seinem Haus zu sehen, und plauderte sofort drauflos, ohne darauf zu warten, dass der Übersetzer hinterherkam. Aber Kai hatte einige Brocken der Sprache der Votadiner aufgeschnappt, genug, um zu entziffern, dass der Mann von den schweren Regengüssen der letzten Zeit sprach (die es nicht gegeben hatte), von seinen vielen Söhnen erzählte, die in den Krieg gegen die Römer gezogen seien und bald zurückkehren würden (ein Krieg, der vor zwanzig Jahren beendet worden war) und die Sarmaten so freudig begrüßte, als wären sie seine lange verschollenen Brüder. Und die Sarmaten lachten freundlich, wie sie auf die Streiche eines verspielten Hundes reagiert hätten. Keiner von ihnen hatte jemals einen derart alten Mann gesehen – in der fernen Steppe wäre er schon viele Jahre zuvor dem Schwert geopfert worden. Für sie war er ein Wunder, eine lebende Statue, geformt aus altem Fleisch.

Und als sein Redefluss schließlich versiegte, wollte ihm der Übersetzer die gleiche Frage stellen, die er auf dieser Reise jedem anderen gestellt hatte – ob er eine Frau und ein Kind auf einem großen sarmatischen Pferd gesehen habe. Er kam aber nicht weiter als bis zum ersten Wort, als der Alte schon antwortete. Und es war die gleiche Antwort, die sie von allen anderen bekommen hatten. »Nein, ich habe keine Frau von eurem Volk gesehen.«

Kai schaute sich um, ob sonst noch jemand seine zu schnelle Antwort bemerkt hatte. Aber Lucius saß erschöpft im Sattel – es war bereits spät am Tag, und der heutige Tag war ein ungewöhnlich heißer gewesen in diesem Land. Alle saßen sie schweißgebadet in ihren schweren Rüstungen.

Und seine Gefährten waren noch immer derart fasziniert vom Anblick dieses Mannes, dass sie seinen Worten kaum Beachtung schenkten.

So gehörte dieses Geheimnis Kai allein, und er konnte damit tun, was er wollte. Er drehte und wendete es im Kopf wie einen seltenen verbotenen Schatz, während die Sonne vom Himmel schwand und das Lager, der Wall, ihr Zuhause einmal mehr vor ihnen aufragten. Tief in Gedanken versuchte er zu ergründen, was es zu bedeuten hatte. Was er mit diesem Wissen anstellen sollte.

12

Die Römer nannten dieses Gebäude das Krankenhaus, aber die Sarmaten hatten einen anderen Namen dafür – das Haus der Toten. Viele von ihnen nahmen einen Umweg durchs halbe Lager in Kauf, nur um einen Bogen um dieses Gebäude zu machen, denn die Sarmaten wussten, dass sich an solchen Orten zahlreiche Geister der Verstorbenen sammelten, erfüllt von Neid auf all jene, die noch lebten, und begierig, sie ebenfalls in die jenseitigen Lande zu locken. So war es besser, an der frischen Luft zu sterben und ein letztes Mal den Himmel zu betrachten, als sich freiwillig in dieses finstere Grabmal zu begeben.

Einige aus ihren Reihen hatte dieses Gebäude bereits verschlungen. Einen Mann namens Garas, der in seiner ersten Stunde im Lager auf einen dreckigen Nagel getreten war – drei Tage und drei Nächte hatte sein Blut voll Fieber gebrannt, ehe die Götter ihn zu sich gerufen hatten. Einen anderen hatte eine unheilbare Lungenkrankheit heimgesucht, bis er sich mit jedem Atemzug roten Schleim in den Schoß gehustet hatte. Trotzdem hatte er mit verbissener Ausdauer gesoffen und gehurt und sein Geld verspielt, bis sie ihn zum Sterben in dieses Gebäude geschafft hatten, um an Land in seinem eigenen Blut zu ertrinken. Und Halan, ein Mann, den Kai gut gekannt hatte, war beim Tanz der Pferde von seinem Ross gefallen – ein violetter Bluterguss war an seinem Schädel erblüht und hatte ihn in einen Schlaf fallen lassen, aus dem er nicht mehr erwachen konnte. Die Römer hatten Halan ins Haus der Toten gebracht, während draußen seine Gefährten standen und lauschten. Sie hörten eine Knochensäge und einen spitzen Schrei, dann nichts mehr.

Jetzt harrte Kai auf der Schwelle des Krankenhauses aus, aber nicht aus diesen Gründen des Aberglaubens, die so viele seiner Landsleute von diesem Ort fernhielten. Er fürchtete nicht die Toten an diesem Ort, sondern die Lebenden.

Als Bahadur endlich mit trägen, schlurfenden Schritten ins Freie trat, hätte man ihn ohne Weiteres mit einem Leichnam verwechseln können, der sich erhoben hatte, um durchs Lager zu wandeln. Seine Haut war grau, seine Kleidung von Blut und ranzigem Dreck bedeckt, seine Augen von mehreren Tagen ohne Schlaf getrübt. Auch als diese toten Augen auf Kai fielen, kehrte kein Leben in sie zurück.

»Was willst du?«, fragte Bahadur.

»Mit dir reden.«

»Und was noch?«

»Ich will wissen, ob sie leben oder sterben wird. Ob sie irgendwas zu dir gesagt hat.«

»Das sollte keinen Unterschied machen«, sagte Bahadur. »So oder so wirst du sie nicht wiedersehen. Und ihre Worte sind nicht für dich bestimmt.« Aber seine Stimme zitterte und brach, als er diese Worte sprach – er hatte die Stimme eines Sängers, die sich nicht für solch grausame Worte eignete.

»Bahadur …«

»Sag, was du sagen musst, und dann geh. Bitte.«

Kai nickte widerstrebend. »Ich habe vielleicht eine Spur gefunden.«

»Etwas, das die anderen übersehen haben?«

»Ja.«

»Dann alles Glück deinem Speer«, sagte Bahadur, aber es waren leere Worthülsen. Er stockte. »Reitest du allein?«

»Ja.«

»Laimei ist geschickter mit dem Speer als du. Ich glaube nicht, dass du sie besiegen kannst.«

»Ich hoffe immer noch, dass es dazu nicht kommt.«

»Du glaubst, dass sie freiwillig zurückkehrt?«

»Vielleicht wird sie wissen, dass ihre Zeit zum Sterben gekommen ist. Die meisten Helden wissen, wann ihr Ende naht.«

Das Knistern der Feuerschalen, das Heulen des Windes, der sanfte Regen wie ein dünner Wasserschleier zwischen ihnen. Es war besser so – im verwaschenen Zwielicht konnte Kai sich seinen Freund denken, wie er einst gewesen war.

»Sollte ich nicht zurückkommen …« Kai ließ seine Stimme ins Nichts verklingen und traute sich nicht, auszusprechen, was ihm auf den Lippen lag.

Aber noch immer schien es etwas zwischen ihnen zu geben. Diese seltene Vereinigung zweier Geister ließ sich nicht so einfach brechen wie eine Freundschaft, und Bahadur beantwortete die Frage, die Kai nicht gestellt hatte. »Ich werde wissen, dass du getan hast, was du konntest.« Der Anflug eines Lächelns durchzog sein Gesicht. »Aber bitte mich nicht darum, ein Lied für dich zu singen.«

»Ich wünschte, du würdest wieder singen. Es war immer so schön.« Kai stockte. »Das hat auch Arite immer gesagt, als wir noch in der Steppe waren.«

Beim Klang ihres Namens verging das Lächeln. Wieder starrten ihn diese toten Augen an. »In der Heimat«, sagte Bahadur gedankenverloren.

Der Regen wurde stärker, aber Kai spürte ihn nicht, und auch Bahadur zeigte keine Regung. Denn vielleicht träumten sie in diesem Moment beide den gleichen Traum – wieder in der Steppe zu sein. Ohne Steingebäude, die sie einengten, ohne Gossen voll Matsch und Unrat. Nur das hohe Gras, das im Wind tanzte, die Wildblumen, die in der Sonne glänzten, in der weiten Welt unter dem endlosen Himmel.

Da ertönte ganz in der Nähe ein Horn, das zum Wachwechsel rief. Das Knirschen und Rattern eines schweren Wagens folgten, begleitet vom Tritt schwerer Stiefel. Die Steppe in ihren Köpfen löste sich in Rauch auf, und einmal mehr fanden sie sich am anderen Ende der Erde wieder.

Bahadur hob die Hände und wischte sich den Regen aus den Augen. »Jetzt geh. Und mach dir keine Sorgen, ich werde bei ihr sein, wenn sie stirbt.«

»Ich weiß«, sagte Kai.

* * *

Aus solch tiefem Wasser konnte man nicht mehr auftauchen. Es stellten sich keine Visionen ihrer verlorenen Kinder ein, es gab keine Wanderung durch eine schattenhafte Welt, deren wahre Form Arite noch aus dem wachen Leben kannte. Da war nichts. Und dann war da Licht, scharf und plötzlich und schmerzhaft.

Das Gefühl einer Wunde in ihrem Rücken, dazu die animalische Furcht, von Feinden umgeben zu sein und sich nicht wehren zu können. So lag sie ganz still da, bis sie sicher sein konnte, wo sie sich befand. Zuerst kamen die Gerüche – ein scharfer Hauch von Kräutern, die sie nicht kannte, der Gestank von Urin und Fäkalien, der Geruch schwärender Fäulnis. Sie öffnete die Augen zu Schlitzen und sah wabernde Steinmauern vor sich, auf denen die Schatten prasselnder Feuerschalen tanzten. Und ganz in der Nähe ein weiterer Umriss, wundervoll und so vertraut.

Denn Bahadur saß neben ihr auf dem Boden, den Kopf in den Armen vergraben. Er war wach, denn sie hörte seinen rasselnden Atem. Eine Hand hob sich und schlug verärgert nach einer Mücke, die auf seinem Arm gelandet war. Sie kannte diese steife, schlaflose Pose sehr gut, denn genauso hatte sie neben ihren vom Fieber geplagten Kindern gesessen und neben ihrer Mutter, als die alte Frau von innen heraus verrottete und Blut hustete. So saß man neben geliebten Menschen, die im Sterben lagen.

Ein schrecklicher Durst überkam sie, ihre Kehle fühlte sich so rau an, als hätte man irgendwie ihren Rachen ausgepeitscht. Es schien unmöglich, solchen Durst jemals löschen zu können, und einen Moment lang war alles von einer wilden Todessehnsucht überlagert, wie Menschen, die gefoltert werden, nur noch danach flehen, man möge ihnen das Leben nehmen. Hätte sie nur ein Messer und eine Schüssel mit Wasser zur Hand gehabt, sie hätte nicht gewusst, wonach sie greifen sollte. Aber da war nur die Schüssel, in der ein Lappen eingetaucht lag. Mit zitternden Fingern griff sie nach beidem.

Da schloss sich eine Hand um ihre und hielt sie fest, während eine zweite Hand den Lappen tiefer ins Wasser tauchte und ihn zu ihrem Mund führte.

»Ganz ruhig«, sagte Bahadur. »Nicht bewegen.«

Sie wollte antworten, konnte aber nicht. Tropfen für Tropfen nahm sie das Wasser auf, bis ihre Kehle feucht genug war, um wieder sprechen zu können, wenn auch nur in einem kratzigen Flüsterton.

»Der Verwesungsgeruch«, sagte sie. »Ist das die Wunde?«

»Nein. Das ganze Haus stinkt danach, aber die Wunde ist nicht vereitert.«

Sie spürte die feuchte Luft auf der Haut und hörte die dicken Regentropfen fallen. Jetzt bemerkte sie auch den Zustand ihrer Haut – sie war leichenblass und wirkte so dünn, dass sie das Geflecht sanft pulsierender blauer Äderchen sehen konnte.

»Dann wird mich wohl ein Fieber dahinraffen«, sagte sie. »Schwach genug dafür bin ich jetzt schon.«

»Rede nicht so.« Er hob ihre Hand an die Lippen, und sie spürte seinen Kuss in ihrer Handfläche. »Du wirst überleben. Du musst überleben.«

Eine Erinnerung wollte in ihr auftauchen, aber sie ließ

ihr keinen Raum, denn diese Situation war vergleichbar mit dem Moment, in dem man aus einem Traum erwacht und die halbe Welt vergessen hat. Es zählten nur dieser Augenblick und der Mann an ihrer Seite. Sie waren allein, nichts konnte mehr zwischen sie kommen. Weder die Kinder, die sie alle begraben hatten, noch die Art, wie grausam sie einander verletzt hatten, noch die langsame Zerstörung des Lebens, das sie sich gemeinsam aufgebaut hatten. Nur die schlichte Freude der Berührung, die Liebesschwüre, die sie einander wieder und wieder geleistet hatten, und die Dankbarkeit, einfach zu leben.

Als sie erwacht war, hatte sie einen seltsamen, fast angsterfüllten Blick in Bahadurs Gesicht gesehen. Jetzt aber schien es ihm genauso zu gehen wie ihr. Die Angst war aus seinem Gesicht gewichen, an ihre Stelle war ein schüchternes Lächeln getreten. Er war wieder der Mann, den sie vor so langer Zeit geliebt hatte.

»Du wirst nicht an solch einem Ort sterben«, sagte er. »Die Götter haben dich nicht ohne Grund verschont.«

Vielleicht sprach er die Wahrheit, denn in diesem Moment spürte sie die Botschaft der Götter. Und wie immer teilten sie sich durch Schmerz mit. Scharf und plötzlich entbrannte hinter ihren Augen mitten im Schädel ein weißer Lichtblitz, der ihr die Sicht raubte.

»Laimei«, sagte sie – das einzige Wort, das sie noch auszusprechen vermochte, denn ihre Kehle schnürte sich abermals zu.

»Sie flieht«, sagte Bahadur. »Kai zieht bald aus, sie zu jagen. Aber denk jetzt nicht an sie.«

Die Furcht kehrte zurück – mit einer Macht, wie sie sie noch nie gespürt hatte. Selbst im Angesicht feindlicher Lanzen in der Schlacht, selbst in der Erinnerung daran, wie sie ihrem Ehemann und ihrem Liebhaber hinterhergeschaut hatte, die in den sicheren Tod ritten, hatte sie kein derartiges Entsetzen gepackt, die Furcht davor, sterben zu müssen, ehe sie reden konnte. Denn das Blut pochte heftig in ihren Ohren, und ihr Herz machte Sätze wie eine Trommel in der Hand eines nachlässigen Spielers. Oft zeigten sich die Götter jenen gegenüber eifersüchtig, denen es gelang, dem Tod davonzukriechen, und rissen sie ohne Vorwarnung in die jenseitigen Lande – ein unsichtbarer Speer, der das Herz zum Erliegen brachte, ein unsichtbares Seil, das den Atem abwürgte. Dann soll es so sein, dachte sie und unterbreitete ein finsteres Gegenangebot. Sollen sie mich holen, solange ich davor noch diese eine Sache sagen darf. Denn es hätte nichts Schlimmeres geben können als ebendies – zu wissen, dass sich jene, die sie liebte, aus den völlig falschen Gründen in den Tod stürzten.

»Du musst ihn aufhalten«, sagte Arite. »Laimei hat versucht, mich zu retten. Es waren die anderen …«

Es gab noch so viel mehr zu sagen. Die Männer, die in der Nacht gekommen waren – die vom Regen verzogene Tür, die einen Moment lang geklemmt hatte, als sie ins Haus eindrangen, was Laimei genug Zeit verschafft hatte, Arites Schwert zu packen. Die Schatten in der Dunkelheit, die tanzenden Klingen. Der Schrei dieses Kindes, das sie Chodona nannte – das so lange geschwiegen hatte und nun endlich seine Stimme wiederfand, nur um sein wortloses

Entsetzen herauszuschreien, als diese Männer es packten. Die Wunde in ihrem Rücken, seltsam schmerzlos in dem Moment, als die Klinge eindrang, selbst als sofort alle Kraft aus ihrem Körper wich, selbst als sie zusammenbrach und vom Boden aus zu jenen aufschaute, die sie getötet hatten.

Und diese Männer – ihre Gesichter und ihre Sprache. Alles hatte sich so falsch angefühlt, wie in den Tiefen eines bösen Traumes. Noch entsetzlicher als die Wunde in ihrem Rücken war die Erkenntnis, dass diese Männer sie getötet hatten und sie nicht einmal wusste, warum.

Aber ihr blieb keine Zeit mehr zum Reden. Die Dunkelheit bäumte sich auf, und die Götter, hungrig und neidvoll, rissen sie wieder an sich.

13

»Na dann«, sagte Gaevani, der mürrisch im Sattel versunken saß. »Was genau wollen wir hier?«

Kai ließ sich Zeit. Er streichelte seiner Stute über den Nacken und überlegte, wie er antworten sollte.

Zwei ganze Tage hatte er auf die Gelegenheit warten müssen, den Wall zu durchqueren, bis Kundschafter gesucht wurden, die einmal mehr in die Nordlande aufbrechen sollten, um ihre Geheimnisse zu ergründen. Denn es gab bestimmte Orte, die für Kavallerie potenziell tödliche Gefahren boten – weiche Uferstreifen, sumpfige Erde versteckt unter Heidekraut, steinige Halden am Fuß großer Klippen –, und so brauchte es Männer, die das Land kennenlernten und mithalfen, neue Geschichten zu schreiben; von jenen Orten, an denen es sich zu kämpfen lohnte, und jenen, wo der sichere Tod lauerte.

Eine Handvoll Silber hatte Kai Zugang zur Gruppe der Kundschafter verschafft, und ein paar weitere Münzen hatten dafür gesorgt, dass ihm Gaevani zugeteilt wurde. Und obwohl Kai kein Wort darüber verloren hatte, schien Gaevani sofort zu wissen, dass etwas nicht stimmte. Denn sobald sie außer Sichtweite des Lagers in der kargen Hügellandschaft allein waren, hatte Gaevani die Zügel gezogen und sein Pferd zum Stehen gebracht.

»Ich weiß, dass du mich nicht zufällig hergebracht hast«, fuhr Gaevani fort. »Willst du, dass ich nach diesem Sturm eine drei Tage alte Fährte aufnehme? Oder soll ich vielleicht die Sonne vom Himmel pflücken, wo ich schon dabei bin, Unmögliches für dich zu erledigen?«

»Nein, ich habe dich nicht als Fährtenleser mitgenommen. Ich habe die Fährte bereits selbst entdeckt. Hier«, sagte Kai und tippte sich an die Stirn, »und hier.« Er legte die Hand aufs Herz.

»Und was soll ich tun?«

»Still sein, mehr nicht.«

»Dazu habe ich noch nie getaugt«, gab Gaevani zurück.

»Reite zurück ins Lager«, sagte Kai. »Verschaff mir genug Zeit, dass man mir nicht mehr folgen kann. Oder warte hier bis heute Abend, dann kehre ich vielleicht sogar mit dir zusammen zurück. Aber dieser Fährte muss ich allein folgen.«

»Und was soll ich denen erzählen?«

»Welche Lüge auch immer dir passend erscheint. Oder die Wahrheit.«

Gaevani murmelte vor sich hin und reckte das Gesicht in die Sonne, als erwartete er, dort ein Zeichen der Götter zu finden. Als das Licht in sein Gesicht fiel und die große Narbe auf seiner Stirn weiß umrandete, dachte Kai daran, wie wenig er tatsächlich über diesen Mann wusste. Es gab jene wie Bahadur, deren Gedanken er spüren konnte, als wären es seine eigenen. Selbst bei seiner Schwester fühlte er die Regungen ihres Geistes wie Wellen, die ans Ufer brandeten, auch wenn ihm die Tiefen ihres Herzens seit langer

Zeit geheimnisvoll und verschlossen waren. Bei Gaevani aber wusste er nie, was er tun würde – oder warum.

»Ich wünschte, du hättest dir eine andere Begleitung ausgesucht«, sagte Gaevani schließlich. In seiner Stimme lag großes Bedauern.

»Warum? Du kannst sofort zurück.«

»Nein. Kann ich nicht.« Gaevanis Hände fielen in die Mähne seines Pferdes, seine Finger zerzausten die langen Strähnen. »Weniger gefährlich für uns beide, wenn ich dich begleite. Ich weiß, was die Römer mit Leuten veranstalten, die ihnen nicht gehorchen.«

»Wenn du allein zurückkommst, erwarten dich höchstens ein paar Peitschenhiebe. Was uns auf diesem Weg hier erwartet, kann ich nicht sagen.«

Gaevani zuckte mit den Schultern. »Es gibt Schlimmeres als Peitschenhiebe.«

»Den Tod?«

»Schlimmeres als den Tod.« Plötzlich grinste er fröhlich. »Aber das weißt du selbst, sonst wärst du nicht hier. Also lass uns keine Zeit verschwenden, sonst überlege ich es mir am Ende doch noch anders. Wo wollen wir hin?«

Die sinkende Sonne tauchte den Himmel bereits in leuchtendes Rot, als sie endlich den Hof erreichten – jenen Ort, an dem der Alte wohnte, der zu hastig gelogen hatte. Und als sie das Wohngebäude betraten, dessen grobe Tür aus Weidenruten über den gestampften Erdboden kratzte, sahen sie den Alten neben der sterbenden Glut seines Kochfeuers sitzen. Die Fröhlichkeit war aus seiner Miene verschwunden. Die beiden gerüsteten Krieger schienen ihn nicht zu verängstigen – nach einem langen Leben an der Grenze hatte er solch einen Anblick wohl schon oft vor sich gehabt, in den endlosen Konflikten zwischen benachbarten Stämmen, zwischen den Stämmen und Rom. Männer mit Schwert und Speer und grimmigen Mienen, die kamen und Antworten von ihm verlangten, die er nicht geben konnte.

Tatsächlich hätten sie seiner Begrüßung nach gar lang erwartete Gäste sein können – ein paar Worte in seiner Muttersprache, eine Geste in Richtung des Trinkschlauchs mit Heidebier und der einzigen rissigen Tonschüssel, die beim Feuer stand. Aber zeigte sein Gesicht auch keine Furcht, so glaubte Kai doch, Bedauern zu erkennen wegen des Austauschs, der gleich folgen musste.

»Wo ist sie?«, fragte Kai in der Sprache der Votadiner; Worte, die er immer und immer wieder geübt hatte. Trotzdem hörte er ein Brummen hinter sich – Gaevani hatte ein Ohr für die Feinheiten der Sprachmelodie, das Kai abging.

Aber die holprige Aussprache schien den Alten nicht zu stören. Vielleicht war er dem Tod schon so nah, dass sein Blick durch den Schleier aller Dinge fuhr und nicht nur die Frage erkannte, die Kai auf dem Herzen lag, sondern auch wusste, dass der Sarmate erst verschwinden würde, nachdem er eine Antwort bekommen hatte. Auf jeden Fall schien es keinen Grund für Drohungen oder Folter zu geben, denn eine zittrige Hand erhob sich und deutete auf eine Wand der Hütte.

»Diese Richtung?«, fragte Kai. »Nicht weit?«

Der Alte nickte. Und dann strömten Tränen seine Wangen herab, und er sprach immer und immer wieder die gleichen Worte, die Kai nicht kannte.

»Weißt du, was er sagt?«, fragte Kai Gaevani.

»Vergib mir, vergib mir.« Gaevani kniff die Augen zusammen. »Glaube ich zumindest. Wer weiß schon, was das bedeuten soll? Sein Geist ist gebrochen.«

Vielleicht entsprach das der Wahrheit, und der Alte würde sich am nächsten Morgen an nichts mehr erinnern. Kai hoffte sehr, dass es so war, dass der Alte vergessen würde, welches Ehrenwort oder Schweigegelübde er gebrochen hatte und wieder fröhlich und schnatternd wie ein Vogel leben durfte, wie ein Kind, dem jeder Tag wie ein ganzes Leben vorkommt. Vielleicht würden seine Tränen aber auch nie mehr versiegen – als hätte er ein Leben lang alle Trauer aufgestaut, die nun überlief. Woran hatte ihn der Anblick der Sarmaten erinnert? Söhne, die er in den Krieg geschickt und nie mehr wiedergesehen hatte, oder ein Leben, das er hätte leben wollen, statt hier zu sitzen. An eine geheime Schmach, die er in den seltsamen Gesichtern dieser Männer aus einem fernen Land gelesen hatte. So oder so war Kai sehr erleichtert, endlich wieder unter freiem Himmel zu sein, die Pferde zu riechen und den Wind drehen zu hören. Nur die tiefhängende Sonne machte ihm Sorgen. Der Himmel war wie blutverschmiert.

Gaevani schien ähnlich zu denken. »Ein böses Omen, in so einem Land in der Dunkelheit unterwegs zu sein«, sagte er.

»Du kannst jederzeit umkehren.«

»*Du* kannst jederzeit umkehren. Lass uns morgen wiederkommen, wenn wir einen ganzen Tag vor uns haben. Und erzähl Lucius, was du rausgefunden hast.«

»Nein. Morgen ist sie vielleicht schon weg. Wir müssen ihr jetzt folgen.« Er nickte gen Süden, wohin der Alte gedeutet hatte. Dort lag ein kleines Waldstück mit einem Bachlauf, der sich hindurchschlängelte. Ein Stück Land wie viele andere, die sie gesehen hatten, und trotzdem wirkte dieser Anblick auf Kai wie ein weiteres Omen. Er kannte den Geist seiner Schwester und wusste, dass es ein Ort war, den sie durchaus wählen würde – eher wegen des Flusses, an dem man kämpfen konnte, als wegen der Bäume zum Verstecken. Denn obwohl es stimmte, dass Reiter sich fürchteten, auf dem unsicheren Gelände eines Flussufers zu kämpfen, waren es in den alten Geschichten stets solche Orte, an denen Helden ihren letzten Kampf bestritten. Solche Orte, an denen die Recken ihres Volkes ein letztes Mal geprüft wurden.

Als die Sonne vom Himmel verschwand, lenkten sie ihre Pferde zwischen die Bäume in Richtung Wasser.

* * *

Es gibt eine spezielle Wonne, die nur den wenigsten bekannt ist. Der Verwundete, blutig und geschunden, vom Schlachtfeld geschleift und neben dem Fluss abgelegt, um dort zu sterben, lauscht dem wunderbar süßen Klang plätschernden Wassers und weiß plötzlich, dass er trotz allem weiterleben wird. Der Sterbenskranke, dem das Fleisch vom Leib fällt und der das Fieber wie rasendes Feuer durch seine

Adern brausen fühlt, klammert sich dennoch ans Leben und kämpft sich Schritt für Schritt zurück. Dieses Gefühl, vom Becher des Todes gekostet zu haben, ohne ihn zu leeren.

Auch Arite kannte dieses Gefühl jetzt – sie lag in ihrem Haus im *vicus*, erwachte an der Stelle, an der sie beinahe gestorben war, und wusste, dass sie leben würde. Fürs Erste bestand ihre Welt aus nichts als diesen vier Wänden; nie hatte sie sich so schwach gefühlt, die Schmerzen im Rücken waren nagend und allgegenwärtig. Trotzdem war das bloße Leben an sich bereits eine große Freude, selbst wenn sie keine andere Gesellschaft als ihre Erinnerungen hatte.

Vielleicht begriff sie jetzt endlich, was die alten Menschen in der Steppe antrieb, diese grauhaarigen Sarmatinnen, die so stur am Leben festhielten, obwohl ihnen nichts als Schmerz und Verlust geblieben waren. Und natürlich ging es nur um die Frauen, denn einem Mann wurde der Tod eines Kriegers durch die Hand seiner Söhne gewährt, sowie er Zügel und Speer nicht mehr halten konnte. Den Frauen jedoch nicht. Die meisten von ihnen wurden von Hunger oder Fieber dahingerafft oder beim Gebären ihrer Kinder getötet, lange bevor sie graue Haare bekommen konnten. Nur wenige erreichten ein hohes Alter. Arite erinnerte sich an eine Frau, die angeblich hundert Winter gesehen hatte und immer dicht beim Hanffeuer saß, um ihre Schmerzen zu lindern; wohin sie auch wollte, immer musste man sie tragen, denn ihre Knochen waren so brüchig wie das Glas der Römer. Damals hatte Arite diese Frau bemitleidet, aber jetzt, nachdem sie selbst so weit in Richtung Tod gewandert war, glaubte sie, auch die Freuden eines solchen Lebens zu begreifen. Und so schmiegte sie sich an ihre Erinnerungen, als wären sie ein warmes Feuer in einer Winternacht.

Außerdem waren einige dieser Erinnerungen tatsächlich heiß genug, um sich daran zu verbrennen. Die Kinder, die sie verloren hatte – wie sie lachend tobten, wie sie sich tief im Fieberwahn schreiend an sie klammerten, ihre reglos grauen, eingefallenen Leiber, die von Fehden und Plünderungen zurückgebracht wurden, von Speeren durchbohrt und in die jenseitigen Lande geschickt. Und auch andere Erinnerungen waren feurig. Die Nächte, die sie mit Kai verbracht hatte, als sie Trost beieinander gesucht hatten, ohne sich ausreichend gegen die Liebe zu schützen, die wie ein Dieb in der Nacht in ihre Herzen gekrochen war.

Die Tür kratzte über den Boden. Furcht wallte auf bei diesem Geräusch, das sie jetzt mit Messern im Dunkeln verband, mit dem Kampf ums Überleben, mit Schmerz und Finsternis. Aber es war nur Bahadur.

»Endlich bist du wieder wach«, sagte er.

»Bin ich«, sagte sie und versuchte sich an einem Lächeln. »Ich habe beschlossen, dass ich gern alt werden würde, und die Götter scheinen mich erhört zu haben.«

Er kniete sich neben sie und nahm ihre Hand in seine. »Alt werden? Kein hochtrabender Wunsch. Die Zeit allein sorgt dafür, da brauchst du keine Hilfe von den Göttern.«

»Lange leben, meine ich. Willst du das nicht?«

Sein Lächeln verblasste. »Ich weiß es nicht.«

»Wir hätten mehr Zeit zusammen.«

»Hätten wir«, sagte er. »Und es würde mich sehr freuen. Aber …« Seine Worte versiegten.

Kurz darauf zog sie die Hand aus seiner. »Ich habe genauso viel gelitten wie du. Vielleicht sogar mehr. Aber ich denke an vergangene Sommer. Das Mitsommerfest nach den Plünderzügen, als der Wein in Strömen geflossen ist. Erinnerst du dich noch an ...«

»Ich will nicht darüber reden«, sagte er scharf. »Ich will nicht über die Vergangenheit reden. Warum soll ich meine Zeit damit verschwenden?«

Erst antwortete sie nicht. »Warum nicht?«, fragte sie dann. »Wir haben unser halbes Leben damit verbracht, gemeinsame Erinnerungen anzuhäufen. Wozu war das alles gut, wenn nicht, um sie jetzt zu teilen?«

»Und die meiste Zeit war er auch dabei. Kai. Anders als du kann ich also nicht in dieser Vergangenheit schwelgen. All meine Erinnerungen sind durch ihn befleckt.«

»Dann vergib ihm.«

»Ich kann nicht.«

Stille. Ihr Geist war nicht so scharf wie einst, ihre Gedanken so stumpf wie nach einer Nacht voll Wein. Irgendwie witterte sie eine Gefahr, die sie weder sehen noch hören noch berühren konnte. Sie lag hier in Sicherheit, bewacht von einem Mann, vom dem sie wusste, dass er sie liebte – das wusste sie so sicher wie nichts anderes auf der Welt. Trotzdem pochte ihr Herz heiß und wild, und sie konnte kaum atmen.

»Wo ist Kai?«, fragte sie, und Bahadur zuckte zusammen, als hätte sie ihn geschlagen.

»Warum fragst du mich so etwas?«

»Du hast ihm gesagt, was ich dir erzählt habe, oder?«

Er antwortete erst nach längerer Pause. »Ich dachte, du hättest im Fieberwahn geredet.«

Da versuchte sie sich aufzusetzen, krallte sich am Nachttisch fest, wollte sich auf die schwankenden Beine erheben. Und er war über ihr – ein kurzer Moment, nur ein Augenblick, in dem sich seine Hände um ihre Handgelenke schlossen und er sie mit entsetzlicher Leere im Blick aufs Bett drücken wollte – ehe er sie ebenso schnell wieder losließ und rückwärts über den Boden davonkroch, als versuchte er, vor sich selbst zu fliehen. Die Welt schwankte und bebte und drehte sich, während sie auf der Bettkante saß und versuchte, nicht zu fallen. Sie musste kämpfen, um bei Bewusstsein zu bleiben.

»Laimei hat nicht versucht, mich zu töten«, sagte Arite sehr langsam und deutlich, denn sie wollte nicht noch einmal missverstanden werden, ihm diese Ausrede nicht noch einmal bieten. »Es waren mehrere Männer. Die ich noch nie gesehen habe. Sie haben mich angegriffen und das Kind mitgenommen. Kurz danach ist Laimei gekommen und sofort aufgebrochen, um sie zu finden. Glaubst du mir das jetzt?«

Er nickte mit bleicher Miene, sagte aber nichts.

»Wo ist er?«

»Jenseits des Walls«, sagte er schüchtern wie ein Kind. »Er sucht sie. Ich habe nicht geglaubt …«

»Schweig.« Wieder versuchte sie aufzustehen und schaffte es auf die Füße, beide Handflächen auf die Tischplatte gestützt. »Wir müssen zu Lucius.«

»Kai ist desertiert«, sagte Bahadur. »Weißt du, was die Römer mit Deserteuren machen?«

178

»Lucius würde nie im Leben …«

»Können wir das Risiko eingehen?«

Arite kniff die Augen zu und versuchte nachzudenken.

»Er kommt wieder zurück«, hörte sie Bahadur sagen. »Ob mit Laimei oder ohne sie, er wird zurückkommen.«

»Und falls nicht?«, sagte sie und sah ihn an, versuchte sich zu entsinnen, wie es war, ihn zu lieben.

Er antwortete nicht. Sie stieß sich vom Tisch ab und stand ohne Hilfe da. »Wenn er nicht zurückkommt, gehst du ihn suchen«, sagte sie. »Oder ich werde es tun.«

»Liebste …«

»Nenn mich nicht so!« Die Worte hallten durchs Zimmer wie eine Schwertklinge, die gegen einen Schild prallt.

Zitternd und stumm stand er vor ihr und wartete darauf, dass sie noch etwas sagte. Sein Gesicht war das eines Verdammten, der auf sein Urteil wartete. Und sie stellte fest, dass sie ihm tatsächlich noch etwas zu sagen hatte – etwas, das sich aus ihrem Unterbewusstsein an die Oberfläche kämpfte, als sprächen sich diese Worte aus eigener Kraft.

»Ich habe etwas in deinem Gesicht gesehen«, sagte sie. »Als ich aufgewacht bin. Ich wollte es nicht glauben. Aber du hattest Angst davor, mich am Leben zu sehen, nicht wahr?«

Was immer er von ihr erwartet hatte, das war es offensichtlich nicht gewesen. Vielleicht hatte er es selbst nicht gewusst, bis sie es aussprach. Da floh er vor ihr – die Tür kratzte und verhakte sich, als er voller Entsetzen in die Nacht verschwand. Sie sank zu Boden, am Ende ihrer neuen Kräfte. Und endlich erlaubte sie sich, um all das zu weinen, was sie verloren hatte.

14

Sie waren schon tief zwischen den Bäumen, als Kai es zum
ersten Mal spürte – wie Öl auf der Haut. Denn der Hirsch
im Wald spürt es immer, sobald ihm der Wolf mit leisen
Schritten folgt, und der Hase spürt es, bevor der Falke vom
Himmel fällt. Auch Männer spüren es manchmal, wenn
man Jagd auf sie macht.

Gern wollte er glauben, dass es sich nur um eine Sinnes-
täuschung handelte, denn es waren schon viele Sarmaten
gestorben, weil ihre Gedanken nicht klar genug gewesen
waren, um den Hinterhalt zu bemerken, in den sie hinein-
ritten. Gestraffte Bogensehnen mochten sich anhören wie
junge Bäume im Wind, Lanzen im Wald aussehen wie mit
den Blättern des Waffenstillstands geschmückt, obwohl sie
nackt blieben. Fremde Reiter, die zwischen den Stämmen
hervorkamen, mochten einen einzigen, fatalen Moment
lang die Gesichter alter Freunde tragen.

So musste auch Kai sich dazu zwingen, die Männer
wahrzunehmen, die sich in den Schatten versammelt hatten, um sie zu töten.

Wo auch immer sie herkamen, sie waren in der Kunst
des Waldes bewandert – nur ein Mal sah er einen von
ihnen deutlich, und auch das nur auf einige Entfernung
und nicht mehr als ein Augenpaar, das hell und gelblich

im Zwielicht funkelte wie das eines Wolfes, ehe es wieder im Unterholz versank. Dafür sah er aus den Augenwinkeln bewegliche Schatten und Schösslinge, die sich gegen den Wind bogen. In einem weiten Kreis zogen sie in die Richtung, aus der Kai und Gaevani gekommen waren, trieben sie tiefer in den Wald.

Gaevani an seiner Seite ritt entspannt geradeaus und pfiff ein altes Reiselied der Sarmaten. Als er sich kurz im Sattel drehte, war sein Blick jedoch kalt und wachsam.

»Sollen wir versuchen zu fliehen?«, fragte er.

»Zu spät, glaube ich«, sagte Kai. Und spürte mit einem Mal harte Trauer im Herzen – nicht wegen der Situation, die ihnen bevorstand, sondern wegen der, die sich schon ereignet haben musste. Denn seine Schwester musste in die gleiche Falle geritten sein. »Und wenn sie Laimei getötet haben, will ich ihnen ohnehin nicht entkommen«, fügte er hinzu.

Gaevani schüttelte den Kopf. »Nach allem, was sie dir angetan hat, würdest du immer noch für sie kämpfen?«

»Ich wünschte, du wärst umgekehrt. Es tut mir leid.«

»Wünsche ich mir auch.« Gaevani beugte sich vor und strich seinem Pferd über den Nacken. »Aber dieser Ort ist genauso gut zum Sterben wie jeder andere.«

Noch spürte er keine Furcht, nur die seltsame Ruhe, die sich manchmal vor einem Kampf einstellt, ein Geschenk der Götter, das es einem erlaubt, in Würde zu sterben. Der Kopf füllt sich mit den speziellen Einzelheiten des kommenden Kampfes – der beste Speergriff unter diesen Voraussetzungen, das Wesen des Pferdes, das man reitet, die Erinnerung an vergangenen Schmerz und wie man neuen überwinden kann. Kai sah sich um und suchte nach einem Ausweg aus der Falle oder wenigstens nach einem Ort, an dem sie ihre Haut besonders teuer verkaufen könnten. Hinter ihnen lag nichts als dichter Wald, stolze Eichen und hohe Eschen, darunter Disteln und Brombeeren wie Fangschlingen. Die einzigen Wege hindurch waren schmale Wildwechsel und Pfade, die sich Jäger und Holzfäller gebahnt hatten, und die wurden bewacht. Es gab kein Zurück.

»Der Bach«, flüsterte Gaevani seltsam ausdruckslos. Mehr nicht, nur diese zwei Worte, die alles bedeuten konnten. Trotzdem wussten sie beide, was zu tun war. Sie würden nicht umkehren, sondern weiterreiten – tiefer hinein in den Wald, tiefer hinein in die Falle.

Der Wald bestand zu dieser späten Stunde nur noch aus Schatten, und daher folgten sie den Wildwechseln im Zwielicht, so gut es ging. Einmal strauchelte Gaevanis Pferd, nachdem es sich im Unterholz verfangen hatte, und schien ganz sicher zu stürzen. Doch da setzte hinter ihnen das große Heulen eines Jagdschreis ein, als die Verfolger beim Anblick ihrer Beute, die zu Boden ging, das Schweigen brachen. Das Pferd hörte es ebenfalls und begriff, dass ein Sturz den Tod bedeuten würde – mit unglaublicher Geschwindigkeit tänzelte es auf der Stelle, konnte sich befreien und stand wieder stolz da.

Jetzt gab es keine Täuschung mehr, keine verdeckte Verfolgung. Nur noch das müde, unendlich zähe Abmühen von Pferd und Mensch, die sich gemeinsam durchs

Dickicht schlugen. Der Kampf gegen den Wald war nicht weniger erschöpfend als der gegen Menschen, und schnell war Kai kurz davor, Gaevani zuzurufen, sie sollten wenden und ihr letztes Gefecht an Ort und Stelle schlagen, solange ihnen überhaupt noch Kraft blieb. Aber dann hörte er den Ruf des Wassers, das Murmeln und Rauschen des Flüsschens im Wald.

Und wieder erscholl hinter ihnen Geschrei. Diesmal aber lag Besorgnis darin, nicht Siegesgewissheit, denn die Feinde mussten begriffen haben, was Kai und Gaevani vorhatten. Ringsum fuhren zischend Pfeile nieder – die meisten verfehlten sie weit und schlugen in Bäume oder in die Erde, bis auf einen, den Gaevani entrüstet aus seiner Rüstung zog und die Pfeilspitze anschaute, als habe sie ihn beleidigt.

Trotzdem wäre alles umsonst gewesen, hätte sich der Bach als zu tief herausgestellt, um ihn zu durchqueren. Aber sie setzten darauf, dass er hier im Wald langsam und flach genug floss, um durchfurtet zu werden, und so war es auch. Sie tauchten ins Wasser ein, das eiskalt auf der Haut brannte, und die müden Pferde soffen begierig ein paar tiefe Züge, ehe sie das andere Ufer erreichten. Kai tat es ihnen gleich, schöpfte eine Handvoll Wasser und ließ die kühle Flüssigkeit über seine Lippen rinnen – nie im Leben hatte etwas so gut geschmeckt wie dieses Wasser. Es war das Letzte, was er kosten würde, abgesehen vom eigenen Blut.

Sie wussten, dass sie nicht weiter fliehen konnten – die Pferde waren am Ende, der Wald wurde immer dichter. Aber Kai und Gaevani stimmten das fröhliche, wahnsinnige Gelächter von Menschen an, die nichts mehr zu verlieren haben, denn jetzt konnten sie zu ihren Bedingungen kämpfen und würden nicht mehr im Dickicht umzingelt werden, wo man sie von den Pferden gezogen und ohne Chance auf Gegenwehr niedergemacht hätte. Sie würden ihre Verletzungen in der Brust tragen und den Männern, die sie töteten, in die Augen sehen – ein kleiner Sieg, der dafür umso mehr zählte. Und da begriff Kai endlich, warum es in den alten Geschichten so erzählt wurde, warum Helden für ihr letztes Gefecht immer eine Furt wählten.

»Ich bin froh, dass du bei mir bist«, sagte er. »Es wäre furchtbar, jetzt allein zu sein.«

Gaevani lächelte ihm zu. »Dann wollen wir schauen, wie tapfer diese Leute sind.«

Langsam kamen die Stammeskrieger zwischen den Bäumen hervor. Es waren etwa zwei Dutzend. Die Römer hatten behauptet, in dieser Nähe zum Wall alle Speere eingesammelt zu haben. Aber hier waren sie, mit breiten Spitzen und verziert mit Talismanen aus Federn und Pelzen. Sie mussten aus versteckten Horten in den Wäldern oder unter Herdfeuern stammen, zur rechten Zeit ausgegraben, um einmal mehr mit Blut benetzt zu werden.

Gaevani schrie ihnen Beleidigungen in jeder ihm bekannten Sprache entgegen und machte obszöne Gesten übers Wasser hinweg. Die anderen starrten stumm zurück, bis ein junger, heißblütiger Mann anfing, durch den Fluss zu waten. Gaevani hatte nur darauf gewartet – ein kurzes Zügelschnalzen, ein Aufblitzen der Lanze, und der Krieger krabbelte hastig zurück ans Ufer, während die Speerspitze knapp vor ihm ins Wasser stach.

Die Männer, die gekommen waren, um sie zu töten, zögerten. Im Dämmerlicht sah Kai die Blicke, die sie wechselten – in der seltsam intimen Art, wie Männer einander vor dem Kampf anschauen. Einer trat schlurfend einen halben Schritt zurück und offenbarte sich als Feigling, vor dem sie nichts zu befürchten hatten. Der heißblütige junge Mann, der überstürzt in den Fluss gestiegen war, warf seinen Speer ungeduldig von einer Hand in die andere. Ein älterer Krieger mit kahlem Kopf hatte einen hinkenden Gang und eine Hand, an der mehrere Finger fehlten – er war zweifellos erfahren, dafür aber langsam. Und noch etwas sah Kai. Bestimmte Ähnlichkeiten in der Gesichtsform bei mehreren Gegnern und die gleichen dichten dunklen Haare, die ihnen über die Augen hingen.

»Ein paar von ihnen sind miteinander verwandt«, sagte Kai. »Deswegen wagen sie keinen direkten Angriff. Sie wollen alle am Leben bleiben.«

Gaevani grinste, und seine Zähne leuchteten hell im Zwielicht. »Tja, wir kriegen nicht immer das, was wir haben wollen.«

»Übersetze bitte, was ich jetzt sage«, sagte Kai, zögerte aber, ehe er den Mund wieder aufmachte. Erst überlegte er, ihnen zu sagen, er sei ein römischer Soldat. Dass man sie jagen, ihre Häuser niederbrennen und ihre Frauen schänden würde, sollte Kai und Gaevani etwas zustoßen. Denn ein Angriff auf irgendeinen Teil von Rom wurde als Angriff auf den Kaiser gewertet und entsprechend geahndet.

Stattdessen sagte er: »Es ist eine Schande, wenn Männer ohne Grund sterben müssen. Ich suche einen Verbrecher aus meinem Volk und habe keinen Streit mit euch. Zieht ab, damit wir alle weiterleben können.« Dann schaute er dem Ältesten in die Augen. »Damit du deine Söhne alt werden siehst.«

Eine kurze Pause, dann wiederholte Gaevani seine Worte in der weichen, melodischen Sprache der Stämme des Nordens. Die Männer am anderen Ufer wirkten unentschlossen. Kai und Gaevani mussten ein Furcht einflößendes Bild abgeben, wie sie dort hoch auf ihren großen Pferden am Fluss standen, in schimmernde Rüstung gehüllt und mit langen Lanzen. Vielleicht sehnten sich diese Stammeskrieger nach einem warmen Feuer und einem Becher Heidebier in Gesellschaft ihrer Frauen. Außerdem schien eine altbekannte Magie am Werk zu sein – die Verbundenheit unter Männern, diese alte Schwäche, die Hauptmänner stets überwinden mussten, wenn sie ihren Kriegern beibringen wollten, hasserfüllt zu töten. Kai spürte es deutlich in der Art, wie sie einander ansahen, kaum einen Speerwurf entfernt. Sie hätten Reisende aus einem fernen Land sein können, alte Verwandte, die nach langer Zeit zurückkehrten. Sie hätten sich um ein Lagerfeuer versammeln, hätten Wein und Geschichten herumreichen können, um sich im Morgengrauen wie Brüder zu verabschieden. Denn sie gehörten keinen lang verfeindeten Stämmen an, die viele Jahrhunderte geduldig damit verbracht hatten, ihre Fehden zu verinnerlichen – die Sarmaten waren Fremde in dieser Gegend. Auch Kai stellte fest, dass er kein Verlangen danach hatte, diese Männer zu töten, Söhne ohne Väter zurückzulassen und Väter, die ihre Söhne begraben mussten. Und vielleicht dachten die Männer jenseits des Wassers ganz ähnlich, denn ihre Speerspitzen senkten sich. Einer von ihnen machte einen halben Schritt nach hinten. Wie einfach es gewesen wäre, in der Dunkelheit zu verschwinden, für diese eine Nacht die Kriegerehre und die Regeln der Jagd zu vergessen. Damit sie alle weiterlebten.

Aber da tauchte eine neue Gestalt zwischen den Bäumen auf – groß, fast einen halben Fuß größer als die übrigen Krieger, sehnig und schlank. Helles Haar hob ihn noch deutlicher hervor, dazu Gesichtszüge, die fremd wirkten in diesem Land. Als Kai ihn ansah, spürte er den düsteren Hauch des Schicksals. Er hatte diesen Mann schon einmal gesehen, fern im Mondlicht. Bei dem Plünderzug südlich des Walls hatte er auf einem römischen Pferd gesessen und war zurück nach Norden geflohen, ehe sie ihn aufhalten konnten. Jetzt war er wieder da, wie von einem Zauber heraufbeschworen – er war gekommen, um ihnen den Tod zu bringen. Denn dieser Hauptmann bellte einen scharfen Befehl, und sofort standen die Speerspitzen wieder erhoben.

»Es war einen Versuch wert, mit ihnen zu reden«, sagte Gaevani leise, ließ die Schultern kreisen und beugte sich vor, um sein nervöses Pferd zu beruhigen. »Keine Heldentat, aber trotzdem ein mutiger Versuch. Ich kenne niemanden sonst, der so passende Worte gefunden hätte.«

Kai senkte die Lanze, bis sie auf den Hauptmann am anderen Ufer zeigte. »Wie es scheint, haben wir hier doch noch zu tun.«

»So ist es«, sagte Gaevani. »Ich wette einen Monatssold in Silber, dass ich ihn töten werde und nicht du.«

»Warum nicht direkt einen Jahressold? Wir kommen sowieso nicht mehr dazu, ihn auszugeben.«

»Gut verhandelt, abgemacht.«

Kai holte tief Luft und saugte den Duft des Regens ein, der aus dem Farnkraut aufstieg, den Geruch feuchter Erde, den scharfen süßlichen Hauch von Pferdeschweiß. »Wenn unser Leben auch kurz ist …«, setzte er an.

»… soll unser Ruhm doch groß sein«, führte Gaevani das alte Sprichwort zu Ende. Leere Worte, denn hier gab es keinen Ruhm zu ernten. Niemand würde ihre Taten in Liedern festhalten. Man würde sie töten und vergessen, vielleicht als Trophäen an einer Eiche aufhängen, bis das Fleisch von ihren Knochen fiel. Kein Ruhm also, bis auf den, den sie füreinander erreichten, denn immerhin das konnten sie tun – einander bezeugen, dass sie beide einen würdigen Tod fanden. Das musste an diesem Ort und zu dieser Zeit genug sein, um dafür zu kämpfen.

Er hörte das Flüstern einer Bogensehne und sah den Pfeil durch die Luft schnellen, aber der einsetzende Kampfrausch ließ ihn fast behäbig wirken – Kai senkte den Kopf, hörte und spürte die Spitze an seinem Helm abprallen, während er schon das Pferd zum Wasser lenkte und mit seinem mächtigen Speer beidhändig zustach; ohne zu zielen, aber mit dem instinktiven Wissen des Jägers, wie sich die Beute bewegen würde. Ein Ruck und ein Riss und ein Schrei. Drüben krabbelte ein Krieger zurück ans Ufer. Unter ihm verdunkelte sich der Fluss.

Dann war nicht mehr ein Mann im Fluss, sondern viele. Das Wasser brodelte und schien seinerseits zu leben. Speere zuckten überall, während Kai sein Pferd hierhin und dorthin lenkte, es drehte und wendete und in der wachsenden Dunkelheit nach Männern stach, die rasch in den Fluss sprangen und ebenso schnell zurückgetrieben wurden. Er hörte einen wilden Siegesschrei von Gaevani und sah eine reglose Gestalt, die vom Fluss fortgetragen wurde. Den ersten tödlichen Treffer hatten die Sarmaten gelandet.

Aber ein anderer Schrei antwortete ihm und offenbarte den Vorteil, den dieser Mann mit seinem Leben erkauft hatte, denn zwei der Krieger hatten flussaufwärts von Gaevani das Ufer erreicht. Ein leises Platschen in seinem Rücken, und Kai sah, dass sich auch auf seiner Seite drei Männer aus dem Wasser schleppten wie Ertrunkene, die wieder zum Leben erwachten.

Da wusste Kai, dass die Zeit gekommen war und was er zu tun hatte. Ein letztes glorreiches Mal trieb er sein Pferd zur Eile an, fühlte den Donnerschlag der schweren Hufe im Boden und genoss den Moment der Schwerelosigkeit, als er im Sattel emporgehoben wurde. Gaevani stand an seiner Seite, die Pferde Nüstern an Schweif, und die Stammeskrieger versammelten sich um sie. Mondlicht blinkte in ihren Speerspitzen.

Sie setzten auf Kai an. Er drehte sich gekonnt im Sattel, ihre Stöße gingen vorbei oder prallten von seiner Rüstung ab. Ohnehin fürchtete er sich weniger vor den Klingen als vor den Händen, die sich emporreckten, um ihn vom Pferd zu zerren, also packte er seine Lanze in der Mitte wie einen

Kampfstab und drosch nach beiden Seiten auf alle ein, die ihm zu nah kamen. Außerdem baute er darauf, dass auch sein Pferd töten würde – die Hufe flogen auf, dann ein blubbernder Schrei, als die Stute zu einem Biss ausholte und einem Mann das halbe Gesicht vom Schädel riss.

Kurz wichen die Krieger zurück, vielleicht entsetzter von den Pferden als von ihren Reitern, denn im Dunkeln mussten ihnen die mächtigen Tiere wie Bestien vorkommen. Gaevani war ebenfalls noch im Sattel, saß aber zusammengesunken da und schien den Leib um eine Verletzung zu krümmen. Sein Speerschaft war feucht und schwarz von Blut. Das Mondlicht fiel auf den großen Häuptling der Angreifer wie ein Zeichen des Schicksals, ein Ruf der Götter, eine Herausforderung.

Kai wusste, dass er nicht überleben würde. Vielleicht aber konnte er diesen Mann töten, ehe er selbst starb. Denn so war es immer in den Geschichten von Göttern und Menschen, dass sie einem die größte Prüfung erst ganz zum Schluss auferlegten. Also war dort weniger ein Mann vor ihm als ein Knoten des Schicksals, den Kai durchtrennen musste, um seinem Volk ein blutiges Schicksal zu ersparen. Er reckte sich im Sattel und hob die Lanze zum letzten Angriff.

Da fing das Pferd unter ihm zu schreien an.

Jemand hatte sich angeschlichen und der Stute ein Messer in den Bauch gerammt. Kai hörte ihr Fleisch zerreißen. Die Welt stürzte und taumelte, als das Pferd in die Knie ging und seine dampfenden Innereien verlor. Die Lanze wurde aus seinen Händen gerissen, und ihm fehlte die Zeit, das eigene Messer zu zücken und auf die Hände einzuhacken, die an ihm zerrten und zogen, bis der Erdboden gegen sein Gesicht schlug.

Keuchend versuchte er sich aufzusetzen, aber die schwere Reiterrüstung zog ihn nach unten. Dann drang noch mehr Gewicht auf ihn ein – mehrere Männer warfen sich auf ihn und drückten ihn so reglos zu Boden, wie man es sonst nur im Albtraum kennt. Plötzlich musste er schreien und wurde von schmählicher Furcht übermannt, während er darauf wartete, dass die tastenden Messer einen Weg durch die Glieder an seinem Kürass fanden und sich seine Gegner wie Schlachter an die Arbeit machten, einen Mann in schwerer Rüstung zu töten.

Aber hoch über alldem erscholl eine Stimme – ihr Anführer sprach. Einen wilden Augenblick lang wollte Kai instinktiv antworten, denn es waren Worte, die er mittlerweile gut kannte. Kommandos der römischen Armee, gesprochen auf Latein.

Frische Furcht wallte in ihm auf – die Angst davor, seinen Gegner nicht zu kennen. In einer Falle zu sitzen, die er nicht begriff, und zu sterben, ohne den Grund dafür zu erfahren. Er versuchte zu sprechen und zu rufen, aber da wurde ihm etwas um das Gesicht gebunden, grub sich wie ein Wurm in seinen Mund und tief in die Kehle, und einmal mehr versank er in Dunkelheit.

15

Lucius wartete vor dem Haupttor des Lagers.

Einer nach dem anderen kamen Läufer und Boten zu ihm und versuchten, ihn fortzulocken, damit er sich den hundert endlosen Aufgaben eines Befehlshabers widmete – es mussten Bestrafungen verteilt, Streitigkeiten geschlichtet, Befehle überdacht werden. Aber nichts davon kam ihm wichtiger vor, als hier an Ort und Stelle zu stehen, Ausschau zu halten und zu hoffen, seinen Freund wiederzusehen.

Es fühlte sich an wie Wahnsinn, auf einen Mann zu warten, von dem er wusste, dass er nicht zurückkommen würde. Sämtliche Patrouillen und Kundschafter waren auf seiner Wachstafel abgehakt und hatten ihre Berichte geliefert. Nur zwei fehlten noch, und das Stunden, nachdem sie hätten zurückkehren sollen – Gaevani und Kai.

Oben auf den Mauern fand ein Wachwechsel statt, die neue Schicht entzündete die großen Feuerschalen. Auch hinter ihm am Tor tauschten die neuen Wachen die Losungsworte des Tages mit den alten aus. Dann wieder Stille und Warten.

Seine seltene Gabe, so hatte Kai es einmal genannt. Lucius erinnerte sich an eine Nacht am Lagerfeuer während der langen Reise, die sie schließlich zum Wall gebracht hatte. Eine Nacht, in der sie aus Gründen, an die er sich nicht mehr erinnern konnte, zu viel *posca* getrunken hatten. Vielleicht war es ein Festtag gewesen oder schlicht ein unverantwortlicher Drang, der sie überkommen hatte, die lange Reise vor ihnen zu vergessen und ebenso all das, was bereits hinter ihnen lag. Volltrunken hatten sie einander als Helden angesprochen und sich entsprechend ausgemalt, welche Segnungen ihnen die Götter verliehen hatten. Lucius hatte Kai als einen Prinzen der Güte betitelt, als einen Mann, der auch allein unverzagt standhielt. Kai hatte eine säuerliche Grimasse geschnitten.

»Das sind keine großen Tugenden in meinem Volk«, hatte er gesagt. »Aber wahrscheinlich sind wir einfach nicht dankbar genug für das, was uns beschert wurde.«

»Und was ist mit mir?«, hatte Lucius gefragt, erfüllt vom plötzlichen, schamvollen Bedürfnis, ebenfalls gelobt zu werden.

Kai hatte ihn angegrinst. »Du kannst warten. Besser als jeder andere, den ich kenne.«

»Das ist alles?« Lucius schüttelte den Kopf. »Für diese Tugend könntest du auch einen Stein loben.«

»Wenn man nur lang genug wartet, dreht sich die Welt irgendwann zum eigenen Vorteil. Wenn man lang genug zusieht, entdeckt man die eine Sache, die sonst niemandem auffällt.« Plötzlich hatte Kai sich sehnsüchtig im Zeltlager umgeschaut. »Alles geht vorbei, wenn man nur genug Geduld hat. Es ist eine Kunst, die mein Volk nie gelernt hat. Hätten wir es doch, wären wir nicht eure Sklaven geworden.«

Nun war die Sonne fast verschwunden und der Himmel

über dem Wall blutrot. Der Torwächter sah Lucius an – ein nervöser Blick, denn das Tor stand offen, obwohl es mittlerweile geschlossen sein sollte, und offenbar hatten einige Sarmaten schon angefangen, wie Römer zu denken, erfüllt von der Furcht, dass Gefahr drohte, sobald die Dinge nicht ordnungsgemäß und zur vorgesehenen Zeit erfolgten.

Noch einmal hundert Atemzüge – so lautete der Kompromiss, den Lucius mit sich selbst schloss, das Stoßgebet, das er gen Himmel schickte. Sollten die Götter wissen, dass ihnen nur noch diese Zeitspanne blieb, um ein Wunder zu wirken. Denn sobald er das Tor schließen ließ, war es vorbei. Er konnte weder beim Appell schwindeln noch eine Wachstafel absichtlich verschwinden lassen oder falsch markieren. Zwei Männer würden als tot vermerkt werden – oder als fahnenflüchtig, was lediglich eine andere, langsamere Variante von tot bedeutete. Und trotz aller Macht, die man den Göttern zuschrieb, konnten selbst sie den Fluss der Zeit nicht umkehren.

Hundert Atemzüge kamen und gingen. Ein letztes Mal betrachtete er die Landschaft vor dem Tor im blutigen Licht der tiefstehenden Sonne und hoffte wider alle Hoffnung, doch noch einen Reiter zu entdecken; wenigstens Kai allein zurückkehren zu sehen, wenn es denn so sein musste.

Nichts als Heidekraut, das im Wind tanzte, als würden unsichtbare Reiter vorbeiziehen. Vielleicht waren es die Geister von Kai und Gaevani, die nach Hause zurückkehrten, um im Tod die Anweisungen zu befolgen, die man ihnen im Leben gegeben hatte.

Schließlich konnte er nicht länger warten. Wie groß seine Gabe fürs Warten auch sein mochte, hier und jetzt hatte sie versagt. Er gab das Signal, und die Torflügel fielen zu.

Sofort drehte er sich auf dem Absatz um – schon wuchs die Versuchung, den eigenen Befehl zu widerrufen, das Tor wieder aufzustoßen, sein Pferd zu besteigen und die Dunkelheit nach seinem Freund zu durchkämmen. Stattdessen wankte er durch die Straßen der Festung und wischte die Männer beiseite, die vor ihm strammstanden und salutierten. Er hielt auf seine Unterkunft zu und wollte nur noch allein sein.

Aber selbst die Erfüllung dieses einfachen Wunsches schien ihm nicht vergönnt zu sein. Vor dem Eingang seiner Gemächer stand Bahadur stramm, flankiert von zwei Wachleuten.

Die Haut des Sarmaten war aschfahl, der süßliche Gestank von Wein hüllte ihn wie eine Wolke ein – er sah aus und roch wie ein präparierter Leichnam nach Art der Ägypter, ausgeweidet und mit Kräutern ausgestopft, um die Fäulnis fernzuhalten. Nur seine Augen waren lebhaft, fast fiebrig. Sie brannten mit dem inneren Feuer, das Verrätern und Propheten gemein ist; stumm und rastlos bewegten sich seine Lippen, beseelt von dem Drang, zu sprechen oder zu beichten.

Eine kleine Geste, ein knapper Befehl, schon waren die Wachen verschwunden. Er winkte Bahadur mit dem Finger, und der Mann folgte ihm in den Privatbereich seines Präfektenquartiers.

Beim Eintreten salutierte Bahadur formvollendet und stand trotz des Weins, den er getrunken hatte, so stramm wie ein Legionär nach zehn Jahren Dienst. Nur bei genauem Hinsehen war seine Rastlosigkeit weiterhin zu erkennen. Eine kaum merkliche Gewichtsverlagerung von einem Fuß auf den anderen, ein schneller Blick zur Tür. Er war zweifellos begierig, an die Seite seiner Frau zurückzukehren.

Gut so, dachte Lucius. *Soll er noch ein Weilchen warten.*

Er nahm sich Zeit, den Sarmaten zu betrachten. Silberstreifen im schwarzen Haar, verschlungene Tätowierungen im ernsten Gesicht. Er war dünn – zu dünn, kombiniert mit dem ausgehöhlten Aussehen eines Mannes, der sich nie ganz von einer schweren Krankheit erholt hat. Während des Krieges im Osten hatten sie einander zumindest oberflächlich gekannt. Kai hatte von ihm als einem fröhlichen, unbeschwerten Mann gesprochen, der immer einen Scherz oder ein Lied auf den Lippen hatte, aber diesen Bahadur hatte Lucius nie gesehen. Er kannte nur den Mann, den die römische Gefangenschaft gebrochen hatte; einen halb verhungerten Boten, der von Niederlage und Eroberung berichtete. Als römischer Soldat machte er durchaus einen disziplinierten Eindruck, und doch wirkte diese Disziplin in gewisser Weise leer. Lucius hatte ihn schon öfter gesehen bei Legionären und Hilfstruppen, diesen Blick von Männern, die sich an ihre Befehle hielten, weil ihnen kein anderer Antrieb im Leben geblieben war.

Irgendwann sagte Lucius: »Du genießt einen guten Ruf.«

Der ältere Mann blinzelte. »Herr?«

»Ein Mann, zu dem andere aufschauen. Ein Anführer, zumindest früher einmal. Du könntest es wieder werden.«

Ein verhaltenes Lächeln. »Ich hatte nicht erwartet, heute befördert zu werden, Herr.«

»Versteh mich nicht falsch. Ich habe nicht vor, dich zu befördern. Ich spreche nur aus, was andere sagen, nicht, was ich selbst denke. Denn ich weiß nicht, ob ich dir trauen kann.« Lucius drückte an einer Wachstafel auf seinem Schreibtisch herum. An der Stelle, wo er seine verschollenen Soldaten verzeichnen musste. »Sag mir: Wo ist Kai?«

Das Lächeln verschwand. »Er ist nicht zurück?«

»Seltsam, dass du dir um einen Mann Sorgen machst, den du hasst.«

Bahadur hob stolz den Kopf. »Nach dem, was zwischen ihm und meiner Frau vorgefallen ist, findest du es seltsam, dass ich ein Auge auf ihn habe? Du würdest doch auch deinen Hund anweisen, deine Herde zu bewachen, glaube ich.«

»Mag sein. Willst du ihn tot sehen?«

Bahadurs Kiefer mahlten, aber kein Wort kam heraus. Als er doch endlich sprach, klang es, als würde er seine Antwort selbst erst in diesem Moment erfahren. »Nein«, sagte er und schüttelte dann den Kopf, als reiche dieses Wort allein nicht aus. »Er hat mir einmal das bedeutet, was er dir heute bedeutet. Du solltest das verstehen.«

Eine Zeit lang schwiegen sie beide. Lucius ließ den Blick über den bröckelnden Putz der rissigen Fresken an seinen Wänden wandern. Wie viele andere Befehlshaber hatten vor ihm schon an diesem Tisch gesessen, wie viele würden noch folgen? Entehrt an die karge Grenze des Reiches verbannt, um ihren zerlumpten Haufen Soldaten gegen Wahnsinn und Niederlage zusammenzuhalten? Ein verräterisches Flüstern erklang in seinem Kopf, dass es vielleicht besser wäre, wenn Kai nicht zurückkäme. Dann könnte er endlich sein Herz verschließen und die Sarmaten so behandeln, wie man es ihm in der römischen Armee beigebracht hatte. Mit gnadenloser Disziplin, ab und an ergänzt durch Bestechung in Form von Plünderzügen gegen die einheimische Bevölkerung, um sich ein wenig Gold, Wein und Frauen zu rauben.

Aber sofort folgte Furcht auf diese Überlegung, Angst vor den langen, einsamen Jahren, die dann vor ihm liegen würden – allein an der Reichsgrenze, ohne einen Freund an seiner Seite. In all den Jahren voller Krieg, die Lucius erlebt hatte, hatte ihn kein Gedanke je so geschreckt wie dieser.

»Erzähl mir, was du weißt«, sagte Lucius. »Ich werde dich nicht dafür bestrafen, dass du mir die Wahrheit sagst. Aber solltest du mich anlügen, werde ich …«

»Ich fürchte mich nicht vor der Peitsche.« Bahadur verzog die Oberlippe. »Dein Kaiser hat mir Schlimmeres angetan, als du es je könntest, und dafür keine Peitsche gebraucht.« Er schaute zu Boden. »Ich weiß nicht, wo er ist. Das ist die Wahrheit. Ich weiß nur, dass er eine Fährte gefunden hatte, der er folgen wollte. Laimeis Fährte.«

»Mehr nicht?«

»Mehr nicht.« Der Anflug eines Lächelns. »Vielleicht hat er gewusst, dass du nachfragen würdest, sollte es so weit kommen.«

»Vielleicht«, erwiderte Lucius.

»Was wirst du jetzt tun?«

»Warten. Was kann man sonst tun, wenn Menschen solche Geheimnisse voreinander haben? Warten, bis wir Kai von einem Baum hängen sehen oder ihn aus frischer Erde ausgraben müssen. Oder ihn zum Tode verurteilen, sollte er doch noch wiederkehren.«

»Lass mich ihn suchen. Bitte.«

»Das kann ich nicht erlauben. Ich kann nicht noch mehr Leute für so eine irre Verfolgung riskieren.«

Bahadurs Gesicht durchlief eine Verwandlung – einen kurzen Moment lang schien ein anderer Mann an seiner Stelle zu stehen. »Wenn er nicht zurückkommt, werde ich seine Bestrafung auf mich nehmen. Was auch gefordert wird, ich werde es tun.«

»Selbst wenn du an seiner Stelle ein Todesurteil annehmen müsstest?«

»Selbst dann.«

Lucius zögerte. »Du trägst eine seltsame Art von Hass in deinem Herzen.«

»Verkenn es nicht für etwas, das es nicht ist.« Das Leuchten wich aus Bahadurs Augen, vor Lucius stand wieder diese Hülle von Mann. »Ich muss beweisen, dass ich besser bin als er, tapferer. Das ist alles. Und das bin ich.«

Es war lange her, dass Lucius sich erlaubt hatte, wütend zu werden. Zu hassen. Aber jetzt spürte er Hass – Hass auf diesen störrischen Mann, der vor ihm stand, auf all die elenden Sarmaten, die an ihrem eigenen Ehrgefühl zu Grunde gingen, auf diesen erbärmlichen Landstrich, dessen Herr er ungewollt geworden war. Und auch auf sich selbst.

»Du willst deine Wunden ewig hegen, scheint mir«, sagte er. »Du bist der einzige Mann im ganzen Lager, der seine Frau mit sich bringen durfte und willst trotzdem glauben, dass dir die Welt übel mitgespielt hat. Es ist zu spät, um seinen Platz einzunehmen. Kai ist verschwunden, um sein Leben für dich zu opfern, und du bist ein wertloser, gebrochener Mann. Ich bin mir sicher, das weiß auch Arite.«

Dann wartete Lucius ab, mit einem tyrannischen Lächeln auf den Lippen. Er wartete darauf, dass Bahadur die Worte aussprach, die ihn verdammen würden. Denn es bedeutete den Tod, seinem Befehlshaber zu widersprechen – ein einziges hitziges Wort würde ausreichen, um diesen Sarmaten ans Kreuz zu schlagen, ihm bei lebendigem Leib die Eingeweide herauszureißen, ihm alle Knochen zu brechen oder ihn zu steinigen und dann zum Sterben in den Fluss zu werfen. Was für eine Wohltat das wäre, jemanden vor sich zu haben, den er hassen und töten konnte.

Aber er sah keine Wut. Er bekam keinerlei Reaktion, bis auf eine Art Dahinschwinden, als dieser Mann, der geglaubt hatte, nichts mehr verlieren zu können, doch noch etwas verlor.

»Vielleicht hast du recht«, sagte Bahadur. »Aber vielleicht bin ich auch besser, als du glaubst.«

»Ach ja?«, sagte Lucius. »Inwiefern?«

»Weil ich dir Folgendes sagen will, trotz allem, was du mir gerade gesagt hast. Ich will dir sagen, was meine Frau mir gesagt hat.« Bahadur richtete sich zur vollen Größe auf.

»Es war nicht Laimei, die versucht hat, sie zu töten. Es sind Männer gekommen, die sie noch nie gesehen hat. Um den Jungen zu holen, den Knaben vom Stamm der Briganten, von dem Raubzug südlich des Walls.«

Lucius antwortete zunächst nicht. Dann: »Warum?«

»Gute Frage. Eine, die ein besserer Mann als ich zweifellos beantworten kann.« Und damit salutierte Bahadur formvollendet und marschierte aus dem Raum.

Lucius blieb allein zurück. Es war einer der seltenen Momente, in denen er keine Befehle geben musste und weder Soldaten noch Sklaven vor sich hatte. Es würde vielleicht dreißig Herzschläge oder fünfzig Atemzüge dauern, bis jemand kam, um ihm diese Einsamkeit zu stehlen. Und Lucius nutzte die Gelegenheit auf die einzige Weise, die ihm blieb – er legte den Kopf in die Hände und weinte um seinen verlorenen Freund.

16

Als sie Kai vom Fluss fortschleppten, rechnete er nicht damit, noch lange zu leben.

Er wusste, dass er als Geisel wertlos für diese Männer war – weder verfügte er über Wissen, mit dem er sich sein Leben erkaufen konnte, noch war er für die Römer Lösegeld wert. Die Stammeskrieger würden ihren Fehler bald genug erkennen und ihm zu ihrem eigenen Vergnügen einen langsamen Tod bescheren. Selbst als er überraschend vorsichtig auf der Erde abgelegt wurde, hielt er es für vollkommen unmöglich, Schlaf zu finden. Er war überzeugt davon, er würde die ganze Nacht wachliegen und darauf warten, dass man seine Nase oder seine Ohren mit dem Messer verstümmelte, ihm Pfeilspitzen unter die Fingernägel schob oder mit einem Stein die Rippen zertrümmerte. Trotz allem fiel er fast sofort in tiefen, traumlosen Schlaf. Das Geschenk des Schlafes war ein Zeichen der Götter – aber ein Zeichen, dessen wahre Bedeutung er erst erkennen würde, wenn es zu spät war.

Er erwachte im fahlen Licht der Morgensonne, die wabernd zwischen den Baumstämmen schien. Um ihn herum waren all die Geräusche und Gerüche eines ebenfalls erwachenden Feldlagers – Holzfeuer und Tau auf dichten Blättern in der großen Ruhe des frühen Morgens. Er stellte fest, wie erleichtert er war, endlich wieder unter freiem Himmel geschlafen zu haben, statt eingesperrt in einem römischen Grab aus Stein und Mörtel. Fast konnte er sich einreden, wieder in der Steppe zu sein, wieder Kind zu sein, langsam zu erwachen, die Kochfeuer auf einer langen Reise zu riechen, bald den sanften Druck der Hand seines Vaters auf der Schulter zu spüren, der ihn aus den Decken rief, um nach der Herde zu schauen.

Und tatsächlich legten sich Hände auf ihn – die ihn einmal mehr seltsam sanft auf die Beine stellten. Eine Handfläche in seinem Rücken, die ihm den Weg wies und ihn auffing, wann immer er über tote Zweige oder Erdklumpen stolperte. Bald roch er den Rauch eines einzelnen Feuers, das stetig näher kam.

Sie brachten ihn nah genug heran, um die Hitze auf der Haut zu fühlen, und plötzlich wurden die Hände schwerer und gröber, stießen ihn wieder zu Boden. Eine Welle aus Übelkeit überkam ihn, als er daran dachte, was dieses Feuer für ihn bedeuten konnte. Denn jedes Volk kannte seine eigenen Foltermethoden – die Römer schlugen ihre Gefangenen ans Kreuz oder brachen sie auf einem Rad, während die Sarmaten die Arbeit mit dem Messer bevorzugten, das langsame Häuten oder die Entnahme der Eingeweide, die sich neben ihrem schreienden Besitzer, der an einen Pfahl gefesselt stand, über den Boden schlängelten. Vielleicht bevorzugte dieser Stamm Feuer. Kai schmeckte den metallischen Hauch der Furcht auf der Zunge und spürte die schändlichen Laute, die aus seiner Kehle zu entweichen drohten.

Der Sack wurde von seinem Kopf gezogen – was immer

ihm bevorstehen mochte, wenigstens würde er seinem Schicksal nicht blind gegenübertreten. Er fand sich neben einem Kochfeuer sitzen, umgeben von den ernsten Mienen der Männer, gegen die er am Tag zuvor gekämpft hatte. Und dicht vor ihm saß der eine, der so anders aussah als seine Gefährten.

Der Hauptmann. Großgewachsen und schlank, mit den verknoteten Narben eines erfahrenen Schwertkämpfers an Händen und Armen und einem fremdartig kantigen, harten Gesicht. Sein goldenes Haar war von silbrigen Strähnen durchzogen, wie man es auch bei Sarmaten manchmal sah. Es erinnerte Kai an Arite, und er war dankbar für diese Erinnerung, dankbar dafür, mit ihr in seinen Gedanken sterben zu dürfen. Es war einfacher, tapfer zu sein, solange er an sie dachte.

Eine Zeit lang starrten sie sich gegenseitig an und schienen beide darauf zu warten, dass der andere zuerst sprach.

»Ich habe dich schon einmal gesehen, glaube ich«, sagte Kai schließlich auf Latein. »In tiefer Nacht auf einem Pferd. Da bist du vor mir in Richtung Wall geflohen.«

»Das warst du?« Ein rumpelndes Kichern tief in der Kehle. Der goldbehaarte Mann antwortete ebenfalls auf Latein. »Offenbar haben die Götter Sinn für Humor. Wie heißt du?«

»Kai von den Flussdrachen. Du?«

»Früher hat man mich Ballomar genannt. Bei diesen Leuten hier heiße ich Corvus. Ich gehöre allen Stämmen an und keinem.«

»Corvus?«

»Ja.« Der andere fuhr sich mit der Hand durchs helle, schüttere Haar. »Ein Art Scherz. Andererseits sagen die Menschen dieser Gegend schon lange, dass mir der Tod auf Schritt und Tritt folgt.«

Kai schluckte schwer und stellte die Frage, deren Antwort er tief im Herzen bereits kannte. »Wo ist mein Gefährte? Wo ist Gaevani?«

»Wir konnten ihn nicht lebend gefangen nehmen. Er hat bis zum Ende tapfer gekämpft. Ein guter Freund?«

Kai brauchte Zeit, ehe er antworten konnte. Noch spürte er keine Trauer, nur einen Anflug von Schuldgefühlen, die sich um sein Herz legten. Ganz deutlich hatte er die Erinnerung vor Augen, wie widerstrebend Gaevani ihm in dieses Waldstück gefolgt war – ein Gefangener des eigenen Ehrgefühls, der für seinen Gefährten gestorben war. »Ja«, sagte Kai schließlich. »Er war mein Freund.«

Corvus schüttelte den Kopf. »Du hättest in deiner Festung bleiben sollen, Kai von den Flussdrachen. Was führt dich in die Wälder nördlich des Walls, die kein Soldat Roms betreten sollte?«

»Eine Frau von meinem Stamm ist hier durchgekommen. Ich war auf der Suche nach ihr. Habt ihr sie gefangen genommen?«

»Haben wir«, sagte Corvus ein wenig zu schnell.

»Wirklich?« Kai lächelte. »Dann sag mir ihren Namen.«

Corvus zögerte und antwortete nicht.

»Hätte mich auch gewundert«, sagte Kai. »Sie ist euch ebenfalls entflohen, wie es aussieht.«

»Ein gute Taktikerin«, sagte der Hauptmann. Er beugte

sich vor und rührte den Eintopf um, der über dem Feuer hing. »Sag mir, woher stammen deine Leute?«

»Aus Sarmatien.« Kai rechnete damit, dass Corvus dieses Wort nichts sagen würde, aber der Mann nickte sofort.

»Die weite Steppe östlich des großen Flusses«, sagte er. »Gutes Weideland für Pferde, wie man hört.«

»Du kennst es?«

»Ja. Wir sind gewissermaßen Brüder. Brüder des Flusses. Wir nennen ihn die Donau. Bei euch heißt er Danu, glaube ich. Und bei den Römern Danubius.«

Kai schwieg eine Weile. Dann: »Du gehörst zu den Quaden?«

»Nein. Markomannen.« Der Hauptmann legte frisches Holz aufs Feuer. »Wir sind beide fern der Heimat. Unsere Völker haben einmal gemeinsam gekämpft, vor gar nicht allzu langer Zeit. Der Kampf der freien Völker gegen Rom.«

Wieder schwieg Kai, denn sein Gegenüber schien von einem anderen Leben zu sprechen, von jener Zeit, in der es eine seltsame Allianz von Stämmen gegeben hatte, die einander nie begegnet waren. Man hatte keine Unterhändler geschickt, keine Könige hatten Pakte mit Blut besiegelt. Es hatte lediglich Gerüchte gegeben, nordwärts und südwärts den großen Fluss entlang. Händler und Reisende hatten vom Krieg gegen Rom erzählt. Das allein hätte nicht ausreichen sollen, und doch hatte die fordernde Hand der Götter sie alle zum Fluss geleitet und die vielen Stämme gemeinsam übers Wasser geführt. Für einen kurzen, glorreichen Augenblick hatten sie die Grenze aufgebrochen und die reichen Länder des Imperiums vor sich ausgebreitet gesehen. Felder voll goldener Ähren, süße Trauben an großen Reben. Keine Hungersnöte mehr, der todbringende Winter ein einziges, wunderbares Jahr lang fast vergessen. Dann hatte Rom Rache genommen und sie alle in Ketten gelegt.

»Du hast von meinem Stamm gehört?«, fragte Corvus.

»Das habe ich«, sagte Kai. »Ich weiß, dass ihr euch den Römern vor uns ergeben habt.«

»Du bist stolz. Das ist gut. Trotzdem trägst du jetzt den römischen Adler.«

»Ich tue, was ich tun muss.«

»Ah, dann bist du nicht nur stolz, sondern auch klug. Das ist sogar noch besser.« Corvus verstummte – und wirkte plötzlich seltsam schüchtern, dachte Kai. Wie einer, der über etwas Schmachvolles nachdachte.

»Sprich, oder handle«, sagte Kai. »Du bist ein Krieger. Wie würdest du dich fühlen, gefesselt vor deinem Gegner zu sitzen, um dann festzustellen, dass er zu feige ist, um zu tun, was getan werden muss?«

Corvus hob den Kopf. »Ich will dich nicht töten.«

»Dann sag mir, was du willst.«

»Ich will meine Herden auf den guten Weiden südlich des Walls grasen lassen. Ich will in Freiheit leben, ohne das römische Joch im Nacken.« Sein Blick wurde undurchdringlich. »Und ich glaube, du wünschst dir nichts anderes. Du bist ein Mann, oder nicht? Ein Krieger. Kein Sklave. Du musst dich genauso nach Freiheit sehnen.«

Kai zögerte. »Was wir uns wünschen und was wir haben können, ist nicht immer das Gleiche.«

»Könnte es aber sein.« Der Hauptmann lächelte ihn an.

»Das ist kein Tagtraum, kein Hirngespinst. Du kannst die Hand ausstrecken und es berühren, es in den Fingern halten. Wenn du nur den Mut dazu hast, und ich glaube, den hast du.«

»Und was soll ich tun, um deinen Traum zu erreichen?«

»Eine einfache Sache nur«, sagte Corvus. »Ich will, dass du mir deinen Anführer bringst. Lucius heißt er, richtig? Mehr musst du nicht tun. Verrat mir die Worte, die ihn auf unsere Seite des Walls locken.«

Ehe er sich zurückhalten konnte, spürte Kai ein breites Lächeln im Gesicht.

»Das belustigt dich?«, fragte Corvus.

»Allerdings. Du hast mir ein Geschenk gemacht, mit dem ich nicht gerechnet habe, und ich danke dir dafür. Dass ich tapfer für meinen Freund sterben darf.«

Corvus lehnte sich schwerfällig zurück. »So steht es zwischen dir und diesem Römer?«

»Ja. Und selbst wenn ich ihn hassen sollte, würde sich daran nichts ändern.« Kai hob den Kopf und bot stolz seine Kehle dar. »Töte mich und bring es hinter dich. Er ist unser Großer Häuptling, und ich habe ihm den Klingeneid geleistet. Mehr gibt es dazu nicht zu sagen.«

»Und was hat er dir geschworen?«, fragte Corvus gefährlich ruhig. »Zweifellos, dass du eines Tages nach Hause zurückkehren darfst?«

Kai stockte. Der Mut, der ihm gerade noch warm und kraftvoll durch die Adern geströmt war, schien zu erkalten. »Was kannst du schon davon wissen?«

»Du bist ein kluger Mann«, sagte Corvus. »Aber nicht

klug genug, um dich zu fragen, warum ich besser Latein spreche als du. Oder was ein Markomanne so weit weg von zu Hause treibt. Du musst verstehen, mir wurde genau das Gleiche versprochen.« Corvus schob den Ärmel seiner Tunika hoch und entblößte das Zeichen des Adlers auf seiner Schulter.

Gemeinsam starrten sie es schweigend an. Dort stand in Narben und Tinte eine ganze Geschichte geschrieben, und Corvus kratzte gedankenverloren mit dem Fingernagel über die gezeichnete Haut, als wäre es eine alte Wunde. Dumpf und leer lag sein Blick darauf, wie Kai es bei Krüppeln gesehen hatte, die die Stelle ihrer Verstümmelung betrachteten.

»Sie haben mein Volk hergebracht, genau wie eures«, sagte Corvus irgendwann. »Haben uns das gleiche Versprechen gegeben.« Er machte eine Pause. »Hast du Kinder im Osten zurückgelassen?«

»Eine Tochter«, flüsterte Kai.

»Wie heißt sie?«

»Tomyris.«

Corvus nickte. »Ein guter Name. Ich habe zwei Söhne und drei Töchter zurückgelassen. Vielleicht bin ich ein glücklicherer Mann als du, mit so vielen Kinder gesegnet worden zu sein. Oder auch nicht. Vielleicht ist mein Schmerz nur umso größer, weil ich noch mehr verloren habe.« Er warf ein krummes Stück Torf aufs Feuer. »Wir sind hier angekommen«, sagte er. »Haben für Rom gekämpft und geblutet, bis von meinen Waffenbrüdern kaum noch jemand übrig war. Einige sind Krankheiten erlegen.« Er deutete auf die Stammeskrieger, die mit ihnen am Feuer saßen. »Die übrigen Brüder sind mir durch die Speere dieser Männer genommen worden.«

»Trotzdem kämpfst du an ihrer Seite.«

»Ja. Weil wir einen gemeinsamen Feind haben. Der auch dein Feind ist.« Und Corvus verstummte, schien eine Zeit lang in Erinnerung verloren dazusitzen. »Irgendwann kamen die ersten Gerüchte. Zuerst nur vereinzeltes Geflüster, tief in der Nacht. Dass uns der Kaiser niemals zurück nach Hause lassen würde.«

»Gerede unter Soldaten. Nicht wert, deswegen seinen Eid zu brechen.«

»Das habe ich am Anfang auch gedacht. Aber es ist, als würde eine Klinge am Knochen zersplittern und ein Stück von ihr zurückbleiben. Die Wunde juckt und entzündet sich.« Wieder kratzten Corvus' Finger über das Zeichen Roms auf seiner Haut. »Ich musste es wissen. Falls ich mich irren sollte, würde ich allein den Preis dafür zahlen. Also habe ich unseren Centurio über den Wall gelockt, an einen stillen Ort wie diesen hier. Ich habe ihm die Folter angetan, die ich dir erspart habe. Und ganz zum Schluss hat er mir die Wahrheit gesagt.«

»Wenn man einen Mann nur lange genug bearbeitet, sagt jeder alles.«

»Das stimmt.« Ein geisterhaftes Lächeln schlich über Corvus' Gesicht. »Aber ich glaube, du hast das noch nie getan. Sonst würdest du wie ich die seltsame Ehrlichkeit kennen, die jemand zeigt, der weiß, dass er bald stirbt. Denn er war ein feiner Kerl, wie dein Lucius. Er hat sich für das geschämt, was er uns angetan hat.«

Eine Weile lauschten sie schweigend dem Feuer. Die Stille wurde nur von einer Stimme gebrochen, einem leisen Trauergesang. Denn auf der anderen Seite des Lagerfeuers lag einer der Stammeskrieger im Sterben, ein Mann ohne Gesicht, den Kais Pferd verstümmelt hatte. Sein entstellter Kopf lag im Schoß eines Mannes, der wohl sein Vater sein musste und ein gewundenes Gebet für den Sterbenden sang, das sich unablässig wiederholte. Der Vater schaute zu Kai auf, und tiefer Abscheu war in seine Gesichtszüge eingekerbt. Das war also der Anfang der Geschichte, wie sich ihre Stämme hassen lernten, dachte Kai. Der Beginn von tausend Fehden über viele Generationen.

»Lucius würde mich nie belügen«, sagte Kai.

»Ist er der Kaiser?« Corvus schnaubte. »Ein Senator? Ein Legat? Einer, dessen Wort Gesetz ist? Oder einfach ein in Ungnade gefallener Centurio, der sagt, was er muss, damit du tust, was er will? Damit er sich nicht von seinen Leuten die Kehle aufschneiden lassen muss?«

Kai wollte weiterreden, weiter seinen Hauptmann verteidigen. Als er aber an das Abendessen mit dem Legaten dachte, blieben ihm die Worte im Hals stecken – er erinnerte sich gut an Lucius' aschfahle Haut in jener Nacht, an seinen gehetzten Blick, an die säuerlich verzogenen Mundwinkel. Und an die Art, wie der Legat sie angesehen hatte – ein Mann im Besitz geheimen Wissens, dem eine List gelungen war. Da erwachte in ihm die erste Regung einer besonderen Art von Hass – das Gefühl, verraten worden zu sein.

»Ich glaube, du weißt, dass es wahr ist«, sagte Corvus.

»Angenommen, es stimmt«, sagte Kai, »und ich finde einen Weg, ihn zu dir zu bringen – wirst du ihn töten?«

»Ja«, sagte Corvus schlicht. »Keine Folter. Ein sauberer Tod. Und ohne ihn werden deine Sarmaten rebellieren.« Als der Hauptmann der Markomannen weitersprach, begriff Kai, warum ihm diese Männer in einen aussichtslosen Krieg folgten. Mit schwerem Herzen sah er, dass es die gleichen Qualitäten waren, die auch Lucius besaß – diese wunderbare, schreckliche Gabe, dass andere bereitwillig für einen starben.

»Wir werden den Wall einnehmen«, sagte Corvus. »Wir werden das Land südlich des Walls erobern und ein Reich aller freien Stämme errichten. Keine Tributzahlungen mehr an Rom. Keine Sklaven für die, die uns erobert haben. Kein Ertränken in Wein, um unsere Schmach zu vergessen, kein Tod durch Dysenterie oder einen votadinischen Speer im Kampf für eine Sache, die nicht die unsere ist. Deine Sarmaten werden dieses Land für sich selbst erobern. Ihr werdet wieder die Prinzen und Krieger sein, die ihr früher wart. Nicht bloß bewaffnete Sklaven.«

Kai holte tief Luft, denn es war ein schöner Traum, den dieser Mann mit ihm teilte, und er hatte große Mühe, dagegen anzukämpfen. »Du vergisst«, sagte er jedoch, »die Lektionen der Danu. Die Legionen kommen zurück. Sie kommen immer zurück. Ihr Kaiser vergibt nicht.«

»Der Kaiser ist alt und sterbenskrank. Das Reich ist schwach und überdehnt. Sie werden eine neue Linie auf ihre Karten kratzen und versuchen, uns zu vergessen.« Corvus schüttelte den Kopf. »Aber du hast trotzdem recht. Wir verschwenden hier nur Zeit. Wirst du es tun oder nicht?«

Kai antwortete nicht.

»Lucius wird sterben. Du kannst es nicht verhindern. Wir haben Leute im *vicus*. Nördlich wie südlich des Walls. Viele wachsame Augen, viele emsige Hände. Ein Pfeil, ein Überfall, ein bisschen Gift in seinem Wein. Aber du kannst ihm einen anständigen Tod gewähren. Und gleichzeitig eine Antwort auf deine Frage bekommen.«

»Und falls ich es nicht tue?«

»Wirst du sterben«, sagte Corvus. »Sauber und ehrenhaft. Aber du wirst für einen Mann sterben, der dir gegenüber seinen Eid gebrochen hat, und das wäre trotz allem ein schändlicher Tod.«

»Das weißt du nicht.«

»Ich weiß, dass es aus ihrer Sicht dumm wäre, euch nach Hause zu schicken. Die Römer sind nicht dumm.« Corvus sah ihn beinahe mitleidig an. »Aber du willst es nicht wissen, so oder so?«

Kai wünschte sich nichts mehr, als tapfer sein zu können und dass die Welt eine einfachere wäre. Vielleicht lief beides aufs Gleiche hinaus. Denn immer, wenn ihn in der Vergangenheit sein Mut im Stich gelassen hatte, war es dieser rastlos drängende Wissensdurst gewesen, der ihn entmannt hatte, der ihn hatte denken statt handeln lassen.

Corvus deutete gen Horizont. »Die Sonne geht bald über dem Wald auf. Sobald sie über den Wipfeln steht, musst du dich entscheiden.«

Kai starrte ins Feuer, schwieg und gab vor, nachzudenken. Aber in den finsteren und geheimen Winkeln seines Herzens wusste er, dass seine Entscheidung längst feststand.

17

Die Wächter auf dem Wall sahen den Reiter von Weitem kommen. Ein einzelner Mann, der die Tätowierungen und Talismane eines Stammes aus dem hohen Norden trug – ein Krieger der Dumnonier vielleicht, oder der Veniconen. Beides Stämme, die seit einem halben Jahrhundert nicht so weit im Süden gesichtet worden waren. Seine Anwesenheit konnte kaum etwas anderes als Krieg und Tod bedeuten.

Und dieser Mann näherte sich allein, ritt offen sichtbar auf den Wall zu, mit einem Kriegsspeer quer im Schoß und einem dunklen, feuchten Bündel am Sattelknauf. Die Speerspitze war mit dem Blattwerk eines Unterhändlers verziert, und als der Mann das Tor erreichte, die Hände hob und lächelte, rief er den Soldaten auf dem Wall eine Begrüßung zu, als wären sie seine lang verschollenen Gefährten. Fröhlich bat er darum, eingelassen zu werden, um mit ihrem Häuptling zu sprechen.

Stille antwortete ihm. Dann rasche Schritte und eine klappernde Leiter, als ein Läufer ins Zentrum der Festung geschickt wurde. In dieser Wartezeit summte und sang der Fremde aufgeräumt vor sich hin, während das Bündel an seinem Sattel langsam auf die Flanke seines Pferdes tropfte und das Fell rot färbte.

Die Sarmaten auf den Mauern fingen an, ihn mit

Schmährufen zu überschütten, und lachten über diesen komischen Unterhändler, der aus dem Norden gekommen war, um das Unmögliche zu verlangen; der zur Reichsgrenze geritten kam und glaubte, Forderungen stellen zu können. Ein Irrer oder ein Narr, den sie sehr bald mit Worten oder Speeren verscheuchen würden. Als aber der Läufer zurückkam, versiegte ihr Gelächter – ein Befehl wurde gegeben, eine Losung eingefordert und zweimal geprüft. Das Tor wurde geöffnet.

* * *

Als der Fremde seine Gemächer betrat, versuchte Lucius, ihn genau zu beobachten. Es gab tausend Hinweise, wenn man nur klug genug war, sie zu finden – kleine Narben an den Händen und im Gesicht konnten verraten, ob es sich um einen erfahrenen Kämpfer handelte, die Hautfarbe Auskunft darüber geben, ob sein Stamm Hunger litt oder wohlgenährt war, ob sie verzweifelte Plünderer waren oder ehrbare Krieger, die sich auf einen langen Krieg einlassen würden. Aber Lucius war außerstande, irgendeinen dieser Hinweise bei seinem Gegenüber zu entdecken; er hatte nur Augen für das blutige Bündel in dessen Händen.

»Dein Name?«, brachte Lucius schließlich heraus.

»Ich bin Drust. Einst von den Veniconen, jetzt von dem Bemalten Volk.«

»Das Bemalte Volk?«

»Das ist jetzt unser Name für die freien Stämme des Nordens. Und du bist Lucius.«

215

»Du kennst meinen Namen?«

»Allerdings«, sagte Drust. »Mein Volk weiß vieles.« Fast schon zärtlich tätschelte er das blutige Bündel. »Und wir wissen, wie wir anderen ihre Geheimnisse entlocken.«

»Na schön«, sagte Lucius und bemühte sich um Fassung. »Was bringst du mir da?«

Der Stammeskrieger schüttelte den Kopf. »Dafür sollten wir besser allein sein«, sagte er hochmütig wie ein Prinz.

Lucius sah die sarmatischen Wachen in seinem Rücken ein Grinsen austauschen. In freudiger Erwartung der Strafe, die sie bald austeilen würden, packten sie ihre Waffen fester. Dann fiel ihnen das Lächeln aus den Gesichtern, als Lucius sie mit rascher Geste und einem barschen Befehl entließ.

Als sie allein waren, vollführte Drust eine knappe Verbeugung vor Lucius und legte das blutige Bündel auf den Schreibtisch – seine Bewegungen waren seltsam vorsichtig, als fürchtete er, aufzuwecken, was immer sich darin befand.

Lucius' Furcht war von anderer Güte. Er hatte schon oft dem Tod auf dem Schlachtfeld ins Auge gesehen, hatte sich mit dem König der Sarmaten um die Zukunft seines Volkes duelliert – er hatte sogar gewagt, mit seinem Kaiser zu verhandeln, einem Gott, der auf Erden wandelte. Trotz allem hatte nichts in seinem Leben ihn jemals so viel Mut gekostet, wie Hand an dieses Bündel zu legen, es auszuwickeln und zu sehen, was es barg.

Und so spielten ihm seine Augen zunächst einen Streich – einen Moment lang sah er Kai mit toten Augen zurückstarren, sein sanftes Lächeln von einer Klinge aus dem Gesicht geschnitten. Dann aber rannen Tränen schuldbewusster Erleichterung seine Wangen hinab, denn es war der abgehackte und verstümmelte Kopf von Gaevani, der da auf dem Tisch lag.

»Bald habe ich ein weiteres Geschenk für dich«, sagte Drust. »Es sei denn, du tust, was wir sagen.«

Lucius hob den Kopf und sah den Fremden an. »Dann rede. Was für ein Lösegeld forderst du?«

»Eine einfache Sache nur«, sagte Drust mit einem Lächeln. »Dass du dich nördlich des Walls an einem Ort unserer Wahl einfindest. Dort wirst du deinen Kai sehen und kannst dein Leben gegen seines eintauschen. Das ist das einzige Lösegeld, das mein Herr akzeptiert.«

Lucius schwieg eine Weile. Dann sagte er: »Dein Herr? Er sollte lieber selbst herkommen, statt seinen Hund mit einer Nachricht zu schicken.«

»Er weiß es besser, als sein Leben einem Römer anzuvertrauen.«

Lucius lehnte sich zurück und verhüllte den blutigen Kopf wieder mit dem Tuch. »So also denkt er über dich?«, sagte er. »Dein Leben will er riskieren, sein eigenes aber nicht.«

Ein Anflug von Zweifel im Gesicht des anderen. »Genug«, sagte Drust. »Welche Nachricht kann ich ihm überbringen?«

»Woher soll ich wissen, dass Kai noch lebt?«

Der Fremde lachte. »›Wenn unser Leben auch kurz ist, soll unser Ruhm doch groß sein.‹ Das lässt er dir ausrichten und hat gesagt, du wüsstest, was es bedeutet.«

»Ja«, sagte Lucius. »Das tue ich.«

»Komm morgen. Komm allein. Sonst schicken wir ihn Stück für Stück zurück.«

Lucius spürte sich erstarren – auf den Fremden musste er wie eine Statue aus Marmor wirken. Dann sprang ihm das Schwert wie aus eigenem Antrieb in die Hand, und endlich zeigte sein Gegenüber Anzeichen von Furcht. Seine Arroganz war verflogen, und er klammerte sich an den Blattschmuck des Unterhändlers, als hoffte er, dadurch geschützt zu bleiben. Dabei musste er doch wissen, dass es ihm nichts nützen würde, denn im Gegensatz zu den Stämmen des Nordens hatten die Römer kein Problem damit, einen Waffenstillstand zu brechen, und ein Versprechen einem Barbaren gegenüber war kaum so viel wert wie das Versprechen, das man einem Hund gegeben hätte. Denn die Römer waren es, die Verwüstung brachten und sie Frieden nannten – der einzige Waffenstillstand, den sie akzeptierten, war jener zwischen den Lebenden und den Toten.

Lucius hingegen wusste, dass er hier, am Ende seines Lebens, ein anderer Mensch war als der Rest seines Volkes. Und nun Gelegenheit haben würde, dies zu beweisen. Flach hielt er sein Schwert vor diesem Fremden aus dem Norden in die Höhe und legte die Finger auf die Spitze der Klinge.

»Mein Klingeneid«, sagte er. »Frag Kai, was *das* zu bedeuten hat, dann weißt du, dass ich morgen erscheinen werde.«

* * *

Sie warteten im Schatten der Bäume. Corvus, zwanzig Mann seiner Kriegsmeute, und Kai. Die zwanzig saßen auf den zotteligen Ponys, welche die Nordmänner bevorzugten, und einzig Kai musste mit der Schmach leben, ohne Pferd dazustehen.

Trotzdem war ihm dieses Warten seltsam vertraut. Wie oft schon hatte er selbst seinen Platz unter Bäumen eingenommen, neben Flüssen, in den Hügeln und in der Ebene. Im Krieg, bei Blutfehden, bei Raubzügen – so oft hatte er das schreckliche Gefühl erlebt, einfach nur zu warten, wenn der Tag endlos wirkte und die Sonne über den Himmel zu kriechen schien, wenn die Kriegerseele hoffte, den Feind endlich auftauchen zu sehen und das feige Herz hoffte, er möge sich nicht zeigen. Aber nie zuvor hatte er auf der Lauer gelegen, um einen Freund zu überfallen.

Er schaute hinauf zur trägen Sonne, die sich in winzigen Schritten von Ost nach West schleppte wie die Axt eines Henkers, denn es würde seinen Tod bedeuten, sollte sie den Horizont berühren und Lucius bis dahin nicht erschienen sein. Trotzdem wünschte er ihr eine gute Reise und betete, sie möge sich plötzlich neigen und vom Himmel fallen, selbst wenn es seinen Tod bedeutete. Die Götter konnten den Fluss der Zeit nicht umkehren und höchstens für einen Augenblick anhalten, aber vielleicht lag es in ihrer Macht, ihn zu beschleunigen und diesen Tag binnen eines Herzschlags vergehen zu lassen.

Da erschien ein Reiter auf der nächstgelegenen Hügelkuppe. Selbst auf die Entfernung sah Kai den roten Helmbusch und die blank polierten Kettenglieder seiner Rüstung. Noch immer hegte er die Hoffnung, zwanzig oder fünfzig oder hundert weitere Reiter zu sehen, die wallenden Drachenbanner und die langen Lanzen hoch im Himmel, weil Lucius gekommen war, um zu kämpfen und nicht, um sich zu ergeben.

Aber der Reiter kam allein. Er wählte einen bedächtigen, gewundenen Pfad wie ein Reisender in der Steppe, der es nicht eilig hat, die neuen Weidegründe zu erreichen, der immer wieder anhält, um über die Form der Wolken am Himmel oder den Tanz der Wildblumen im Wind zu sinnieren, gleichsam auf der Suche nach Omen und schlichter Schönheit.

Kai zog sich das Herz in der Brust zusammen. Er wollte seinem Freund zurufen, ihn zu Eile und Flucht treiben. Aber ein anderes Verlangen war noch größer – das schmerzliche Verlangen nach der Wahrheit. Und so hielt Kai den Mund.

Der Römer ritt immer tiefer in die Falle. Ringsum legten die Männer aus dem Norden ihre Pfeile auf, packten die Speere fester, beruhigten ihre Ponys. Dann beugte sich Corvus zu Kai herab.

»Ruf ihn«, flüsterte er. »Es ist an der Zeit.«

Kai zögerte noch einen Augenblick, denn er sah, dass Lucius sein Pferd angehalten hatte und in die Landschaft schaute, sich mit einem kleinen Lächeln im Gesicht zum letzten Mal an solch einem Anblick erfreute. Er hatte wirklich die Seele eines Sarmaten, eine Seele, die sich nach Freiheit und Weite sehnte, und es war ein grausamer Scherz der Götter gewesen, sie in den Leib eines Römers zu sperren, eingeschlossen zwischen schmalen, stinkenden Gebäuden und endlosen Märschen in strenger Formation. Nur für sehr kurze Zeit hatte dieser Mann in der Steppe des Ostens und hier hoch im Norden sein dürfen, was er eigentlich war.

Kai sah ihn die Lippen schürzen – vielleicht wollte Lucius pfeifen oder ein Lied anstimmen, ein altes Marschlied der Legionen oder ein Gedicht aus der sarmatischen Steppe. Kai wusste, dass er nicht länger warten konnte – dass ihn bei so einem Klang auch noch das letzte bisschen Mut verlassen würde.

Er rief Lucius zu, als würde er seinen Freund begrüßen. Lucius erwiderte den Ruf und trieb sein Pferd an, während die Stammeskrieger bereits den Wald verließen und einen Halbkreis um den Römer bildeten.

»Sonst ist niemand bei dir?«, fragte Corvus.

»Nein«, gab Lucius zurück.

»Schwer vorstellbar, dass sie ihren Präfekten allein nach Norden reiten lassen.«

»Auf den ersten paar Meilen hatte ich eine Eskorte, um den Schein zu wahren. Aber ich habe sie weggeschickt.« Lucius neigte den Kopf. »Dann stimmt es also. Du kennst unsere Gepflogenheiten. Du bist ein Deserteur.«

Ein Zittern durchlief Corvus. So sehr er seinen Eid auf Legion und Imperium auch verflucht haben mochte, noch immer hatte dieses Wort genug Macht, um ihn zu treffen.

Lucius nickte bedächtig. »Dacht ich's mir. Alles andere hätte keinen Sinn ergeben.«

»Allzu viel nützt dir diese Erkenntnis jetzt nicht mehr«, sagte Corvus.

»Wohl wahr. Die wahre Natur der Dinge erkennen wir immer erst zu spät.« Lucius sah Kai an. »Bist du verletzt?«

»Nein«, sagte Kai und gab sich Mühe, mit fester Stimme zu sprechen. »Nicht der Rede wert.«

»Gut«, sagte Lucius kalt und wandte sich wieder Corvus zu. »Wie soll das ablaufen?«

»Er kommt zu dir, du gibst ihm dein Pferd, wir lassen ihn ziehen.«

Kai sah Lucius' Blick über die Männer schweifen – der Blick eines Soldaten, der ihre Waffen und ihre Pferde, ihr Gewicht und ihre Geschwindigkeit maß. Sein Blick verharrte auf Corvus' großem Kavalleriepferd, das als einziges hier mit einem sarmatischen Pferd Schritt halten mochte.

Offenbar kam Lucius zu dem Schluss, dass sich kein besseres Prozedere aushandeln lassen würde. »Alles klar«, sagte er. »Schick ihn zu mir.«

Kai stolperte vorwärts, mit dem unbeholfen krummen Gang eines Mannes, der Reiten gelernt hatte, ehe er laufen konnte. In seinem Volk galt es als schmachvoll, sich ohne Pferd fortzubewegen, und so spürte er in diesem Moment doppelte Scham – weil er kein Pferd unter sich hatte und wegen der Tat, die vor ihm lag.

Lucius versuchte zu lächeln – eine zitternde Wellenbewegung lief über seine Lippen, als er aus dem Sattel glitt und Kai die Zügel hinhielt. »Mach dir keine Vorwürfe«, sagte der Römer in der Sprache der Sarmaten, die Kai allein verstand. »Dass du leben willst, meine ich. Du weißt, dass ich mein Leben mit Freude für deines eintausche.«

Kai schloss die Augen, atmete tief und schwer. Er hatte geglaubt, auf alles vorbereitet zu sein – auf alles, was ihm hier bevorstehen mochte. Er hatte nur nicht damit gerechnet, dass Lucius versuchen würde, ihm in dieser Lage Trost zu spenden.

»Geh, Kai«, hörte er ihn sagen. »Leb weiter.«

Und da kamen die Worte plötzlich – angetrieben von aufkeimendem Ärger.

»Damit ich meine Tochter wiedersehen kann?«, sagte Kai und schlug die Augen auf. »Und die Steppe meiner Heimat?«

Lucius' Lächeln versiegte. Und Kai wusste es – in diesem Moment wusste er alles, trotzdem musste es ausgesprochen werden. Plötzlich zögerte er doch wieder, die Fragen zu stellen, für die er Eid und Ehre hergegeben hatte, wie auch die größte Armee vor der Schlacht den halben Tag in wachsamer Stille zubringt. Er lauschte in den Wind und atmete den schweren Duft des Sommerfarns – er hielt inne, ehe er die Welt zerstörte, die er sich aufgebaut hatte.

Hinter sich hörte er Corvus einen Befehl murmeln und dann Hufschlag, als die Nordmänner näher rückten. Da überkam ihn der Kampfrausch, ein brennender Zorn, dass sie ihm nehmen wollten, wofür er gekämpft hatte. »Habe ich nicht getan, was du wolltest?«, schrie er. »Ich verlange nur diese letzten paar Sätze mit ihm. Ihr kriegt euren Blutzoll früh genug.«

Ein Zischen, ein Pfiff, und die Stammeskrieger kehrten an ihre Plätze zurück.

»Schwörst du, die Wahrheit zu sagen?«, fragte Kai.

Lucius musterte ihn stolz. »Was bringen uns Eide jetzt noch?«

»Recht hast du. Ich werde dir ein letztes Mal vertrauen müssen.« Aus den Augenwinkeln sah er, dass sich die Stammeskrieger abermals verteilten – noch hielten sie Abstand, zogen die Schlinge nicht zu. Trotzdem blieb ihm nicht viel Zeit.

»Ich frage dich: Werde ich wirklich in die Steppe zurückkehren, wenn meine fünfundzwanzig Jahre um sind? Werde ich meine Tochter wiedersehen?« Er stockte. »Wirst du das Versprechen halten, das du mir gegeben hast?«

Der Römer holte halb Luft und erschauderte. »Nein«, sagte er dann. »Sie werden euch niemals nach Hause lassen.«

Kai spürte weder Wut noch Trauer. Nur eine seltsame Leere im Herzen. Vielleicht war es das, was Bahadur gefühlt hatte, als er von ihm und Arite erfahren hatte. Zu begreifen, dass ein Versprechen so wenig wert sein konnte. Wie einfach man verraten wurde.

»Ich wünschte, du hättest es mir gesagt«, sagte Kai. »Vielleicht hätte ich mit dem gebrochenen Eid leben können. Wenn du es mir nur gesagt hättest.«

»Ich wünschte, ich hätte es dir gesagt«, antwortete Lucius. »Ich habe dem Kaiser einen Eid geschworen zu schweigen. Ich wünschte, ich hätte diesen Eid gebrochen. Aber es ist zu spät.« Er sah die Stammeskrieger an, die sich wie Geier um sie versammelten. »Das war es, was du mit ihnen ausgehandelt hast? Mein Leben für diese Antwort?«

Kai nickte, konnte aber nicht antworten.

»Ich hoffe, du kannst dir ein gutes Leben aufbauen mit

diesen Leuten.« Wieder sah Lucius sich um, nahm den Anblick von Land und Himmel ein letztes Mal in sich auf. Dann bot er Kai sein Schwert in der Scheide dar, mit dem Griff zuerst. »Ich bin bereit. Wenn es jemand tun soll, dann du.«

Kai wog das Schwert des Römers in der Hand – die verhasste Waffe der Eroberer. »Es tut mir leid, Lucius. Ich musste es wissen. Ich wusste, dass du mich hier, am Ende, nicht anlügen würdest.« Damit drehte er dem Römer den Rücken zu und rief zu den versammelten Stammeskriegern. »Bringen wir zu Ende, was wir am Fluss angefangen haben. Ihr habt euch für Gaevanis Tod zu verantworten.«

Ein Warnruf von Corvus dem Abtrünnigen. »Kai. Dafür gibt es keinen Grund.«

Kai ignorierte ihn und sagte in der Sprache der Sarmaten: »Nimm das Pferd, Lucius. Verschwinde, wenn du kannst.«

Lucius brauchte nur einen Augenblick, um die Krieger und die Entfernung zu seinem Pferd abzuschätzen, seine Chancen abzuwägen. »Nein. Ich lasse dich nicht hier zurück.«

Keine Zeit für weitere Diskussionen – gar keine Zeit mehr. Eine Welle der Erleichterung fuhr durch Kais Herz und half, die Schmach wegzuwischen. »Lass uns gemeinsam sterben«, sagte er.

Corvus wirkte wenig verwundert – er warf einen Blick auf seine Männer, um sicherzugehen, dass die Vorteile auf seiner Seite lagen, und zuckte knapp mit den Schultern. Seine Miene war ausdruckslos. Er winkte seinen Leuten, und die Stammeskrieger wagten sich behutsam vor wie Jäger, die sich einem sterbenden Keiler nähern. Sie würden sich Zeit lassen und Lucius und Kai kaum die Gelegenheit für einen ehrbaren Tod geben.

Auf einmal lag ein Geräusch in der Luft, das so gar nicht an diesen Ort passte und sie alle verstummen ließ, wie von Zauberhand. Gelächter.

Es kam von Lucius – das Lachen eines Berserkers, schrill und irre und fröhlich. Er deutete gen Horizont und stimmte mit heiser brechender Stimme ein Lied der Sarmaten an. Keinen der langsam wabernden Gesänge der Verlorenen, die eine Reitergruppe anstimmte, wenn sie umzingelt war und bald sterben würde. Es war ein Ruf an Sieger und Helden, um Kampfgefährten zu begrüßen, die endlich nach Hause ritten.

Zuerst glaubte Kai, der Römer singe zu Trugbildern in seinem Kopf, zu den Geistern seiner Ahnen, die ihn für den Ritt in die jenseitigen Lande abholen wollten. Als er aber einen Blick über die Schulter riskierte, sah er sie ebenfalls – Reiter auf dem Hügel, die hohen Speere und Banner der Sarmaten. Unmöglich, und doch waren sie da, eine Kavalleriegruppe, die ihnen zu Hilfe eilte. Da fürchtete er sich, doch noch zu sterben, wie ein Ertrinkender beim Anblick des rettenden Ufers, wenn die Sicherheit zum Greifen nah ist.

Corvus schrie seine Leute an, Lucius zu töten, denn sein großer Sieg löste sich vor seinen Augen in Luft auf. Aber schon schauten sich die Stammeskrieger gehetzt nach dem rettenden Wald um, denn die monströsen Pferde der Sarmaten kamen immer näher – zu bleiben und zu kämpfen, würde den sicheren Tod bedeuten.

So kam es, dass nur sechs Mann dem Ruf ihres Anführers folgten. Keine Zeit mehr für die sorgsame Arbeit von Jägern, ihr Ziel einzukreisen und zu ermüden, also preschten sie blind vor und schrien die alten Schlachtrufe ihres Volkes. Einer ritt mit seinem Pony ein Stück vor den anderen – Kai stach auf ihn ein, verfehlte ihn mit dem Schwert und spürte den klatschenden Luftzug, als der Speer des Gegners ebenfalls an ihm vorbeifuhr. Der Feind war in seinem Rücken, aber Kai blieb keine Gelegenheit, sich nach ihm umzudrehen, denn die anderen hatten ihn fast erreicht – hell leuchteten ihre eisernen Speerspitzen. Kai spürte Lucius' Hand auf der Schulter und mit ihr den großen Trost der Berührung, den ein Krieger einem anderen schenken kann. *Hab keine Angst*, schien diese Berührung zu sagen. *Ich bin bei dir.*

Es war, als kämpften sie in einem Albtraum – ringsum überall tanzende Speerspitzen, die eigenen Bewegungen scheinbar entsetzlich langsam. Aber wie im Albtraum schienen ihn auch die Klingen der Feinde nicht wirklich verwunden zu können, denn die Stammeskrieger kämpften zögerlich, verängstigt von den mächtigen Pferden, die über ihnen aufragten. Noch hatten sie etwas zu verlieren.

Ein Speerschaft fuhr von unten heran und raubte Kai den Atem. Ein schneller Gegenangriff, das Gefühl seiner Klinge, die sich in Fleisch verhakte und sich losriss, ein Schrei, der gleichzeitig nah und fern zu sein schien. Die Feinde wichen zurück, frisches Blut benetzte das Heidekraut, Kais Blickfeld wankte vor Schmerz, er sah den Abtrünnigen nahen und mit hüpfenden Schritten einen Speerwurf anstreben. Sein Blick war fest auf sein Ziel gerichtet, auf Lucius.

Irgendwie fand Kai die Kraft, durch seinen Schmerz dieses eine Wort zu rufen. »Lucius!«

Der Speer fuhr durch die Luft – ein wunderbarer Wurf, der Wurf eines Helden, den Kai in diesem einen gefrorenen Moment zwischen zwei Herzschlägen unweigerlich bewunderte. Aber der Speer verfehlte sein Ziel, denn Lucius drehte sich im Sattel zur Seite und sah mit dem entrückten, ruhigen Blick des Kriegers, der den Tod vor Augen hat, zu, wie die Spitze um Haaresbreite an seiner Kehle vorbeiglitt.

Um sie herum öffnete sich das Feld, der Boden war blutig zerfetzt, als hätte selbst die Erde gegen sie gekämpft, auch wenn niemand erschlagen dalag. Die Stammeskrieger wichen zurück, wandten sich ab und flohen, und jetzt konnte auch Kai das Donnern der Hufe hören und das Brüllen des Windes in den Bannern der Sarmaten. Er sah die Männer aus dem Norden rennen und spürte einen wahnsinnigen Drang, ihnen nachzusetzen, sie einzuholen und sich in ihre Speere zu stürzen. Das Sterben war ihm bis eben noch so einfach vorgekommen, und die Vorstellung, weiterzuleben, schreckte ihn in diesem Moment mehr.

Denn er hatte gesehen, wer die Sarmaten anführte, die zu ihrer Rettung gekommen waren – ohne Rüstung und nur mit einer Lanze ritt Laimei auf ihrem Heldenplatz an vorderster Stelle. Wie es schien, gebührte ihr allein der ganze Ruhm.

Und Kai? In diesem Kampf waren er und Lucius vielleicht zum letzten Mal Brüder gewesen. Als er seinen Gefährten jetzt ansah, wusste er, was ihn erwartete. Die Augen seines Gegenübers waren wie Spiegel seiner eigenen, ein Spiegel seiner Schande. Ihr Blick wurde kälter, je länger Kai ihn ansah, und welch Bruderschaft sie auch verbunden haben mochte, begann zu flackern, zu schwinden und zu sterben.

18

Für die großen Helden ist die Gegenwart der Götter in allen Dingen greifbar. Im Zögern des Gegners, der nicht angreift, wenn man sich eine Blöße gibt. In den Wolken, die sich plötzlich vor den Mond schieben, wenn man in einem Hinterhalt liegt. In dem Pferd, das nicht stürmen will, im Speer, der birst, obwohl er es nicht sollte, im Pfeil, den der Wind persönlich zu drehen scheint. Die Welt scheint sich dem eigenen Willen zu fügen, solange man dem Weg des Helden folgt – niemals zu zögern, keine Furcht vor dem Tod zu haben, mit dem eigenen Leben und dem anderer sorglos umzugehen. Ein Held wird auf diese Weise nicht alt, denn die Götter sind wankelmütig und gewähren ihre Gunst nur flüchtig. Aber es ist ein ruhmreiches Leben und barmherzigerweise frei von Zweifeln.

So dachte Lucius, als er Laimei an der Spitze ihrer sarmatischen Reiter nahen sah. Sie wirkte nicht überrascht, ihn und Kai hier vorzufinden, schien sie fast mit einer Art wachsamer Langeweile zu betrachten, ohne Respekt für die Ketten des Schicksals, die sie hergeführt hatten. Alles war, wie es sein sollte – wenigstens aus ihrer Sicht.

»Ich bin froh, den Grausamen Speer zu sehen«, sagte Lucius. »Möge ich all deine bösen Tage verschlingen.« Es schien ihm angeraten, sie mit der rituellen Begrüßung der

Sarmaten anzusprechen. Er war ein Präfekt Roms, und hinter ihr saßen Männer, die laut Eid und Gesetz ihm zu dienen hatten. Aber in diesem Moment und an diesem Ort war er sicher, dass sie nicht ihm, sondern ihr gehorchen würden.

Sie neigte den Kopf, antwortete aber nicht. Er sah ihren Blick zu Kai schweifen, aber dieses eine Mal lag kein Hass in ihren Augen, als sie ihren Bruder ansah. Nur etwas wie Mitleid.

»Wie kommt es, dass ihr hier seid?«, fragte Lucius. »Und warum ...«

»Keine Zeit für deine Fragen.« Sie nickte in Richtung Waldrand. »Es könnten noch mehr Krieger des Bemalten Volkes in der Nähe sein. Viel mehr.«

»Ich brauche Antworten.«

Ein verärgertes Zischen. »Dann beantworte ich deine Fragen, während wir reiten«, sagte sie. »Wir haben kein überzähliges Pferd für meinen Bruder. Er reitet mit dir?«

Jetzt war es an Lucius, nicht zu antworten, während Kai neben ihm zu Boden starrte und vor Scham zitterte. Und obwohl Lucius wünschte, diesen Mann zu sich aufs Pferd zu nehmen, wusste er, dass er es nicht ertragen würde, ihm so nah zu sein. Wortlos ritt einer der Sarmaten herbei und bot Kai einen Platz auf seinem Pferd an. Und während sie nach Süden ritten, erzählte Laimei ihre Geschichte.

»Nach dem Tanz der Pferde habe ich Arite gefunden, die im Sterben lag. Den Jungen hatten sie mitgenommen. Ich bin ihrer Spur über den Wall gefolgt.«

»Über den Wall?«, fragte Lucius. »Wie hast du ihn überquert?«

»Eines der Meilenkastelle war leer. Und bevor du fragst, ich weiß nicht, wie oder warum. Warum macht euer Volk etwas und unterlässt etwas anderes? Es spielt keine Rolle. Ich habe die Männer gefunden, die den Jungen geraubt hatten, und sie getötet.« Sie zuckte mit den Schultern, als spreche sie von einer belanglosen Kleinigkeit und nicht davon, ganz allein bewaffnete Männer in der Dunkelheit aufzuspüren und zu töten.

»Wo ist der Junge jetzt?«, fragte Lucius.

»Bei den Votadinern. Bei ihrem Häuptling Mor, den du kennst, glaube ich.« Sie hob stolz den Kopf. »Ich gehöre jetzt ihrem Stamm an. Sie haben mich aufgenommen. In einer Hinsicht zumindest sind sie unserem Volk sehr ähnlich. Sie schämen sich nicht dafür, eine Frau kämpfen zu sehen.« Sie warf einen Blick in Richtung Kai, der mit elender Miene am Ende der Formation ritt. »Es gab für mich kaum einen Grund, noch einmal zurückzukommen.«

»Verstehe. Und wie hast du uns gefunden?«

»Die Späher der Votadiner haben von Männern berichtet, die nördlich des Walls unterwegs sind. Von einem, der allein reitet.« Sie bedachte die Sarmaten mit einer ausladenden Geste. »Ich bin gekommen, um mit ihnen zu reden, und sie haben erzählt, du hättest sie weggeschickt.« Sie verzog das Gesicht. »Da war mir klar, dass mein Bruder etwas Dummes getan hat. Denn das wiederum war der einzige Grund, warum *du* so dumm sein könntest, allein in dieser Gegend herumzureiten, obwohl du ein so wertvolles Ziel abgibst.«

Lucius schwieg eine Weile. Dann sagte er: »Er ist hergekommen, um nach dir zu suchen, das weißt du doch? So hat dieser ganze Ärger angefangen.«

Sie zuckte zusammen, als hätte er sie geschlagen. »Ich glaube, dieser ganze Ärger hat sehr viel früher angefangen. Lange bevor du uns kennengelernt hast.« Sie stockte. »Warum?«

Lucius holte tief Luft. »Wir haben gedacht, du hättest versucht, Arite zu töten. Dass du den Jungen mitgenommen hast.«

Da lachte sie – aber nicht laut und rau, wie er es von jemandem erwartet hätte, der für Schwert und Speer lebt. Es war ein seltsam sanftes Geräusch, weich und hallend wie ferner Vogelsang. »Er hat dir sicher Geschichten über den Wahnsinn von Helden erzählt«, meinte sie. »Ich kenne diese Geschichten auch – neidische Geschichten, erzählt von schwachen Männern. Offenbar bin ich weiser als ihr beide.« Sie machte eine Pause. »Arite lebt?«

»Sie lebt.«

Laimei nickte zufrieden. »Ich hatte nicht erwartet, dass irgendwer solch eine Wunde überleben kann. Sie hat eine starke Seele, diese Frau – ich weiß nicht, warum sie freiwillig diese Gesellschaft wählt. Die Gesellschaft schwacher Männer.« Abermals schaute sie sich nach ihrem Bruder um. »Was hast du mit ihm vor?«

Im Kopf sah Lucius Kai vor sich, wie er ihn drängte, sich mit dem Pferd in Sicherheit zu bringen. Er sah den Sarmaten zwischen sich und den Feinden stehen, bereit dazu, für seinen Hauptmann zu kämpfen und zu sterben. Und er dachte an die Worte, die Kai mit dem Boten geschickt hatte, der zum Wall gekommen war. Daran, wie er Lucius zu sich geholt hatte, um zu sterben.

»Ganz ehrlich«, sagte Lucius, »ich weiß es nicht.«

Bald schon sahen sie vor sich am Horizont den Wall. Aber der Anblick brachte weder Freude noch Stolz, nur die müde Erleichterung, dass er Sicherheit schenken würde, und eine Gelegenheit zum Nachdenken. Denn trotz kalter Haut fühlte Lucius sich fiebrig. So viel war passiert, so viel von seiner Welt auf den Kopf gestellt und umgeworfen, dass er das alte römische Verlangen nach Stein und Wärme und Dunkelheit spürte. Und so drehte Lucius sein Pferd im gleichen Moment nach Süden, in dem Laimei ihres nach Norden in die Wildnis wandte.

»Ich reite zu den Votadinern«, sagte sie. »Und das solltest du auch. Mor wird mit dir sprechen wollen.«

Er schaute erst die übrigen Sarmaten an, dann Kai. Würden sie ihr folgen oder ihm? Wären es Legionäre gewesen, hätte er befohlen und sie hätten gehorcht, gebunden sowohl durch die Furcht vor Folter und Tod als auch durch ihre Eide. Bei diesen Sarmaten aber vermochte er trotz all der Zeit, die er bei ihnen verbracht hatte, noch immer nicht zu sagen, was sie tun würden – oder warum. Und eine verräterische Stimme im Kopf sagte ihm, dass genau dies die Lektion war, die Rom schon vor langer Zeit gelernt hatte, die Erkenntnis, mit der sie die Welt hatten erobern können und die er erst einmal aufs Neue lernen musste – dass es besser war, mit der Peitsche und möglicherweise mit Bestechung zu führen. Dass jeder Ehrenkodex versagte, wenn man ihn am meisten brauchte.

In Wahrheit wusste er nicht, ob ihm auch nur einer der Männer nach Süden folgen würde. Und in Wahrheit wollte er nicht auf sich allein gestellt sein. Also wandte er sein Pferd nach Norden und folgte Laimei, als wäre sie seine Anführerin und er bloß ein weiterer Reiter unter ihrem Kommando.

* * *

Der Geschmack des Heidebiers auf der Zunge, der beißende Rauch des Feuers in den Augen, der Duft gebratenen Fleisches in der Luft – die Eindrücke eines Festmahls, so unwirklich sie Lucius an einem Tag wie diesem auch vorkamen. Sie waren jetzt im Kernland der Votadiner. Es war kein Treffen für Unterhandlungen zwischen Baum und Fluss – sie saßen an einem offenen Feuer im Schatten der Hütte des Häuptlings, während ringsum Kinder tanzten und spielten und Herden friedlich grasten.

»Mein Palast«, hatte Mor bei ihrer Ankunft gesagt und dann herzlich gelacht, denn der Häuptling musste gewusst haben, wie sein Heim auf Lucius wirken würde. Es war eine schöne runde Hütte mit lehmverputzten Wänden und einem festen Schilfdach, aber dennoch ein Gebäude, das für einen wohlerzogenen Römer bestenfalls als Stall infrage gekommen wäre.

»Man kann auch ohne Palast ein großer Häuptling sein«, hatte Lucius geantwortet.

»Wohl wahr«, sagte Mor. »Nördlich des Walls bemessen wir unseren Reichtum in Fleisch und Milch, nicht in

235

ausladenden Steingebäuden. Da sind wir ein bisschen wie eure Sarmaten, glaube ich. Also lasst uns hier draußen sitzen, inmitten meiner Schätze – meines Volkes und meiner Herden.«

Eine Zeit lang herrschte entspanntes Schweigen. Man brachte ihnen Trinkhörner mit Bier, über dem Feuer rauchte ein großes Stück Wild. Die Sarmaten widmeten sich dem Essen und Trinken und wirkten vollkommen sorglos, im Lager eines Stammes zu sitzen, den sie nicht kannten, umgeben von einer halben Hundertschaft mit Speeren und Schilden. Vielleicht lag es daran, dass sie sich zum ersten Mal seit über einem Jahr wirklich einreden konnten, wieder in ihrer Steppe zu sein. Frei zu sein.

Nur Kai und Laimei gesellten sich nicht zu ihnen ans Feuer. Kai saß zusammengesunken und elend am Rand des Lagers, seine Schwester beschäftigte sich mit den Pferden und bellte Befehle in ihrer eigenen Sprache an den Kriegstrupp der Votadiner.

Mor schaute ihr hinterher und lächelte Lucius vorwurfsvoll an. »Du hast mir nicht erzählt, dass du solche Frauen bei dir hast«, sagte er.

»Es gibt keine andere wie sie.«

»Das sehe ich.« Der Häuptling setzte sein Trinkhorn an die Lippen. »Weißt du, als sie zu uns gekommen ist und um einen Platz in unserem Stamm gebeten hat, habe ich gefragt, ob sie meine Frau wird.«

»Was hat sie geantwortet?«

»Sie hat gefragt, wie viele Frauen ich schon habe«, sagte Mor reumütig.

Den Umständen zum Trotz musste Lucius lachen. »Und?«

»Ich habe wahrheitsgemäß mit drei geantwortet, was für einen Häuptling unseres Volkes nicht besonders viel ist. Für sie aber offenbar schon.«

»Ehrlich gesagt glaube ich, sie ist schon mit Speer und Schild verheiratet«, sagte Lucius.

»Ach, ja, so ist es wohl. Und wer sollte etwas dagegen sagen? Das sind treuere Gefährten als die meisten Männer. Vor allem verglichen mit Häuptlingen wie uns. Wir kommen und gehen, aber Krieg ist immer da.« Mor streckte die Hand zum Feuer aus und prüfte die Hitze. »Und bald wird es hier einen Krieg geben, wie ihn dieses Land noch nicht gesehen hat.«

Lucius ließ die folgende Stille eine Weile verharren. »Es gibt vieles, worüber ich gern mit dir sprechen würde«, sagte er schließlich. »Und ich hoffe, wir können ehrlich miteinander sein.«

»Na, jetzt kennen wir uns ja besser«, erwiderte Mor. »Und wir kennen auch unseren Feind.«

»Du hättest eher mit mir reden können. Dann hätte vieles verhindert werden können.«

»Eine schändliche Tat«, sagte der Häuptling. »Sofort bellend zu den Römern zu rennen, wenn ein anderer Stamm etwas vorhat. Hätte ich das getan, hätten mich meine eigenen Leute am nächsten Baum aufgehängt. Außerdem wussten wir da noch nicht, ob wir einander trauen können.« Mor spähte zu Kai hinüber. »So ist es immer bei den Menschen, oder? Wir vertrauen denen, denen wir nicht trauen sollten, und glauben denen nicht, die unsere wahren Freunde sind.« Er tunkte einen Hornbecher ins Bierfass und reichte ihn Lucius. »Außerdem könnte ich dir das Gleiche sagen. Hättest du mir von dem Jungen erzählt …« Die Worte verklangen, und ein lauerndes Funkeln trat in Mors Augen – die scharfe Geduld des Ausbilders, des Schwertmeisters, des Priesters. Anscheinend wollte der Häuptling abwarten, was Lucius wusste.

»Der Junge vom Raubzug südlich des Walls«, sagte Lucius. »Er gehört deinem Volk an?«

»Aha. In der Tat, du bist schlau.« Mor nahm einen großen Schluck Bier. »Ja. Es waren unsere Verwandten südlich des Walls, nach denen die Plünderer gesucht haben.«

»Geiseln?«

»Genau. Am Ende haben sie nur eine genommen, aber das war genug. Sie wussten, dass ich mich nicht nach Krieg sehne. Sie haben befürchtet, ich könnte mit dir reden, an deiner Seite kämpfen.«

»Wirst du das tun?«

»Mit dir reden? Natürlich. An deiner Seite kämpfen …« Mor zischte durch die Zähne. »Das ist eine andere Sache.«

»Dann lass uns reden. Wie viele sind es?«

»Viele«, sagte Mor. »Sehr viele. Sie haben die Stämme des Nordens vereint – Veniconen, Dumnonier, vielleicht noch andere. Zusammen mehrere Tausend, die sich diesen neuen Namen gegeben haben. Das Bemalte Volk. Sie hassen sich alle gegenseitig, aber sie haben einen Bluteid geschworen, der stärker ist als dieser alte Hass. Und Corvus, der sie anführt …« Mor legte eine längere Pause ein. »Er hat sich seinen Namen redlich verdient. Er ist wirklich eine

Aaskrähe in Menschengestalt. Euer Volk hat ihm die Kunst der Kriegsführung etwas zu gut beigebracht. Euch zu hassen, hat er aber ganz allein gelernt. Und mit diesem Hass auch andere zu inspirieren – diese Gabe scheinen ihm die Götter verliehen zu haben.«

»Ja«, sagte Lucius, und jetzt war es an ihm, Kai einen Blick zuzuwerfen. »Die Gabe scheint er tatsächlich zu haben.«

»Sie rücken näher«, sagte Mor. »Sie sammeln sich an der Grenze meines Landes. Sie wollen den Wall bezwingen und euch euer Land nehmen.«

»Schlechte Äcker und karge Weiden. Ein närrisches Ziel für einen Krieg.«

»Natürlich. Aber es bedeutet ihnen viel. Und euch wohl auch, wie es scheint. Warum hättet ihr sonst diesen Wall bauen sollen? Du sagst, das Land sei wertlos, aber trotzdem werden sie dafür kämpfen und sterben. Genau wie ihr.«

»Und du?«, fragte Lucius. »Wirst du sie durch dein Land marschieren lassen? Oder dich an deinen Vertrag mit Rom erinnern?«

»Sie sind zu viele, als dass ich sie mit meinen Leuten aufhalten könnte«, sagte Mor. »Abgesehen davon wollen sie dein Land, nicht meins. Und mein Volk ist nicht so töricht, um Land zu kämpfen, das uns nicht gehört.« Der Häuptling gestattete sich ein Lächeln. »Diese Torheit sei den Römern vorbehalten.«

Lucius antwortete nicht. Er starrte ins Feuer, folgte den gewundenen Formen aus Flammen und Rauch, versuchte nachzudenken.

Nach einer Weile erhob Mor wieder die Stimme – sanft, aber bestimmt. »Was willst du tun?«

»Mein Legat muss davon erfahren.« Lucius sprach diese Worte wie ein Richter in einem Prozess im fernen Rom, der ein Urteil verkündete. Ein Todesurteil.

»Es wird also Krieg geben?«

»Wird es. Blutig und sinnlos.«

»Glaubst du, ihr werdet gewinnen?«

»Wenn ich eine Sache im Leben gelernt habe, dann, dass Rom nicht verliert. Und Caerellius, mein Legat, ist ein ehrgeiziger Mann. Er *darf* nicht verlieren.«

Mor lächelte nur, aber es war ein trauriges Lächeln.

»Du glaubst, ich irre?«

»Hier braut sich etwas zusammen, nördlich des Walls. Etwas, das euer Imperium nicht aufhalten kann.«

Da lachte Lucius; spöttisch und hasserfüllt wallte Gelächter in ihm auf und brach hervor. »Hast du eine Ahnung, wie viele Stämme und Völker uns das schon gesagt haben?« Lucius sagte es mit all dem Stolz seines Volkes, den er so verachtete, aber in diesem Moment konnte er nicht anders. »Im gesamten Imperium, seit Hunderten von Jahren. Karthager. Gallier. Quaden. Markomannen. Icener. ›Wir sind etwas Besonderes, wir werden Rom besiegen, denn wir sind tapferer und edler als sie.‹ Und einer nach dem anderen ist von Rom gebrochen worden.«

»Genau wie deine Sarmaten, ja?«

Lucius zögerte. »Ja. Sogar die.«

Mor nickte. »Du sprichst die Wahrheit. Und trotzdem sage ich dir, dass es so ist. Was hier passiert, mag nicht allzu lang Bestand haben. Diese Jahreszeit noch, vielleicht nicht einmal das. Aber für kurze Zeit hat es die Macht, euch zu vernichten.«

»Und du glaubst, es ließe sich nicht aufhalten?«

»Natürlich lässt es sich aufhalten. Alles lässt sich aufhalten. Aber es wird nicht von eurem Imperium aufgehalten werden. Weder von eurem Wall noch von euren Legionen.«

»Wovon dann?«

»Von Magie, oder von gar nichts«, sagte Mor. »Und ich fürchte, es gibt kaum noch Magie in unserem Land, bis auf die, die Menschen selbst erzeugen können.«

Erst sagte Lucius nichts. Dann leerte er seinen Becher und ließ die letzten Tropfen zu Boden fallen, als Opfer für die Götter. »Ich werde deinen Stamm aus den Kämpfen heraushalten, wenn ich kann.«

»*Ich* werde ihn aus den Kämpfen heraushalten, wenn ich kann«, gab Mor zurück. »Aber mehr kann ich nicht versprechen.«

»Sie haben südlich des Walls eure Verwandten getötet«, sagte Lucius. »Sie wollten ein Kind von eurem Stamm als Geisel nehmen.«

»Stimmt. Aber viele Fehden werden vergessen, sollte es Krieg gegen Rom geben. Das ist es, wonach sich meine Leute sehnen, mehr als alles andere. Es ist wie ein Flüstern in der Nacht, wie ein geteilter Traum. Es wird mich sehr viel kosten, sie von diesem Traum abzuhalten. Ich weiß nicht, ob es überhaupt möglich ist.« Der Häuptling schaute in den Himmel – vielleicht prüfte er, wie viel Tageslicht noch blieb, oder er suchte in den Wolken nach einem Omen. Schließlich lachte er fröhlich und warmherzig. »Aber das ist dann, jetzt ist jetzt. Trink dein Bier und iss dein Fleisch. Und schau nicht so trübselig. Du bist am Leben, obwohl du heute sterben solltest. Das muss doch gefeiert werden, stimmt's?«

»Mag sein«, sagte Lucius. »Aber ich habe heute einen Helden verloren.« Und einmal mehr fiel sein Blick auf Kai – er saß abseits der anderen Sarmaten, die Arme um seine Beine geschlungen wie ein Kind.

»Er hat dich verraten?«, fragte Mor.

»Das hat er. Aber in gewisser Hinsicht habe ich ihn zuerst verraten.«

»Und was hast du vor? Was wäre der römische Weg?«

»Ihn vor den Mauern der Festung an ein hölzernes Kreuz zu schlagen, wo ihn jeder sterben sehen kann.«

»Und der Weg der Sarmaten?«

»Ich weiß es nicht. Ein Duell wahrscheinlich.«

»Und *dein* Weg?«

Lucius lächelte widerwillig. »Du bist ein gerissener Mann«, sagte er. »Ich weiß nicht, ob ein Häuptling so begierig darauf sein sollte, den Menschen ins Herz zu schauen. Das wird dir noch Ärger einbringen.«

»Wohl wahr«, sagte Mor. »Hat es auch schon. Ich hätte Druide werden sollen. Es war schon immer meine Gabe, die Geheimnisse von Menschen und Göttern zu enträtseln. Aber es gibt keine Druiden mehr – Rom hat sie alle getötet, wie du vielleicht weißt. Man hat sie zum heiligen Hain auf Ynys Môn getrieben, ganz im Westen, sie abgeschlachtet und alles niedergebrannt. Vor hundert Jahren schon. Und damit auch unsere Götter getötet, glaube ich. Also muss ein Mann wie ich stattdessen Häuptling sein.«

Plötzlich beugte Mor sich vor und ergriff Lucius beim Arm, eine Geste von ungewöhnlicher Vertrautheit. Und als der Häuptling weitersprach, geschah es mit dem schönen, beängstigenden Tonfall eines Priesters oder Propheten, eines Mannes, der unerschütterlich an das glaubt, was er sagt. »In dieser Hinsicht sind wir uns sehr ähnlich – die Götter haben uns beide in die falschen Körper gesteckt und uns ans falsche Ende der Welt geschickt. Aber vielleicht gibt es gerade deshalb etwas, das wir hier tun können. Etwas, das niemand sonst tun kann. Glaubst du mir das?«

»Ich weiß es nicht«, sagte Lucius.

Das Feuer des Priesters wich aus Mors Blick – er lehnte sich wieder zurück, wirkte mit einem Mal traurig und müde. »Wenn die Sonne untergeht, musst du wieder südlich des Walls sein«, sagte er. »Bis dahin bist du hier sicher. Danach kann ich nichts mehr versprechen.«

* * *

Am Rand des Lagers der Votadiner fuhr Kai mit der Hand über den Boden. In der Berührung von Gras und Erde suchte er die Erinnerung an einen anderen Ort und eine andere Zeit. Es war eine fremde Landschaft, deren torfiger Boden durch seine Handfläche glitt, und auch das Gras war sehr anders als die hohen, tanzenden Halme der Steppe. Trotzdem konnte er Erde und Gras berühren und so tun, als wäre er zu Hause an der Seite seiner Tochter.

Eine kindliche Träumerei. Weder die Steppe noch seine Tochter würde er je wiedersehen.

Er konnte hören, wie Lucius und der Häuptling sich leise unterhielten. Die Worte verstand er nicht, aber er hörte den Rhythmus ihrer Ausführungen. Als Lucius die Stimme erhob, durchfuhr ihn ein scharfer, drängender Schmerz. Oft in der Vergangenheit hatte ihn diese melodische Stimme beruhigt. Jetzt nicht mehr. Jetzt brachte ihr bloßer Klang neue Schuldgefühle, die um sein Herz kreisten wie ein Wolf, der einem hilflosen Mann nachstellt, der blutig und gelähmt im Schnee hockt. Aber ein Wolf wäre gnädiger gewesen, denn er hätte seinem Opfer rasch die Kehle geöffnet und anders als die Scham kein Interesse daran, sein Opfer bei lebendigem Leib zu verzehren.

Ganz in der Nähe hörte er schweren Hufschlag, begleitet von sanften Schritten. Als Kai aufschaute, sah er Laimei auf sich zukommen. Sie ging zu Fuß und führte ihr Pferd an den Zügeln.

Dicht vor ihm blieb sie stehen und legte eine Hand an die Flanke des Pferdes. Wie immer überraschte es ihn, eine solch sanfte Geste von ihr zu sehen. Denn nie erhob sie die Stimme zu Gesang oder Lachen, lächelte auch nie, es sei denn, um einen gekonnten Streich mit Speer oder Schwert zu preisen. Männer und Frauen waren ausschließlich dazu da, um befehligt zu werden, um sie ihrem Willen gefügig zu machen. Einzig im Umgang mit ihrem Pferd war noch etwas von der sanften Schwester zu erkennen, die sie einst auch für ihn gewesen war.

Eine Weile betrachteten sie einander schweigend. Wie immer war ihre Miene hart und unergründlich – die Gabe einer Kriegerin, dieser leere, fast gelangweilte Gesichtsausdruck, der absolut nichts verriet.

Zweimal schon hatten sie sich mit dem Speer in der Hand gegenübergestanden, in der Steppe fern im Osten. Und jeder Krieger weiß, dass die Götter die Zahl Drei sehr schätzten, und wenn etwas bereits zweimal passiert war, würde es sicherlich noch ein weiteres Mal passieren.

Schließlich war sie es, die sprach. »Er hat also sein Wort gebrochen.«

»Er hat es dir gesagt?«

Sie schüttelte den Kopf. »Nein.«

»Trotzdem weißt du es. Wie immer.« Jetzt schüttelte Kai den Kopf. »Du hättest eine Traumdeuterin werden sollen, eine Seherin, die unserem Volk die Zukunft prophezeit.«

Ein Schulterzucken. »Das ist keine Zauberei. Du bist ein einfacher Mann und trägst deine Wunden offen im Gesicht. Ich kann mir nur eine Sache vorstellen, die dich derart verletzt.«

»Er hat sein Versprechen gebrochen«, sagte Kai. »Mir gegenüber. Uns allen gegenüber. Wir können nie mehr nach Hause.«

Sie schien nachzudenken. »Mein Leben ist einfacher als deines«, sagte sie dann. »Ich habe gewusst, dass ich nicht bis zu unserer Rückkehr überleben würde, also war es mir egal. Wer hätte je von einem Helden gehört, der dreißig Sommer erlebt?«

»Aber du musst doch Angst gehabt haben, als du begriffen hast, dass sie dich nicht kämpfen lassen.«

»Ja«, sagte sie leise. »Ich hatte Angst, alt zu werden. Ich habe gezweifelt. Aber das war falsch. Die Götter haben mich an diesen Ort geschickt.« Ihr Blick glitt durch Mors Gehöft und fiel auf die Zeichen des Krieges – der alte Streitwagen, die Trophäen vor der Hütte, die Pferde auf den Feldern. »Manche Frauen können hier zu Königinnen werden. Und zu Kriegern, wenn es sein muss.«

»Du hast deinen Platz gefunden«, sagte Kai, »und einen Stamm, bei dem du dich aufgehoben fühlst.« Er hob die Hand und fuhr sich über die Wangen, spürte die Wirbel der Narben, die sie verzierten. »Aber ich habe keinen Stamm. Und ohne Lucius …«

»Warum redest du darüber mit mir?«

Kai erschauderte unter der Kälte in ihrer Stimme. Was zwischen ihnen auch passiert war, noch immer versuchte er aus irgendeinem alten Instinkt, Trost bei ihr zu finden. Ihre Mutter war bei seiner Geburt gestorben – was bei den Sarmaten als glückliches Zeichen galt, denn es bedeutete die Geburt eines Furcht einflößenden Kriegers, der töten konnte, noch bevor er einen Tag alt war. Und so hatten Kai und Laimei sich gegenseitig großgezogen, während ihr Vater zu Fehden und Raubzügen und Kriegen auszog. Nichts war mehr übrig von der tiefen Vertrautheit, die sie einmal verbunden hatte. Er ließ den Kopf hängen und spürte die müden, niedergeschlagenen Tränen über die Narben auf seinen Wangen rinnen.

Aber dann – eine Berührung an der Schulter. Die glei-

246

che sanfte Berührung, die seine Schwester sonst nur ihrem Pferd gewährte. Der erdige Duft ihrer Haare, als sie sich neben ihn setzte und den Kopf an seinen lehnte.

Gemeinsam saßen sie lange Zeit so da und betrachteten die Bewegungen der Pferde auf der Weide, wie sanft sie das Gras mit den Lippen zupften.

»Manchmal«, sagte sie irgendwann, »wünschte ich, ich könnte unsere Fehde begraben. Aber ich habe nie gelernt zu kapitulieren. Und das wäre es für mich, eine Kapitulation. Verstehst du das?«

»Ich weiß. Ich habe dich verletzt. Und es tut mir leid. Alles, was ich getan und unterlassen habe.«

»Ja«, sagte sie. »Aber du sollst wissen – ich will mich nicht an dir rächen. Nicht mehr.«

»Laimei …«

Sie stand auf und wandte sich von ihm ab. »Das ist es, was ich dir biete«, hörte er sie sagen. »Einen Waffenstillstand. Und ich wünsche dir viel Glück. Vielleicht reicht das nicht.«

»Es muss reichen.«

Und da hätte sie eigentlich fortgehen müssen – alles, was er von ihr wusste, zeugte davon. Sie aber blieb stehen, zögerlich und unentschlossen. »Hältst du mich für grausam?«, fragte sie.

Kai versuchte zu lächeln. »Es ist der Name, den du dir verdient hast – Grausamer Speer.«

»Und denkst du so über mich?«, fragte sie. Ein seltsam sehnlicher Unterton lag in ihrer Stimme.

Zunächst wusste er nicht, was er antworten sollte, denn

er konnte nicht glauben, dass sie ihm diese Frage gestellt hatte. Dass sie, die sich durch pure Willenskraft einen Platz in dieser Welt erkämpft hatte, die allein und stolz war und weder Mann noch Frau an ihrer Seite zu brauchen schien, trotz allem noch das Bedürfnis haben sollte, verstanden zu werden.

»Nein«, sagte er. »So denke ich nicht über dich. Ich erinnere mich an dich, wie du früher warst, denn vor langer, langer Zeit hast du mir so viel Zuneigung geschenkt, dass es für ein ganzes Leben reicht.« Er stockte. »Vielleicht ist *das* dein wahres Wesen – vielleicht bist du ein Geschöpf der Zeitalter. Du hattest dein Zeitalter der Liebe, als wir Kinder waren, und solche Liebe habe ich seitdem nie wieder gefühlt. Jetzt ist dein Zeitalter des Krieges, und das ist so rein und wahr, wie es früher deine Liebe war. Ich frage mich, ob wir beide lang genug durchkommen, um dein nächstes Zeitalter zu erleben. Ich bin sicher, es wird außergewöhnlich.«

Da lächelte sie plötzlich, schüchtern wie ein Kind. »Jetzt weiß ich mehr über dich als vorher. Ich dachte, du könntest deine Versprechen nicht halten, aber das kannst du. Die Versprechen des Herzens hältst du besser als jeder andere.«

Da war eine große Erkenntnis zwischen ihnen, während der Wind die Heide durchstreifte und die Pferde leise wieherten – der Kreis hatte sich geschlossen. Wie wunderbar es gewesen wäre, für immer in diesem Augenblick zu verharren. Aber schon senkte sich die Sonne am Himmel, und die Sarmaten pfiffen ihre Pferde herbei. Der Augenblick endete so schnell, wie er gekommen war.

»Die anderen brechen bald auf«, sagte sie. »Du musst dich entscheiden, ob du mit ihnen zurückgehst.«

»Du bleibst hier?«, fragte Kai.

»Für mich gibt es südlich des Walls nichts mehr.« Sie zögerte. »Und ich glaube, für dich auch nicht.«

Kai schaute zu Lucius hinüber und fragte sich, ob sie recht hatte. Der Römer saß auf seinem Pferd, sichtlich erschöpft, aber noch immer ein stolzer Krieger. In all seinen Bewegungen und Worten zeigte sich die Aura eines großen Anführers. Trotzdem wohnte seinen Handlungen eine seltsame Leere inne – vielleicht kannte nur Kai ihn gut genug, um zu bemerken, dass Lucius eine Art Schauspiel inszenierte, an das er selbst nicht mehr ganz zu glauben schien.

»Vielleicht hast du recht«, sagte Kai. »Aber ich muss es herausfinden.«

»Na gut«, sagte sie. »Aber du kannst nicht unbewaffnet losziehen.« Sie nahm zwei Speere von einem nahen Waffenstapel und streckte die Hand aus – zögerte dann jedoch, ehe sie ihm einen der beiden reichte. »Wenn du zurückgehst, tötet er dich vielleicht.«

»Vielleicht«, sagte Kai und wog den Speer in der Hand. »Aber das ist nicht von Belang, oder? Noch einen Tag leben oder noch zehn Jahre, das spielt keine Rolle. Hauptsache, man tut das Richtige.«

»So ist es«, sagte sie. Und vielleicht hatte Kai sich doch getäuscht, und sie war kein Geschöpf verschiedener Zeitalter. Denn in diesem Moment sah er das Kind vor sich, das sie einmal gewesen war, und große Liebe stand ihr deutlich ins Gesicht geschrieben.

Dann das Knirschen von gegerbtem Leder und einem hölzernen Speerschaft auf rauer Haut, als Laimei sich vorbeugte und mit ihrer Speerspitze gegen Kais schlug, Metall auf Metall wie der Klang einer Glocke. Der Abschiedsgruß zwischen Kriegern.

19

Die Kunde verbreitete sich rasch hinter den Mauern und in den Gassen von Cilurnum – von Norden nahten Reiter. Als die Sonne gerade vom Himmel verschwand, kehrte ihr Befehlshaber zurück.

Man konnte alles über einen Anführer herausfinden, wenn man sah, wie er bei seiner Rückkehr begrüßt wurde. Kehrte ein Tyrann zurück, wurden Männer starr wie Statuen in der Hoffnung, übersehen zu werden – die Gossen stanken nach Erbrochenem, und die Wächter erschauderten auf ihren Posten, wenn ihr Peiniger zurückkam. Kehrte ein schwacher Anführer zurück, war überall das leere Lächeln von Dieben zu sehen, die stumm ihre Lippen bewegten, um die unterwürfigen Lügen zu üben, die ihnen Glück oder Gunst bringen würden.

Nichts dergleichen sah Arite, als das Wort umging, Lucius kehre zurück. Kein angsterfülltes Strammstehen, sondern Männer, die sich stolz aufrichteten. Funkelnde Augen und leise, melodische Worte in der Luft, als Geschichten geteilt wurden. *Weißt du noch, als … Er hat mir gesagt, dass … Ich hab ihn mal gesehen …* Denn hier kam ein Anführer, dem die Männer begeistert folgten.

Sie sah zu, wie das Tor geöffnet wurde. Und sie sah – wenn auch nur für einen kurzen Moment – einen geschlagenen, ängstlichen Mann, ehe er die Maske aufsetzte, die er für seine Männer trug. Lucius kehrte in die Festung zurück.

Er lächelte. Machte kleine Witzchen, begrüßte mit warmen Worten die Wachtposten beim Namen. Nur ein kaum merkliches Zittern in einem Mundwinkel und das rastlose Trommeln seiner Finger auf dem Schwertknauf. Dann erblickte sie hinter ihm Kai – sein Anblick ließ ihr Herz vor Freude singen, aber nur für einen Augenblick, denn sie sah, dass er auf seinem Pferd saß wie jemand vor einer hoffnungslosen Schlacht. Der schrecklich schöne Anblick, den sie schon so oft erlebt hatte, wann immer sich die Männer und Frauen ihres Volkes dem Tod gegenübersahen.

Aber auch dieser Moment war schnell vorüber. Lucius beugte sich vor, um mit Kai zu sprechen, flüsterte eine Anweisung, legte die Hand auf seine. Dann war der Römer fort – er ritt ins Zentrum der Festung, und Kai blieb allein am Tor zurück, während die übrigen Sarmaten zur Kaserne strebten.

Sie rief seinen Namen und sah bei ihrem Anblick allen Schmerz aus seinem Gesicht weichen. Einen einzigen Augenblick nur, einen Augenblick voll leuchtender Freude.

Kais Pferd wurde von einem seiner Gefährten weggeführt, dann gingen sie gemeinsam durch die Festung in Richtung *vicus*. Die ungesagten Worte schienen sich wie eine Wolke zwischen ihnen zu verdichten, Geheimnisse und Geständnisse, die ausgesprochen werden mussten. Noch aber wanderten sie langsam und stumm Seite an Seite, erfüllt von Furcht vor dem, was am Ende des Weges warten mochte.

Von Zeit zu Zeit musste sie anhalten und sich auf den Boden setzen, denn sie war noch immer geschwächt von der Wunde. Jeder Schritt trieb ihr schneidende Schmerzen in den Rücken. Und jedes Mal, wenn sie anhielt, sah sie Kais Hände zucken und ihn einen halben Schritt auf sie zu machen, ehe er sich besann und Abstand hielt.

Bei ihrem schiefen Haus im *vicus* setzten sie sich beide und lehnten sich mit dem Rücken an die Wand. Noch immer lag brütende Hitze in der Straße, denn es war einer jener seltenen Mittsommertage im Norden, an denen die Luft noch schillert, wenn die Sonne schon fast untergegangen ist.

Nach einer ganzen Weile sagte Kai: »Ich sollte nicht hier sein. Bahadur könnte zurückkommen.«

»Nein«, sagte sie. »Das wird er nicht.«

»Trotzdem, ich habe versprochen …« Er unterbrach sich und schüttelte den Kopf. »Ich habe genug von Versprechungen.«

Sie betrachtete ihn, aber er gab nichts preis. In dem Moment hatte er große Ähnlichkeit mit seiner Schwester, mit ihrer sorgfältig wachsamen Ausdruckslosigkeit.

»Ich dachte, ich hätte etwas gesehen, vorhin am Tor«, sagte sie. »Ich dachte, Lucius würde dich töten.«

Kai nickte trübe. »Dachte ich auch.«

»Warum?«

Und endlich kamen die Worte – schwerfällig und unaufhaltsam wie bei einer Beichte erzählte er ihr, was jenseits des Walls passiert war. Von seiner Gefangenschaft und davon, was der Abtrünnige erzählt hatte. Von dessen Fragen und seiner Antwort. Von dem Friedensschluss mit Laimei und der Verletzung, die er Lucius zugefügt hatte, die vielleicht niemals verheilen würde.

Als er fertig war und sich Stille zwischen ihnen ausbreitete, wusste sie, dass er ihr fast alles erzählt hatte. Aber etwas war ungesagt geblieben – eine offene Wunde, die er nicht berühren wollte, die aber eitern und faulen würde, wenn sie ihn nicht darauf ansprach.

»Was hat er dir gesagt?«, fragte sie. »Am Tor, nachdem die anderen weg waren?«

»Dass ich seine Gnade nicht mit Liebe verwechseln soll«, antwortete Kai. »Dass er jeden Reiter braucht, den er hat. Selbst die, denen er nicht trauen kann.«

Sie wartete, denn sie wusste, dass das noch nicht alles war. Sie sah ihm an, wie er die Wörter im Kopf zusammensetzte, langsam und geduldig. Selbst als sie den Ruf zum Wachwechsel hörten, als der Rauch der Kochfeuer dichter und es in den Tavernen laut wurde, wartete sie.

Und irgendwann redete er weiter.

»Ich habe an mein Volk geglaubt. Als ich das nicht mehr konnte, habe ich an dich geglaubt.« Ein steifes Lächeln. »Aber das sollte nicht mein Schicksal sein. Also habe ich mich an Lucius und sein Versprechen gehalten. Es hat mir alles bedeutet. *Er* hat mir alles bedeutet.« Er stockte. »Du hältst mich für einen Narren, so viel Vertrauen in dieses Versprechen gesteckt zu haben?«

»Vielleicht. Aber er war zufrieden genug damit, dich in deinem Glauben zu lassen, oder?« Sie hörte die Bitterkeit in ihren Worten.

»Was ist passiert?«, fragte Kai, und es lag eine solche Sanftheit in seinen Worten, dass sie erschauderte. Wie lange war es her, dass Bahadur so zu ihr gesprochen hatte?

»Ich bin im Krankenhaus aufgewacht«, sagte sie. »Ich bin aus dem Land der Toten zurückgekrochen. Und ich habe nicht für dich darum gekämpft, am Leben zu bleiben, sondern für Bahadur. Als ich aufgewacht bin, war er an meiner Seite – genau wie ich gehofft hatte. Aber wie er mich angeschaut hat ...«

»Was hast du gesehen?«

Sie hielt inne, weil sie die Worte nicht aussprechen wollte. Dann: »Er wollte, dass ich sterbe.«

Kai schüttelte den Kopf. »Das kann nicht stimmen.«

»Natürlich glaubst du es nicht«, sagte sie finster. »Und natürlich bist du nach allem, was zwischen euch passiert ist, immer noch auf seiner Seite. Aber ich weiß, was ich gesehen habe. Denn wenn ich tot wäre, wäre er endlich von diesen Schmerzen befreit. Er könnte die Wunde in seinem Herzen mit Stolz hegen und die Erinnerung an mich wie einen Schatz hüten. Ein kaltes, totes, ungefährliches Ding. Für ihn wäre es eindeutig das einfachere Leben.« Sie schaute Kai in die Augen und wusste, dass sie bereit war, auch ihn zu verstoßen, sollte das nötig sein. »Glaubst du mir?«

»Es ist ein schrecklicher Anblick«, sagte Kai, »dies in den Augen eines anderen zu entdecken. Ich glaube dir, denn ich habe es selbst schon gesehen.«

»Und das, nachdem ich so lange um ihn gekämpft habe. Nach allem, was ich für ihn gegeben und für ihn aufgegeben habe.« Sie schüttelte den Kopf. »Aber genug davon. Sag mir, was kommt jetzt?«

»Ein Krieg«, antwortete Kai. »Und ich sehne mich danach.«

»Ja. Für dich ist das ganz einfach. Du glaubst genau wie Bahadur, wenn es nur genug Tod gibt, wird dein Leben schon wieder ganz. Ich begreife jetzt, warum Laimei dieses Leben gewählt hat. Warum sie an Pferd und Speer festhält.« Arite schlang die Arme um ihre Knie und zog sie an sich – eine ferne Erinnerung kam auf, so einst von jemand anderem gehalten worden zu sein. »Sie wollte etwas, das ihr nicht einfach weggenommen werden kann. Sie wollte nicht das gleiche Schicksal erleiden wie ich.«

Da fürchtete sie sich wirklich, denn die harten Jahre schienen sich vor ihr zu erstrecken – ganz allein, während sie Männer wie Kai und Bahadur zu Grabe trug, wie sie auch ihre Kinder zu Grabe getragen hatte. Ihres Speers und ihrer Freiheit beraubt und nur noch darauf wartend, einsam zu sterben.

Kai schien ihre Gedanken zu erraten, denn sofort war es verschwunden – das Zögern und die Zurückhaltung, die Zweifel, die ihn stets begleitet hatten. Nur noch eine sanfte Berührung, mit der er ihre Hand wie zum Gebet umschloss. Nicht mehr als das.

Natürlich war es lange vorherbestimmt. Seit sie am Tor seinen Namen gerufen hatte, oder noch viel früher. Vielleicht von dem Moment an, in dem sie ihn zum ersten Mal gesehen hatte, in der Steppe fern im Osten. Als ihr Ehemann ihn mit nach Hause gebracht hatte – einen jungen

Mann, bleich und weinend, beschämt und allein. Bahadur hatte nicht ahnen können, welches Unheil er damit in sein Heim brachte, die wunderbare, schmerzhafte Liebe, die sie zu dritt miteinander teilen würden und der keiner von ihnen entrinnen konnte.

Jetzt aber empfand sie einen großen inneren Frieden, zu wissen, dass es so entschieden war, und wünschte sich mehr als alles andere, sie könnte dieses Gefühl mit Bahadur teilen, es ihm begreiflich machen. Denn wie große Helden wussten, dass es die Hand der Götter war, die ihr Pferd und ihren Speer leitete, wussten es auch die Liebenden. Auch sie kannten die schöne, beängstigende Berührung des Schicksals. Und Arite wusste, dass sie in seinen Armen zumindest ihren Schmerz würde vergessen können.

* * *

Lucius saß allein in der Unterkunft des Präfekten. Seine einzige Gesellschaft waren die schweren Schritte der Wachtposten, die hin und wieder draußen erklangen, sowie das Kratzen und Schaben einer Ratte, die einen Weg ins Gemäuer suchte. Auf dem Schreibtisch vor ihm türmten sich die Wachstafeln – Nachrichten, Anfragen, Befehle. Viele Präfekten und Legaten erzählten trocken von diesem besonderen Feind, dem wahren Mörder edler Römer an den Reichsgrenzen. Angeblich fielen in den Randprovinzen mehr Römer durch ihr eigenes Schwert als durch die Hand von Barbaren.

Ein netter Witz, hatte Lucius einst gedacht, doch jetzt

kannte er die Wahrheit. Es schien ein sinnentleertes Leben zu sein, ohne Freund an seiner Seite die Jahre in Wachs zu kratzen. Vielleicht hatte genau das einige Legionen in den Untergang getrieben – die Neunte, die jenseits des Walls verschollen war, die drei Legionen, die Varus in Germanien in den Untergang geführt hatte. Vielleicht brach bei manchen Befehlshabern der Verstand irgendwann unter der Einsamkeit zusammen, und dann blieb nur noch der irre, hungrige Marsch in den Tod. Da fürchtete er sich, rief nach frischem Holz für die Feuerschalen und ließ sie hell entfachen wie ein Kind, das Angst vor der Dunkelheit hat.

Er saß da und versuchte nachzudenken. Versuchte sich an die Gaben der Sarmaten zu erinnern – an ihre herrliche Tapferkeit und ihren Lebenshunger, gepaart mit ihrer Gleichgültigkeit dem Tod gegenüber. Dieses kleine, flackernde, schwindende Licht, das er hier an der Grenze des Imperiums hatte erhalten wollen, für das er kämpfen und vielleicht sterben musste. Bis dahin aber musste er auf seinem Posten bleiben – in den langen, kalten Nächten, in seiner Einsamkeit und seiner Furcht. Um ihretwillen musste er weiterleben.

Er rief nach den Wachen und stellte dankbar fest, dass seine Stimme noch stark klang und kräftiger, als er sich fühlte. Als der Mann eintrat – ein vernarbter alter Veteran namens Saratos –, gab Lucius ihm die Namen von sechs Männern, die vor ihm erscheinen sollten.

»Und schick eine Frau zu mir«, fügte er hinzu. »Eine aus dem *vicus*.«

Der Wachmann trat auf der Stelle. »Sie kommen nicht

in die Festung.« *Sie dürfen die Festung nicht betreten* – er brauchte es nicht auszusprechen, denn Lucius selbst hatte es verboten.

»Ich bin mir sicher, für ein paar Münzen extra wird sie kommen«, sagte Lucius. »Und auf meinen Befehl hin.«

»Ja, Herr. Eine bestimmte Frau?«

Lucius versuchte zu lächeln. »Irgendeine, ganz gleich.«

Einige Zeit später klopfte es an der Tür, und sechs Männer betraten das Zimmer – wenn man sie denn Männer nennen wollte, denn es waren eher Knaben; der jüngste von ihnen konnte nicht mehr als dreizehn Sommer erlebt haben. Sie waren die jüngsten Männer in der Festung, diese Unglücklichen, die gerade eben alt genug gewesen waren, um mit in den Westen ziehen zu müssen. Wären sie ein Jahr oder auch nur einen Monat später geboren worden, hätten sie ihre Heimat nicht verlassen müssen. Trotzdem hatten sie alle den harten Blick von Veteranen – in der Steppe kämpfte man schon in jungen Jahren. Sie waren schlank und beweglich, die schnellsten Reiter unter seinem Kommando. Und wenn er überhaupt Männer im kampffähigen Alter vom Wall abzog, fort von dem, was bald kommen würde, dann sie.

In der Hand hielt er die versiegelten Wachstafeln. Nachrichten für den Westen und den Süden – für Eboracum, Vindolanda und Coria. Kurz zögerte er, ehe er die Tafeln überreichte, denn sobald sein Bericht erfolgt war, würde es Krieg geben. Die Sarmaten entlang des Walls und in den Übungslagern im Süden würden zusammengezogen werden, und vielleicht würde sogar die Sechste Legion ausrücken. Sobald die Siegel dieser Wachstafeln aufgebrochen wurden, lagen blutige Jahre vor ihnen. Und er wusste nur zu gut, dass es immer einfacher war, einen Krieg anzufangen, als ihn wieder zu beenden.

Am Ende händigte er sie aber doch aus und begleitete seine Befehle mit einem Gebet an den Kriegsgott. Und an den Gott der Reisenden, dass er die Sarmaten auf ihrem Weg beflügeln möge.

Sobald sie wieder vor der Tür waren, sah er ihre Blicke für einen kurzen Moment sanft werden, als die Jungen grinsten und miteinander lachten. Sofort waren sie wieder Kinder, denen ein Abenteuer im Dunkeln bevorstand, die miteinander scherzten, um ihre Angst zu besiegen und sich gegenseitig zu Mutproben anzustacheln.

Dann waren sie fort, hinaus in die Nacht, und er war wieder allein. Lange Zeit wartete er auf ein Klopfen an der Tür. Auf eine Frau.

Draußen war die Nacht warm und frisch und der Himmel kaum bewölkt, fast sternenklar. Die Boten saßen auf, begleitet von Pferden zum Wechseln, das Tor öffnete sich zum weiten Land jenseits der Festung, vor ihnen lag die dunkle Linie der Straße wie ein Weg aus Eisen. Eine letzte Umarmung, begleitet von Glückwünschen, ein letztes Lächeln, die Zähne weiß im Mondlicht.

Diese fröhlichen jungen Männer, die leicht im Sattel saßen. Die Jugend der Sarmaten, die sich bei Anbeginn der Nacht auf die grauen Straßen begab.

Keiner von ihnen würde zurückkehren.

Teil 3

Die Verlorenen

20

In den alten Geschichten waren böse Omen alles andere als unscheinbar. Ein schwarzer Vogel, groß wie ein Pferd, der auf einem hohen Baum landete und den Menschen zu seinen Füßen finstere Prophezeiungen krächzte. Ein scharfer Westwind, der die Schafe auf den Weiden versteinern ließ. Ein Barde, der nur im Mondlicht gesehen werden konnte und misstönend auf einer Harfe zupfte, die aus den Knochen und Sehnen verlorener Kinder gefertigt war.

Als die Omen nun Cilurnum erreichten, waren es jedoch ganz unscheinbare Dinge. Eine Wagenladung Getreide, die nicht ankam, eine Kiste voll Silber, die irgendwo auf der Straße verschollen war. Eine verspätete Nahrungslieferung und eine verspätete Soldkiste – mehr nicht. Zwei schlichte Markierungen auf Birkenrinde, um die Überfälligkeit zu verzeichnen, mehr hätte daraus nicht werden müssen. Aber tief im Innern erkannte Lucius die wahre Natur dieser Vorzeichen. Und je mehr Tage ins Land zogen, ohne dass seine Boten zurückkehrten, desto schrecklicher wurde das Wissen, das in ihm wuchs.

Er verdoppelte die Patrouillen und inspizierte persönlich die Vorräte, so gründlich, wie er die Mauern der Festung studierte, um mögliche Schwachstellen zu erkennen, wo seine Feinde – vornehmlich Ratten und feuchtes Wetter – die Verteidigung durchbrechen könnten. Er überlegte, weitere Boten den Wall entlangzuschicken, zu den Festungen und Meilenkastellen jenseits seines Territoriums. Aber aus Gründen, die er selbst nicht benennen konnte, fürchtete er sich zu sehr davor.

Bis die Festung eines Morgens erwachte und man den *vicus* verlassen fand.

Die aufgehende Sonne enthüllte einen Ort der Leere und Stille – bis auf einen Sarmaten, der verloren durch die Gassen wanderte und vergebens den Namen seiner Geliebten rief. Eine Taverne, die am vorigen Abend noch lange aufgehabt und deren brigantischer Besitzer herzlich mit seinen Gästen gelacht hatte, lag nun verlassen da. Alle Weinkrüge waren zerschlagen, ihr Inhalt fand sich in Pfützen auf dem Boden verteilt, und es gab keine Spur von dem fröhlichen Inhaber. Ein Schuster, ein alter vernarbter Votadiner, der seit fast zwanzig Jahren die Stiefel des Militärlagers geflickt und besohlt hatte, war verschwunden und hatte alles zurückgelassen; halbfertige Schuhe lagen wie geisterhafte Fußabdrücke in der Werkstatt verteilt. Nur einige wenige Frauen der örtlichen Stämme waren geblieben, ob nun aus Liebe zu einem Soldaten oder einfach, weil es keinen anderen Ort für sie gab, an den sie hätten gehen können. Aber so sehr ihre Geliebten auch auf sie einredeten, sie bestürmten oder bedrohten, sie antworteten nicht. Saßen nur auf dem Boden, stumm und mit glasigem Blick. Zu treu, um einfach zu verschwinden, aber außerstande auszusprechen, was sie zum Bleiben veranlasst hatte. Ihre Zungen waren durch einen Stammeseid gebunden, und so saßen sie da und warteten auf den nahenden Tod.

Als Lucius daraufhin neue Patrouillen aussandte, waren auch die umliegenden Landstriche wie leer gefegt. Niemand war geblieben, nicht einmal die alten Männer und Frauen, die sie zuvor noch angetroffen hatten. Das Getreide war niedergemacht, die Weiden ohne Tiere. Selbst das Wasser hatten sie vergiftet, denn immer wieder zogen die Soldaten Tierkadaver aus Brunnen und Quellen. Lucius stand da, ließ die zerfurchte Erde durch seine Finger rinnen und rechnete fast damit, glitzernde Salzkristalle darin zu sehen, wie es die Römer angeblich in Karthago gehalten hatten, als sie die mächtige Stadt dem Erdboden gleichmachten.

Es war, als hätte ein rachsüchtiger Gott eine verfluchte Schneise ins Land geschlagen, die sämtliche Einheimischen von einem Moment auf den anderen vernichtet und nur die Sarmaten verschont hatte. Aber Lucius wusste es besser, und ein Blick in die bleichen Gesichter seiner Begleiter machte klar, dass auch die Sarmaten es besser wussten. Sie selbst waren es, die man dazu verflucht hatte, zurückzubleiben.

* * *

In jener Nacht tat Lucius, was zu Unterlassen er sich geschworen hatte. Er schickte nach Kai.

Er konnte nicht einmal genau sagen, was er sich davon versprach. Vielleicht war es die leere Hoffnung, wieder kitten zu können, was zwischen ihnen zerbrochen war, oder dieser seltsame Drang, an einer offenen Wunde herumzudrücken, den jeder Krieger kannte – dem Anblick von offenem Fleisch und zersplitterten Knochen erst durch neuerliche Berührung zu glauben. Aber wenn ihn die Sarmaten eines gelehrt hatten, dann, auf Traumbilder und Instinkt zu vertrauen, auf die unausgesprochenen Nachrichten der Götter, die sich nur im Sehnen des eigenen Herzens finden. Darauf, dass er zu einem späteren Zeitpunkt den Grund für sein Handeln erkennen würde, wenn es nicht mehr darauf ankam.

Als der Sarmate sein Zimmer betrat und salutierte, sagte Lucius eine Weile nichts. Er betrachtete den Mann, der einmal sein Freund gewesen war.

Da waren Gräben unter den Augen, sein Gesicht wirkte eingefallen. Trotzdem schien Kai überaus lebendig, kam mit leichten Schritten herein und begegnete Lucius' prüfendem Blick mit seinem eigenen. Heiß und scharf stieg ihm Neid die Kehle hoch, bis er ihn wie bitteren Wein schluckte. Es schien ihm ein grausames Schicksal zu sein, dass er unter ihrer Trennung mehr leiden sollte als Kai.

»Was ist dein Befehl, Herr?«, fragte der Sarmate schließlich.

»Du musst mir noch mehr berichten«, gab Lucius zurück. »Erzähl mir genau, worüber du mit Corvus dem Abtrünnigen jenseits des Walls gesprochen hast.«

Zu seiner Genugtuung trieb er ihm damit ein wenig Röte in die Wange. Eine Erinnerung an Kais Schande.

»Kannst du darüber nicht reden?«, hakte er nach. »Hat er dich zum Schweigen verpflichtet?«

»Nein«, sagte der Sarmate. »Aber ich weiß nicht, was du suchst, Herr.« Er stockte. »Was ist passiert?«

»Die Felder sind leer. Der *vicus* ebenfalls. Und von den Boten, die ich ausgeschickt habe, ist keiner zurückgekehrt.«

»All das ist bekannt.«

»Also muss ich wissen, wie sie es geschafft haben. Es kommt mir zu groß vor, um das Werk eines Banditenkönigs nördlich des Walls zu sein.«

»Du glaubst, die Jungen, die du geschickt hast, sind tot?«

»Ich bin davon überzeugt«, sagte Lucius. »Und ich weiß, sie sind wegen der Nachrichten getötet worden, die sie überbringen sollten.«

Kai schwieg eine Weile. »Der Abtrünnige hat von Freunden südlich des Walls gesprochen«, sagte er dann. »Von Augen in der Festung und im Umland. Vielleicht haben sie die Boten losreiten sehen.«

»Ein Überfall? Das wäre eine beeindruckende Leistung für diesen Banditenkönig, es mit sechs sarmatischen Reitern auf der Straße aufzunehmen. Noch dazu nachts und an drei verschiedenen Orten.«

Kai schüttelte den Kopf. »Du hast recht. Wir müssen etwas übersehen haben. Wie hat das angefangen?«

»Was?«

»Wir müssen alles von vorn betrachten, wenn wir uns so verlaufen haben. Die Nacht, in der wir hier angekommen sind. Das leere Meilenkastell und der Raubzug südlich des Walls.«

Lucius nickte langsam. »Ein Deserteur würde die Kastelle kennen. Vielleicht gut genug, um sich mit Worten Einlass zu verschaffen und die Wachen abzuschlachten.«

»Also raubt er die einheimischen Frauen und Kinder«, sagte Kai, »damit Mor von den Votadinern nichts gegen ihn unternimmt. Er versammelt die Stämme des Nordens hinter sich und erklärt Rom den Krieg.«

Wieder schwiegen beide und suchten nach der gleichen Sache, nach dem Schlüssel zu den Gedanken des Corvus. Sie wollten sich die Welt vorstellen, wie sie in den Augen des Abtrünnigen aussehen musste.

Lucius machte als Erster den Mund auf. »Aber ein Deserteur würde wissen, dass die Sechste Legion in Eboracum stationiert ist.«

»Was ist mit ihr?«

»Vielleicht durchbricht er hier den Wall. Vielleicht kann er die Sarmaten zerstreuen, sollte ich tot sein.« Lucius verzog das Gesicht. »Obwohl er eure Loyalität mir gegenüber wahrlich zu hoch einschätzt. Aber gegen die Sechste kann er nicht bestehen. Und das muss er wissen.« Der Römer zögerte. »Glaubst du, er ist verrückt?«

»Nein«, sagte Kai sofort. »Er ist nicht verrückt. Also muss er glauben, dass er sie besiegen kann.«

Lucius schloss die Augen und legte den Kopf in die Hände. »Denk nach. Er muss noch irgendwas anderes gesagt haben.«

Wieder Stille. Bis Kai irgendwann beiläufig meinte: »Er hat erwähnt, dass der Kaiser angeblich im Sterben liegt. Kam mir komisch vor, dass er so etwas wissen sollte.«

Lucius' Kopf zuckte in die Höhe. »Bist du dir sicher?«

»Ja.«

In diesem Moment gab es vielleicht zum letzten Mal einen Einklang zwischen ihren Gedanken, denn sie hatten viele Monate damit verbracht, wie eine Einheit zu denken – im Kampf, abends am Feuer, während der langen Reise auf den Marschstraßen des Imperiums. Und obwohl ihre Kameradschaft bereits verblasste, war Lucius überzeugt davon, dass Kai es ebenfalls gesehen hatte – ein großes Pferd vor dem Nachthimmel. Einen Mann mit einem Pferd, das er nicht haben sollte, der Dinge wusste, die er nicht wissen konnte.

»Es liegt nicht daran, dass er glaubt, die Sechste Legion besiegen zu können«, sagte Kai. »Sondern er weiß, dass sie nicht kommen wird.«

Da wurde Lucius klar, warum er nach Kai geschickt hatte. Damit dieser denken konnte, was Lucius sich nicht zu denken traute, und den Verrat erkannte, den ein Römer nicht sehen würde. Schwer hing die Wahrheit zwischen ihnen im Raum – beide wussten es und konnten es trotzdem nicht in Worte fassen.

»Was hast du vor?«, flüsterte Kai.

»Das Einzige, was mir noch übrig bleibt«, sagte Lucius. »Ich werde eine weitere Nachricht schreiben.« Er griff nach Birkenrinde und Stift und war froh, kein Zittern ausmachen zu können. »Nur weiß ich jetzt, worum ich bitten muss.«

21

Einige Meilen südlich der Festung und des Walls erhob sich auf einer Hügelkuppe ein alter Steinkreis. Stumm und drohend ragten die mächtigen Steine empor, angeordnet in einer Formation, die einst heilig gewesen sein musste, deren Bedeutung jedoch längst vergessen war. Früher schien es ein Ort großer Macht gewesen zu sein, als noch die Worte der Götter von den Steinen widergehallt waren. Aber die letzten Druiden waren vor hundert Jahren gestorben, die Götter verstummt. Selbst die Briganten schienen diesen Ort zu meiden – vielleicht trauerten sie noch immer um die Religion, die man ihnen genommen hatte.

Dort wartete Lucius mit zehn handverlesenen Männern an seiner Seite. Die sarmatischen Kundschafter, die das Land nach ihrer Ankunft durchmessen hatten, hatten diesen Ort markiert, mehr Kuriosität als alles andere, ein unheilvoller Platz, den man besser meiden sollte. Für eine Unterhandlung aber schien er ihm durchaus geeignet zu sein. Wenn auch nur die Hälfte der Geschichten stimmte, war hier mehr als genug Blut vergossen worden – Menschenopfer im Mondschein, die frischen Herzen zu Ehren der Götter gen Himmel erhoben. Ein passender Ort für ein weiteres Opfer also.

Als die Sonne fast im Zenit stand, sah Lucius eine

Gruppe Reiter aus dem Süden nahen. Keine Kriegsmeute der Briganten oder Carvetier, keine Streitwagen oder zerzauste Ponys, keine blaue Kriegsbemalung auf nackter Haut oder Haar, das mit Kalk in wilde Formen gebracht worden war. Im fahlen Sonnenlicht sah er das Funkeln von Eisen, die langen roten Umhänge, den Adler auf Blitzen – die Zeichen des Imperiums. Außerdem kamen diese Reiter auf großen römischen Pferden.

Lucius trieb sein Pferd vorwärts und machte sich allein zum Rand des Steinkreises auf. Einer der Römer spiegelte seine Bewegung, und erneut sah Lucius das lässige Lächeln von Caerellius Priscus, Legat des Nordens, der in gebührendem Abstand anhielt. Erneut sprachen sie allein.

»Bist du möglicherweise abergläubisch?«, fragte Caerellius. »Mich an solch einem Ort zu einem Treffen zu bitten, wo tote Götter zusehen?«

Lucius schüttelte den Kopf. »Dieser Ort war für dich gut zu finden und hatte für mich Aussicht genug, um zu erkennen, wie viele Männer du mitbringst.« Er streckte die Hand aus und berührte den schiefen alten Stein neben sich, eingesponnen in Flechten und Moos. »Aber vielleicht ist noch ein wenig Magie übrig, denn ich habe nicht geglaubt, dass du wirklich kommst.«

»Deine Einladung war eine, die man nur schwer ablehnen konnte. Knapp und überzeugend verfasst.« Caerellius zitierte die Worte, die Lucius ihm geschrieben hatte. »›Sag mir, wie ich mein Volk retten kann.‹ Klang wie ein Teil einer alten Legende. Außerdem bin ich einfach neugierig.«

»Wie ich es herausgefunden habe?«

Der Legat nickte stumm.

»Das Pferd«, sagte Lucius.

»Das Pferd?«

»Das römische Kavalleriepferd, auf dem Corvus saß. Seltsame Beute für einen Banditen. Aber ein feines Geschenk von einem Mann, der dergleichen verschenken kann. Ein Legat zum Beispiel. Und ich weiß, dass du gern Geschenke machst.«

Caerellius antwortete zunächst nicht. »Nur das Pferd?«, fragte er dann.

»Nein. Corvus hat mit einem meiner Leute gesprochen. Er wusste vieles, was er nicht hätte wissen dürfen. Über mich. Über den Kaiser. Aber es war das Pferd, das mich am Ende überzeugt hat.«

»So oft wird man dafür bestraft, dass man jemandem ein Geschenk macht«, sagte der Legat. »Was für eine undankbare Welt.« Er setzte sich im Sattel zurecht. »Was willst du wissen? Einige Fragen werde ich nicht beantworten, das sage ich dir gleich.«

»Meine Boten. Die Jungen, die ich ausgeschickt habe. Sind sie tot?«

Stille. Aber da lag eine Spur von Abscheu in Caerellius' Miene, die Antwort genug war.

»Du hättest um ihr Leben verhandeln können«, sagte Lucius.

»Mag sein«, gab Caerellius zu. »Aber du bist ein Krieger. Du weißt, dass man manche Risiken nicht eingehen darf.«

»Und du gehst ein gewaltiges Risiko ein.«

Der Legat nickte andächtig.

»Ich glaube«, sagte Lucius, »ich will vor allem wissen, warum. Danach kannst du mir sagen, was ich tun muss.«

Lange Zeit antwortete Caerellius nicht. Mehrfach schien sein Mund ein halbes Wort zu formen, zu verharren, sich unverrichteter Dinge wieder zu schließen. Vielleicht hatte er seine Gelüste bis jetzt noch nie in Worte gefasst. Vielleicht konnte er sie jetzt zum ersten Mal wirklich aussprechen, einem Mann wie Lucius gegenüber, der bald sterben würde. Einem Mann gegenüber, der unwichtig war.

»Du bist lange Zeit nicht in Rom gewesen, richtig?«, sagte der Legat schließlich.

»Richtig«, sagte Lucius. »Ich habe die letzten zehn Jahre am Danubius verbracht. Und jetzt bin ich hier.«

»Dann wirst du vergessen haben, wovon ich spreche. Das Gefühl, auf dem Palatin zu stehen und das Zentrum der Erde zu betrachten. Das Brüllen der Menge auf dem Forum zu hören, die auf deine Rede reagiert. Das Blut der Opfergaben im Tempel des Jupiter zu riechen und überall um dich herum die Macht der Götter zu spüren. Denn dort müssen sie uns näher sein als überall sonst.« Mit fast so etwas wie Ekel musterte er die umgestürzten Steine ringsum. »Glaubst du, Menschen können an solch einem Ort überhaupt richtig leben?«

»Wir tun es jetzt. Du, ich, meine Männer. Die ich alle retten möchte, wenn ich kann.«

Caerellius schüttelte den Kopf. »Du verstehst mich nicht. Kann man das wirklich Leben nennen? In Matsch und Regen zu wühlen und Flohbisse zu kratzen? Sich wegen räudiger Rinder oder belangloser Blutfehden zu streiten? Wir hausen hier wie Tiere, nicht wie Menschen. So ein Leben ist bedeutungslos. In Rom können wir leben. In Rom können wir alle Freuden dieser Welt kosten, ehe die lange Dunkelheit kommt. Und nur im Herzen der Erde können wir die Erde selbst verändern. Nichts ist wichtiger, als dorthin zurückzukehren.« Er musterte Lucius mitleidig. »Alle Römer wissen das, nur du hast es vergessen.«

»Sie werden dich nie wieder nach Hause lassen?«, fragte Lucius.

»Nein. Ich bin wie du. Zu ewigem Exil verdammt. Aber anders als du werde ich es nicht akzeptieren.«

»Was hast du vor?«

Caerellius wandte sich ab und schaute über das umliegende Hügelland hinweg, gesprenkelt mit Heidekraut, kleinen Baumgruppen und den Schatten eiliger Wolken. Durch den Nebel war in der Ferne das stolze graue Band des Walls zu erkennen. Ein Anblick, der Lucius plötzlich auf eine Weise schön vorkam, die ihm bislang verschlossen gewesen war.

Dann erst erhob Caerellius wieder die Stimme.

»Es wird einen Aufstand im Norden geben. Eine große Rebellion wird sich über den Wall ergießen, die nur mit mehreren Legionen bezwungen werden kann. Also wird man sie mir schicken.«

»Eine Schande für dich«, sagte Lucius. »Sie würden dich deines Amtes entheben.«

»Hinterher, selbstredend, aber zuerst schicken sie mir die Legionen. Und wenn der Kaiser aufhört, sich ans Leben zu klammern – und bald wird es so weit sein, das verspreche ich dir –, haben diese Legionen in mir einen besseren Herren. Sie werden tun, was Legionen in unsicheren Zeiten immer tun. Sie werden mich auf die Schultern nehmen und zum Gott erheben. Und dann marschieren wir nach Rom. Das ist die Zukunft, die ich vor mir sehe.«

Eine lange Pause, ehe Lucius erwiderte: »Du weißt nicht, ob es so kommt.«

»Du kennst seinen Sohn Commodus nicht«, gab der Legat zurück. »Ein Narr. So schwach, wie sein Vater stark war. Es kommt ein großer Krieg zwischen den Völkern Roms – der ist nicht aufzuhalten. Ich werde ihn mit meinen Legionen gewinnen. Und vielleicht auch mit deinen Sarmaten.«

Lucius senkte den Blick, denn es lag Hoffnung in diesen Worten, so bittersüß, dass er wusste, wie deutlich sie ihm ins Gesicht geschrieben stand. Was für eine schreckliche Schwäche sie war, seine Liebe zu seinen Männern.

»Ich will ja auch, dass sie überleben, verstehst du?«, sagte Caerellius mit plötzlich sanfter Stimme. »Deswegen unterhalten wir uns hier.«

»Was ist mit Corvus? Was soll seine Belohnung sein?«

»Der Wall? Die Länder ringsum?« Der Legat zuckte mit den Schultern. »Soll er haben. Ich werde meine Versprechen halten. Von mir aus soll er diese ganze elende Insel haben, falls seine Begierde groß genug ist. Ich gehe nach Rom.«

»Und die Briganten und Votadiner?«, fragte Lucius. »Die Stämme, die im Schatten des Walls leben, die ihre Speere aufgegeben haben und sich auf unseren Schutz verlassen? Willst du sie alle Corvus und seinem Bemalten Volk in den Rachen werfen?«

»Es bestehen uralte Fehden zwischen all diesen Stämmen. Sie würden einander umbringen, ob wir hier sind oder nicht, und das weißt du auch.« Caerellius schüttelte den Kopf, und sein Pferd schien die Stimmung des Reiters mitzuempfinden, denn es machte rastlos einen Schritt zur Seite. »Aber genug davon«, sagte der Legat. »Lass uns zum Ende kommen, uns bleibt keine Zeit mehr.«

»Dann frage ich dich noch einmal«, sagte Lucius. »Was muss ich tun? Um meine Leute zu retten?«

»Deine Leute?«, gab Caerellius ungläubig zurück. »Du bist wirklich verloren, nicht wahr? Folgendes kann ich dir anbieten.« Der Legat hob die Hand und wies mit dem Zeigefinger auf Lucius' Schwertknauf. »Du kannst deine Ehre auf römische Art zurückgewinnen und dich auf deine Klinge stürzen. Die Sarmaten von ihrem Eid befreien und ihnen die Möglichkeit geben, eine eigene Entscheidung zu fällen. Manche werden zu Corvus überlaufen. Manche werden mir die Treue schwören – und einen Ehrenplatz in meiner Armee erhalten. Denn ich kann ihnen bieten, was du nicht kannst. Ich kann ihnen geben, wonach sie sich wirklich sehnen – ich kann sie zurück in die heimische Steppe schicken, zurück nach Sarmatien.«

»Ich weiß, wie ihr Ehrenplatz aussehen würde«, antwortete Lucius. »In der ersten Reihe in jeder Schlacht. Damit sie ihr Blut vergießen, um die Legionen zu schonen.«

»Wohl wahr. Aber selbst auf diesem Weg werden mehr von ihnen nach Hause zurückkehren können als auf deinem. Und deine Sarmaten werden mir für diesen Krieg danken.«

Lucius schwieg. Stumm suchte er nach einem anderen Ausweg als dem, den der Legat ihm angeboten hatte, während er zusah, wie sich ein geduldiges Lächeln über Caerellius' Lippen ausbreitete. Wie ein guter Schwertkämpfer auf dem Übungsplatz lächelt, wenn er weiß, dass er nichts zu befürchten hat.

»Ich weiß, was du denkst«, sagte der Legat. »Wenn du nur eine Nachricht an deine Sarmaten schicken könntest, an die anderen Verbände, die über den Norden verteilt stationiert sind. Es stimmt, sie sind viele. Aber zwischen dir und ihnen stehen Truppen, die mir treu ergeben sind. Zu beiden Seiten den Wall entlang und in den umliegenden Landstrichen. Du bist hier allein, Lucius. Du kannst den schnellen Tod wählen, den dein Schwert dir bietet, oder auf den langsamen warten, den Corvus dir bescheren wird.«

»Wir Römer haben den schnellen Tod durch die Klinge immer für etwas Ehrenhaftes gehalten«, sagte Lucius. »Aber die Sarmaten halten den langsamen Tod für die ehrbarere Option.«

Caerellius zischte durch die Zähne. »Ja, das habe ich befürchtet. Ich sehe, du bist fest entschlossen, dich an deinen Stolz zu klammern – er wird dir in den kommenden Nächten eine kalte Gesellschaft sein, fürchte ich. Vielleicht klammerst du dich auch an deine Leute, in dem Glauben, sie seien treue Gefährten. Deine Heilige Schar, wie sie die Thebaner einst hatten? Aber auch sie werden dich verlassen.«

»Mag sein«, sagte Lucius. »Aber ich glaube, es kommt der Tag, an dem du jemanden brauchst, der stolz an deiner

Seite steht. Der sein Leben für dich gibt. Und dann hast du weder Gold noch Gefälligkeiten, mit denen du sie bestechen kannst – denn was nutzen solche Dinge Männern, die dem Tod ins Auge blicken? Denen musst du etwas bieten, das ihnen mehr wert ist als ihr Leben, und ich glaube nicht, dass du weißt, was das bedeutet.«

Lucius salutierte stramm – riss den Arm hoch und legte die andere Hand aufs Herz. Kurz glaubte er, einen Anflug von Scham in Caerellius' Gesicht zu erahnen, denn in dieser Ehrenbezeugung lag die Erinnerung an ein anderes Rom, das längst vergessen war.

Lucius schaute ihm hinterher, als er zurück zu seinen Leibwächtern ritt und sich gen Süden wandte. Einen Moment lang war er allein in diesem Steinkreis, hatte die Finger wieder auf den Schwertknauf gelegt. Eine umständliche Aktion, sich mit einem Kavallerieschwert selbst zu richten. Es war zu lang, ein Gladius wäre weitaus praktischer gewesen. Wäre das wirklich seine Bestimmung, hätte er wohl Legionär bleiben sollen. Andererseits – wenn es je einen Ort und eine Zeit für diese Tat gegeben hatte, dann hier und jetzt in diesem Rund.

Aber da war ein Mann an seiner Seite – Bahadur, der die Hand ausstreckte und sie auf Lucius' Schwertarm legte. Obwohl Lucius ihm den Rücken zugedreht hatte, war seine Absicht offenkundig erkennbar gewesen. Eine hängende Schulter, ein langsames Nicken, der widerstrebende Weg seiner Hand zum Schwert.

Als er die Männer ausgesucht hatte, die ihn zum Steinkreis begleiten sollten, hatte er auch Bahadur gewählt, ohne genau zu wissen, warum. Vielleicht hatte er tief im Herzen gespürt, dass eine Art Verbundenheit zwischen ihnen herrschte, die aus Verrat geboren war. Denn der ältere Mann lächelte ihm freundlich zu, und das war in diesen Tagen wahrlich ein seltener Anblick. Da sah Lucius ein Überbleibsel des Mannes, den Kai einst wie einen Bruder geliebt hatte.

»Führst du uns nach Hause, Herr?«, fragte Bahadur.

Am Ende reichten diese Worte aus, um Lucius Einhalt zu gebieten – zumindest für den Moment.

22

Um Arite herum schien die Welt unterzugehen – die Omen sammelten sich wie Wolken aus Raben nach einer Schlacht, und wo immer Menschen in den leeren Straßen des *vicus* miteinander sprachen, war die Rede von Unheil und Rebellion und Krieg. Trotzdem kannte Arite keine Furcht. Nur dieses unmögliche Gefühl reinen Glücks, das einen jungen Reiter vor dem Angriff überkommt, ein Gefühl, als sei die Zeit stehengeblieben.

Mehr und mehr verbrachte sie ihre Tage mit Pferd und Speer, nahm auf dem Übungsfeld ihren Platz in der Truppe ein. Sie erlernte die Kunst des Tötens neu, die sie so lange hatte vergessen wollen, denn alle wussten jetzt, dass ihnen ein Krieg bevorstand, und noch war sie Kriegerin genug, um den stolzen Tod im Sturm auf dem Schlachtfeld zu suchen. Die Nächte aber verbrachte sie mit Kai und ging ganz anderen Erinnerungen nach, fuhr mit den Fingerspitzen die Narben und Tätowierungen entlang, kartierte diesen Körper neu, der ihr so vertraut gewesen war. Und lernte einmal mehr, wie schön es war, geliebt zu werden.

Natürlich konnte all das nicht von Dauer sein. Irgendwann war jeder Zauber gebrochen, waren alle Geschichten erzählt, alle Erinnerungen nur noch Staub. Und sie wusste, dass das Ende näher rückte, als sie hörte, Lucius habe mit seiner Leibgarde, zu der auch Bahadur gehörte, die Festung verlassen. Für den Kampf gerüstet und doch auf dem Weg nach Süden, nicht nach Norden, um einem Gegner ganz anderer Art die Stirn zu bieten.

Als sie hörte, dass die Gruppe zurückgekehrt war – lebendig und unverletzt, aber dennoch erkennbar niedergeschlagen –, machte sie sich auf die Suche nach Bahadur.

Sie fand ihn bedeckt mit Dreck und Staub von einem langen Tag im Sattel, umgeben von seinen Waffenbrüdern an einem qualmenden Kochfeuer, wo sie um den Preis für ein Abendessen feilschten. Bei seinem Anblick krampfte sich ihr Herz zusammen, aber die Furcht hielt nur einen Moment an, denn sobald er sie sah, lächelte er, winkte sorglos und schlenderte mit ungewohnt leichten Schritten zu ihr.

»Möge ich deine bösen Tage verschlingen«, sagte er – die traditionelle Begrüßung der Steppe.

»Wo wart ihr?«, fragte sie.

»Ach, bei einer Art Unterredung.«

»Diesseits des Walls, wie ich gehört habe«, sagte sie leise. »Nicht im Norden. Ein seltsamer Ort für eine Unterredung.«

Er zuckte mit den Schultern. »Norden oder Süden, was die Gefahr angeht, gibt es da keinen Unterschied mehr, glaube ich. Wir haben Feinde in jeder Richtung.«

»Dann bin ich froh über deine sichere Rückkehr.«

»Und ich bin froh, dich zu sehen.« Ein wenig Wärme in seinen Worten, wie die Glut eines Winterfeuers.

»Bahadur …«

Er schüttelte den Kopf. »Wir müssen nicht darüber reden. Ich verstehe jetzt endlich, was ich dir angetan habe. Zu spät, aber so ist es immer in den Geschichten, nicht wahr?« Er machte eine Pause und wirkte gedankenverloren. »Erinnerst du dich noch an die, die Saratos öfter erzählt hat, über Balin und Balan?«

Die kannte sie – eine Geschichte zweier Brüder, die einander durch die Wirrungen des Schicksals schließlich auf dem Schlachtfeld gegenüberstanden. Beide erkannten sich erst in dem Moment, als die Speere ihr Ziel trafen, und all das zur Belustigung der grausamen Götter. Die Brüder aber waren in einer innigen Umarmung gestorben und hatten einander ewige Liebe geschworen. Für die Sarmaten war es eine fröhliche Geschichte, die man den Kindern erzählte, damit sie es nachstellten – Duell und Tod in inniger Umarmung, einen Moment still daliegen, dann lachend aufspringen und alles von vorn.

»Das ist es, was uns diese alte Geschichte beibringen soll«, fuhr Bahadur fort. »Dass wir die Wahrheit immer erst zu spät erkennen.« Er zögerte. »Bist du glücklich?«

»Ich weiß es nicht«, sagte sie.

»Eine ehrliche Antwort.« Er schaute weg und fuhr sich mit der Hand durch die dicken Flechtzöpfe.

»Was passiert jetzt?«, fragte sie.

»Ich bin kein Traumdeuter, der die Zukunft vorhersagen kann.«

»Ich glaube trotzdem, dass du etwas darüber weißt.«

»Mag sein.« Er drehte sich wieder um und betrachtete sie seltsam zärtlich. »Du hast gehört, dass Laimei jetzt nördlich des Walls bei den Votadinern lebt? Du solltest dich ihr anschließen.« Wieder zögerte er. »Und du solltest Kai mitnehmen.«

»Warum?«

Plötzlich schüttelte er vehement den Kopf, als hätte ihn eine Lähmung befallen. Er hütete ein Geheimnis, eine derart schreckliche Neuigkeit, dass er sie nicht aussprechen konnte. Trotzdem lächelte er hell und breit, fast wie ein Kind.

»Warum lächelst du?«, fragte sie.

»Was glaubst du?«, gab er zurück. »Ich muss nicht länger warten. Ich bekomme bald, wonach ich mich am meisten sehne.« Und damit spazierte er die Straße hinunter, kicherte fröhlich vor sich hin, legte lässig den Arm um die Schultern eines seiner Waffenbrüder. Sie schaute ihm hinterher und wusste nur zu gut, welche Freude ihn derart beflügelte. Denn ihr Volk sehnte sich einzig nach Tapferkeit – nichts wurde in größeren Ehren gehalten. Und aller endlosen Prahlerei zum Trotz wussten sie alle, dass einen kurz vor der Schlacht plötzlich doch noch die Furcht übermannen konnte. Ein Schock wie kaltes Wasser, der den Kopf zwischen die Schultern zwang und die Glieder erstarren ließ. Alle Angeberei und alle Versprechen konnten einem keinen zusätzlichen Mut bescheren, nichts, was einen Krieger ohne Scham durch die Schlacht brachte. Es war unglaublich schwer, tapfer zu sein.

Nur eine Sache gab es, die solche Tapferkeit wie von selbst erwachen ließ. Jetzt entdeckte sie es auch überall um sich herum, denn der halb verlassene *vicus* verströmte die

Atmosphäre eines Festtags. Der Wein floss freigiebig, und allerorten wurden die hohen, gewundenen Gesänge der Steppe angestimmt.

Die Sarmaten hatten keinen Ausweg mehr, keine Aussicht auf ein Leben nach der kommenden Schlacht, mussten weder Gnade walten lassen noch selbst welche erwarten. Und so hatten sie wenigstens dieses letzte Geschenk der Götter an todgeweihte Menschen – die hoffnungslose Tapferkeit, die sich nur einstellt, wenn das eigene Ende unausweichlich ist.

* * *

Lucius ging mit schweren Schritten die Mauern der Festung entlang. Abschnitt für Abschnitt, wieder und wieder; ein Mann, der seinem Schicksal davoneilen wollte. Aber die Mauern bildeten ein Rechteck. Bald genug fand er sich am Ausgangspunkt wieder.

Mit der Nacht hatte sich auch Ruhe über die Festung gesenkt, eine Ruhe, die tatsächlich schon anhielt, seit sie von dem Steinkreis zurückgekehrt waren. Keine plötzlichen Handgreiflichkeiten mehr in den Straßen, keine Klagelieder für die Verlorenen. Auch nicht die noch beängstigenderen Klänge, die oft darauf folgten, die lauten Lieder und das Gelächter, das von den Mauern widerhallte. Nur eine abwartende Stille.

Ein Ende der Unsicherheit, keine Furcht mehr vor jedem Schatten. Weder Fluch noch großes Mysterium warteten auf sie, sondern ein Feind, den sie sehr bald würden sehen und anfassen können – ganz egal, dass die Feinde im Norden und im Süden zahllos waren, wenn nur die Schlacht bald genug kam.

Er hatte gehofft, im Nachdenken auf den Wehrgängen eine gewisse Klarheit zu finden. Den Wind auf der Haut zu spüren, den Rauch der Kochfeuer zu riechen und irgendwie einen Weg zu ersinnen, seine Krieger zu retten. Aber bei jedem Gedankengang wurde sein Blick auf diverse Eindrücke unten in den Straßen gelenkt. Eine Gruppe Männer, die betrunken durch den *vicus* torkelten und sanft die bittersüßen Gesänge der Steppe anstimmten. Ein anderer Mann, der allein bei seinem Pferd stand, ihm über die Mähne streichelte und zuflüsterte wie einer Geliebten. Ein junger Krieger, der auf dem Marktplatz lachend ein Parfüm nach dem anderen ausprobierte und einen ganzen Monatssold für Moschus und Rosenwasser verprasste. Nie hatte er die Sarmaten so voller Leben gesehen wie jetzt, am Vorabend ihres Untergangs.

Noch eine weitere Runde über die Mauern, sagte er sich. Eine noch, und vielleicht war es dann Zeit für den Ausweg, den Caerellius ihm nahegelegt hatte. Ein großer Becher unverwässerten Weins, um den Geist zu betäuben, das Schwert gegen eine Säule stützen, sein Fleisch ins Eisen drücken. Dunkelheit. Freiheit.

Aber bei dieser letzten Runde war etwas anders – eine Gestalt wartete auf ihn. Ein Schatten in der Dunkelheit, bis sie beide dicht genug an eine Fackel herantraten, um einander zu erkennen. Es war kein Wachtposten mit Brustpanzer und Speer, kein Meuchelmörder im Dienst seiner

Feinde aus Nord oder Süd. Im Flammenschein sah er geflochtenes Haar in Gold und Silber und das lange, stolze Gesicht von Arite.

»Ich hoffe, ich bin hier willkommen«, sagte sie.

»Ich muss mit den Wachen reden, wenn sie nachts einfach Frauen auf die Mauern lassen«, gab Lucius zurück.

»Bestraf sie nicht zu hart«, sagte sie. »Ich habe eine große Geschichte unserer Liebe gesponnen, und sie haben mir geglaubt.«

Er konnte nicht anders, als zu lachen. »Sie sollten es trotzdem besser wissen.«

»Aber sie lieben dich wirklich, Lucius«, sagte sie sanft. »Sie wünschen dir nichts als Glück. Das sollte nicht bestraft werden.«

Lucius wandte den Blick ab. Gen Norden, wo er am Horizont ein flackerndes Feuer entdeckte. Vielleicht ein Jäger der Votadiner, der einen erlegten Hirsch und die dazugehörige Geschichte mit seiner Familie teilte, ohne auch nur einen Gedanken an die Römer auf ihrer Mauer zu verschwenden. Oder ein Kundschafter des Bemalten Volkes, der gekommen war, um zu beobachten, zu warten und seinem Herrn ein Signal zu geben, sobald die Sarmaten ausgehungert genug waren, um einen Angriff zu riskieren. Wenn außer Geistern niemand mehr auf den Mauern wachte.

»Ich danke dir für deine Worte«, sagte er schließlich. »Auch in der Steppe warst du immer gut zu mir.«

»Und du hast die Güte erwidert.«

Lucius stockte. »Kai würde das anders sehen.«

»Er hat dich verletzt, ich weiß.«

»Wir haben uns gegenseitig verletzt, wie es scheint.« Lucius schüttelte den Kopf. »Tut nichts zur Sache. Jetzt ist alles bedeutungslos.«

»Das sagt Bahadur auch.« Sie bemerkte seinen Gesichtsausdruck und lächelte freundlich. »Ach, keine Sorge, er hat keine Geheimnisse verraten. Aber alle wissen, dass großes Unheil naht. Halte mich nicht für dumm.«

Wieder wandte er sich von ihr ab und stützte die Arme auf die Brüstung, um gen Norden zu blicken. »Du bist nicht hergekommen, um über Kai zu reden.«

»Nein, das bin ich nicht.«

»Worüber dann?«

»Über das, was dich nachts hier hinauftreibt. Um über den Wall zu starren und nachzudenken und zu versuchen, einen Ausweg zu finden.«

Erst antwortete er nicht. Dann: »Du hast eine Idee?«

»Ich weiß nur, dass niemand in dieser Festung damit rechnet, den nächsten Vollmond zu erleben.«

Lucius reckte das Gesicht in den Himmel und betrachtete die weiße Sichel, die aus den Wolken wuchs. »Es kommt ein großes Heer aus dem Norden. Und keine Hilfe aus dem Süden.«

»Eine einfache Sache, so schlicht ausgedrückt.«

»Wenn nur die Antwort auch so einfach wäre.« Er schaute sie über die Schulter an. »Glaubst du, du hast eine oder weißt etwas, was alle anderen nicht wissen?«

»Möglich. Sie sind alle blind vor Todessehnsucht. So sind wir – so war ich selbst, als ich noch zur Kriegsmeute gehörte. Sie hören den Ruf der Hörner und sehen das

Blitzen in den Speerspitzen und können an nichts anderes mehr denken. Ein herrlicher Tod im Kampf gegen eine unmögliche Übermacht. Sie werden glücklich sterben.« Arite legte den Kopf schief. »Ist das auch dein Wunsch?«

»Deine Leute haben mich oft als einen der ihren bezeichnet«, sagte Lucius. »Die Seele eines Sarmaten im Körper eines Römers. Vielleicht stimmt das in gewisser Hinsicht, aber was das angeht, bin ich sehr anders als euer Volk. Ich will keinen herrlichen Tod. Ich will siegen.«

Sie nickte. »Bahadur sagt, ich soll in den Norden fliehen und Kai mitnehmen.«

»Wirst du auf ihn hören?«

»Nein. Ich will nicht weglaufen.« Ein vorsichtiges Lächeln. »Vielleicht bin ich da wie du. Ich möchte auch gewinnen.«

»Ich sehe aber nicht, wie.«

Sie dachte eine Zeit lang nach. »Der Legat hat dich verraten. Wenn wirklich keine Hilfe aus dem Süden kommt. Da wart ihr heute?«

Lucius nickte.

»Auf das Wort eines solchen Mannes kann man sich nicht verlassen«, sagte Arite. »Seine Truppen werden nicht so fest zu ihm stehen wie deine zu dir.«

»Stimmt«, sagte Lucius. »Wirklich loyal werden nur seine Präfekten und Centurionen sein. Aber das reicht, denn die meisten Legionäre und Auxiliartruppen folgen dem, der ihnen am meisten Silber und Sklaven bringt.«

»Es muss doch welche geben, die ihre Ehre auf dem Spiel sehen, wenn sie zuschauen sollen, wie wir hier sterben und der Wall überrannt wird.«

»Ein paar. Vielleicht sogar eine Menge. Aber wir haben keine Möglichkeit, mit ihnen zu kommunizieren. Und selbst wenn – würden sie uns glauben?«

»Und die Sarmaten? Wie viele von unserem Volk sind in der Nähe stationiert?«

»Fünfhundert bei Vindolanda. Noch mal fünfhundert bei Vercovicium. Und dreitausend bei Eboracum. Aber wir können sie nicht erreichen. Und für sie würde es den Tod bedeuten, ohne Befehl ihre Posten zu verlassen.«

Er hörte sie frustriert zischen. »Verstehst du, warum unser Volk nichts davon hält, in euren Steingräbern eingemauert zu leben? Warum wir uns kaum um Rang oder Befehlsstruktur scheren? Wären wir nur in der Steppe …«

»Es ist zum Verrücktwerden, nicht wahr? Sie sind uns so nah, und trotzdem könnten sie genauso gut in Sarmatien sein, so wenig, wie sie uns helfen können.«

Sie starrten gemeinsam nach Norden. Arite zog ihren Umhang enger und hauchte in die Hände – vielleicht als Schutz gegen die Kälte, vielleicht auch nur als Glücksbringer. Ihren Blick hatte Lucius schon mehrfach gesehen, meist bei Centurionen und Legaten. Einmal sogar beim Kaiser. Pläne und Strategien wurden gewogen und aussortiert, Leben und Chancen kalt gegeneinander ausbalanciert – die Suche nach einem Sieg um jeden Preis. Als sie ihren Speer abgelegt hatte, war den Sarmaten eine große Anführerin verloren gegangen, dachte er bei sich.

»Ich glaube, es gibt eine Antwort«, sagte sie irgendwann. »Sie kratzt an den Rändern meines Geistes. Aber noch kann ich sie nicht erkennen.«

»Du meinst, die Götter wollen uns auf diese Antwort noch warten lassen?«

»Oder uns überhaupt nicht helfen. So oder so müssen wir noch warten. Auch wenn ich fürchte, dass uns nur noch wenig Zeit bleibt. Sehr wenig.« Sie lächelte ihn an. »Aber bis dahin – denk nicht einmal daran, dich in dein Schwert zu stürzen.«

Er zuckte so deutlich zusammen, dass sie lachen musste. »Ist es so offensichtlich?«, fragte er.

»Ach, auf deine eigene Art bist du genauso todessehnsüchtig. Aber du würdest eher durch deine Hand sterben als durch die eines anderen. Der Römische Weg, so nennen es manche. Als könnte ein Ende auf der eigenen Klinge das Leben anderer Leute verbessern.« Plötzlich sah sie ihn sehr ernst an und ergriff seine Hand. Solch Freude über eine simple Berührung – bis zu diesem Moment hatte er nicht gewusst, wie einsam er war.

»Du musst am Leben bleiben, wenn du kannst«, fuhr sie fort. »Es hängt so viel von dir ab. Wir sind ein beschämtes und gebrochenes Volk, unsere Eroberer haben uns die Namen geraubt. Du bist unser Großer Anführer und Kriegshäuptling. Solltest du sterben, werden wir dich nicht lange überleben.«

Er legte die andere Hand aufs Herz, traute sich aber keine Antwort zu. Erst als sie sich von ihm abwandte und langsam auf die Stufen zuging, kamen ihm die richtigen Worte.

»Sag Kai, dass ich ihm vergebe«, sagte er. »Dass ich ihm alles Glück auf Erden wünsche.«

Er hatte es freundlich gemeint, aber sie zuckte zusammen, als hätte er sie geschlagen. »Bahadur hat etwas Ähnliches gesagt«, meinte sie. »Aber ich überbringe ihm deine Worte und danke dir dafür.« Dann war sie fort.

Einmal mehr wandte Lucius sich gen Norden. Er spürte den schneidenden Wind im Gesicht und wartete auf eine Botschaft der Götter. Jetzt jedoch war ihm etwas leichter ums Herz dank der Befreiung, die sich einstellt, nachdem man die Wahrheit ausgesprochen hat. Denn mit diesem einen Gedanken konnte er sich trösten – ob die Götter nun zu ihm sprechen würden oder nicht, ob sie durch ein Wunder gerettet wurden oder es einen letzten Ausritt in Dunkelheit und Vergessen geben sollte, wenigstens würde er es bald genug herausfinden.

23

Kai wartete in der Dunkelheit jenseits des Walls.

Er war allein und doch nicht allein. Er wusste seine Gefährten ganz in der Nähe – zwei Ketten von Wachtposten, zwei Mauern aus Fleisch und Blut, um den mächtigen Wall aus Stein zu schützen, der sich hinter ihnen erhob. Hören oder sehen konnte er sie jedoch nicht, denn sie waren zu weit über Hügel und Heide verteilt. Den letzten Blick auf einen seiner Gefährten hatte er vor Stunden erhascht, als einer der Männer an ihm vorbeigeritten war, um seinen Platz in der vorderen Kette einzunehmen. Kai musste sich darauf verlassen, dass sie alle noch da waren.

Er zog den Mantel enger, zitterte aber nicht nur der Kälte wegen. Denn die Sarmaten hatten gelernt, tapfer zu sein, wenn sie auf offenem Feld unter der Sonne in einer großen Reiterschar zusammen kämpften. Allein in der Dunkelheit zu sitzen, war auch für sie der Quell von Albträumen.

Trotzdem wusste er, dass es getan werden musste, ganz wie Lucius befohlen hatte. Sie konnten die Horde aus dem Norden nicht anrücken lassen, ohne sich zu schützen, also gingen sie Nacht für Nacht hinaus und warteten – erkauften ihrem Befehlshaber mehr Zeit zum Nachdenken und warteten auf ein Wunder, das nicht kommen würde.

Kai verbrachte die langen kalten Stunden, so gut er konnte – indem er an Arite dachte und die gemeinsamen Erinnerungen in der Finsternis sorgsam hütete wie einen großen Schatz. Früher war ihre Liebe mit Schande befleckt gewesen, jetzt aber hatte sie ihn offen angenommen. Was zwischen ihr und Bahadur gewesen war, hatte Bahadur mit seinem Verhalten endgültig zerbrochen. Kai dachte an die Freude ihres Liebesspiels und, noch besser, an das Flüstern hinterher, wenn sie eng umschlungen dalagen und sich ganz einfach die Wahrheit sagten. Und obwohl er wusste, dass er nach Art der Sarmaten lieben sollte, jene sorglose Liebe, für die ein Tag voller Liebe so schön und wahr ist wie ein ganzes Jahrzehnt, wusste er auch, dass er es nicht konnte. Sein Herz war wie das eines Römers, ewig gierig und fest entschlossen, aus ihrer Liebe ein Monument zu errichten, das aller Zerstörungswut standhalten würde.

Noch immer wurden diese Gedanken von unterschwelliger Angst begleitet – von der Angst, sich ihrer Liebe nicht als würdig zu erweisen, am Ende doch gewogen und für zu leicht befunden zu werden. Und in dieser Nacht gesellte sich noch ein anderes Gefühl dazu, eine kriechend kalte Vorahnung, die mit der Zeit immer stärker wurde.

Es war keine falsche Furcht, keine geisterhafte Einbildung – hier draußen jenseits des Walls hatte er keines dieser römischen Hilfsmittel zur Hand, mit denen sie die Zeit maßen, weder Wasseruhr noch Stundenglas, um ihm zu sagen, wann seine Schicht vorüber war. Der Wind war zu stark, um Hörner oder Trommeln vom Wall zu hören, die Wolkendecke zu dicht, um sich am Lauf von Mond und

Sternen zu orientieren. Ihm blieb einzig der Nomadeninstinkt, das gleiche Wissen, das auch die Vögel gen Süden ziehen ließ, ehe die tödlichen Winde aufkamen, und den Bären vor dem großen Schneefall in seine Höhle lockte. Er wusste, dass er sich auf diesen Instinkt verlassen konnte. Er wusste, der Mann vom Ende der Kette hätte mittlerweile zurückkehren sollen.

Schwerer Hufschlag ertönte hinter ihm – zu schwer, um ihn zu erschrecken, denn kein Feind würde so sorglos durch die Nacht reiten. Dann hörte er auch das vertraute Rasseln und Knirschen eines sarmatischen Schuppenpanzers und schließlich eine Stimme. »Der Fluss«, rief jemand leise in der Sprache der Sarmaten.

»Der Drache«, gab Kai zurück.

Der Mann, der ihn ablösen sollte, kam näher, und Kai erkannte einen alten Bekannten – Saratos mit seinem silbrigen Haar.

Der Ältere blies sich auf die Hände. »Brauchst du noch eine besondere Einladung? Zurück in die Festung mit dir.«

»Geht nicht«, sagte Kai und senkte den Speer in Richtung der zweiten Postenkette. »Mein Vormann in der ersten Reihe ist nicht zurückgekommen.«

»Wer ist es?«

»Tor, von der Leuchtenden Kompanie.«

Saratos sog zischend Luft ein. »Tor. Nutzloser Bastard. Sitzt wahrscheinlich schlafend auf seinem Gaul und hat einen ganzen Weinschlauch leer getrunken. Vergiss ihn. Geh zurück.«

»Ich kann nicht.«

Selbst in der Dunkelheit sah Kai Saratos' Zähne zu einem müden Lächeln aufblitzen. »Na schön. Gehen wir gemeinsam und wecken ihn auf.« Aber trotz des Lächelns und der sorglosen Worte nahm Saratos den Bogen vom Sattelknauf und prüfte die Zugkraft der Sehne, denn er war einer der wenigen Sarmaten, die sich noch auf die alte Steppenkunst des Bogenschießens verstanden.

Gemeinsam führten sie ihre Pferde mit langsamen, widerstrebenden Schritten ins Dunkel. Kai und Saratos hörten mehr, als sie sahen, denn in solch einer Nacht leisteten ihre Ohren bessere Dienste als ihre Augen, selbst mit dem verräterischen Wind, der heftig blies. Nichts war zu hören – weder rasselnde Rüstung noch wieherndes Pferd noch raschelnder Schritt. In diesem lauten Wind lag nichts als Schweigen.

Immer weiter wagten sie sich vor, bis sie sicher waren, die vordere Kette längst überquert zu haben. Von einem Schritt zum anderen erschauderten sie. Es war das gleiche Gefühl, das einen überfällt, wenn man im Wasser ist und plötzlich begreift, dass man sich zu weit vom Ufer fortgewagt hat. Da brachte ihnen der Wind doch noch einen beruhigenden, vertrauten Klang – ein leises Wiehern.

Kai riskierte einen kurzen Pfiff und rief das Losungswort: »Der Fluss.«

Von etwas weiter vorn hörte er die Antwort: »Der Drache.«

Saratos grinste ihn an und rief in die Nacht hinaus. »Tor, du dummer Bastard, komm zurück, bevor …«

Aber seine Worte versiegten – Erkenntnis folgte ihnen

träge, aber so unausweichlich wie Donner auf Blitz. Denn etwas an Tors Stimme war falsch – es war eine Stimme wie seine, aber doch nicht seine. Kein echter Sarmate hätte seine Worte auf diese Weise betont. Es war eine Nachahmung, wie Dämonen manchmal die Sprache der Menschen benutzten, um Gefährten in eine Falle zu locken.

Die Welt schien den Atem anzuhalten – ein Geschenk der Götter, das sich einstellt, wenn man dem Tode nah ist und keine Aussicht auf Erfolg hat. Die faire Chance, wenigstens Tapferkeit zeigen zu können. Und Kai sah alles.

Einen rothaarigen Mann, der einen Pfeil auflegte, ein Trio aus Speerträgern, die aus dem Heidekraut auftauchten, nackt und blau bemalt. Umrisse auf dem nächsten Hügel, Reiter, die den Hang herabkamen und sie umrundeten. Auch sah er einen Schatten auf dem Boden, die Form eines Pferdes und eines Mannes. Tor und sein Reittier, reglos auf der Erde.

Und er sah noch etwas, das zu groß und zu schrecklich war, um es in diesem Moment zu begreifen.

Denn ihnen blieb keine Zeit zum Nachdenken, nur Bewegung in Richtung der schlimmsten Gefahr – direkt auf die Reiter zu, die sie umrundet hatten, um zu versuchen, sich einen Weg zurückzuschneiden. Ringsum schien der Boden zu hüpfen und zu wabern, überall wuchsen Stammeskrieger in die Höhe, reckten Bögen und Speere.

Aber auch Saratos hatte den Bogen gezückt und verschoss Pfeil um Pfeil. Ein Krieger ging schreiend zu Boden, das Gesicht in einen Blutschleier gehüllt, und die Reihe vor ihnen schien zu wanken. Es folgte der betäubende Aufprall, als die Lanze in seinen Händen zitterte, dann stolperte sein Pferd, als ein Mann unter die Hufe geriet.

Dann waren sie hindurch, hielten auf die Sicherheit des Walls zu. Sie hatten es beinahe geschafft – die Pferde konnten beschleunigen, vor ihnen lag offenes Gelände, und hinter ihnen verhallten die Kriegsgesänge der Männer aus dem Norden. Eine verstreute Pfeilsalve sauste durch die Nacht, fast blind und mit purem Glück abgefeuert – trotzdem fand ein Pfeil sein Ziel.

Ein neidvoller Gott musste ihn gelenkt haben – einer der alten, namenlosen Götter des Ostens, ein Herr über Auge und Pfeil, der nur noch wenige Diener hatte. Jetzt rief dieser Gott den letzten Schützen der Steppe zu sich, denn als Kai seinen Namen geflüstert hörte und sich im Sattel umdrehte, sah er Saratos von einem Pfeil durchbohrt.

Seine Augen waren groß und matt wie die eines Ertrinkenden, er zitterte und bebte, all die Jahre eines alten Kriegers schienen mit einem Mal auf ihm zu lasten. Beinahe grazil kippte er vornüber und lag auf dem Hals seines Pferdes, umarmte das große Tier wie einen Geliebten. Das Pferd kam stolpernd zum Stehen – vielleicht verkannte es die plötzliche Gewichtsverlagerung für einen Befehl oder hatte, getrieben vom engen Bund zwischen Ross und Reiter, nicht den Wunsch, seinen Herrn zu überleben.

Kai konnte nicht anhalten. Nichts blieb ihm übrig, als weiterzureiten und zu sehen, wie sich die Stammeskrieger um Saratos' Pferd scharten, um ihre fleischliche Beute zu beanspruchen. Offenbar gab es noch Anzeichen von Leben – ein Zucken der Hand oder einen schwach gehobenen Arm, um den Anblick der versammelten Mörder abzuwehren. Dann hoben und senkten sich die Klingen, das Pferd schrie in die Nacht, und Kai wollte nicht mehr zurückschauen.

Er trieb sein Pferd an, bis es nicht mehr konnte, die Flanken in Schweiß gebadet waren, der Atem keuchend und rasselnd aus der großen Brust entwich. In dem Moment hätte selbst ein Greis zu Fuß sie einholen können, aber das Land ringsum war leer bis auf die weite Schleife des großen Walls am Horizont. Die Furcht wich aus seinen Gliedern, wurde ersetzt durch Schwindel und Erschöpfung, die sich nach jeder Schlacht einstellen, und die schwere Scham, die jeden heimsucht, der um sein Leben läuft.

Aber er wusste, er würde sich mit dieser Scham nicht lange abgeben müssen. Bald genug würde sie wie alle Dinge vom Blut fortgespült werden.

Denn einen letzten Blick hatte er doch über die Schulter geworfen. Wie in den alten Geschichten, wo jene, die vor den jenseitigen Landen flohen, sich noch einmal umschauten und dadurch ihr Schicksal besiegelten. Jenseits der Jäger, die ihnen aufgelauert hatten, jenseits der Stammeskrieger, die Saratos und sein Pferd niedermachten, hatte Kai noch etwas anderes gesehen. Die Schatten, die am Horizont zwischen den Bäumen lauerten und in den Tälern wimmelten. Keine Truppe von Plünderern oder Kundschaftern, sondern die Männer der Nordlande, die sich zu Tausenden versammelt hatten, um die Römer ein für alle Mal vom Wall zu fegen.

* * *

Am Tor rief Kai den Wächtern das Losungswort zu, aber sie schienen ihn kaum zu hören – schon brachen oben auf den Mauern die Schreie aus, denn auch sie schienen das Bemalte Volk entdeckt zu haben. Stolpernd vor Erschöpfung nahm er die Treppen den Turm hinauf, denn müde, wie er war, wollte er doch den Tod sehen, der ihnen nahte.

Es war kein Trugbild gewesen, kein falscher Alarm. Sie waren erschienen, waren jetzt eindeutig zu sehen und gaben sich keine Mühe, ihre Zahl zu verschleiern. Der Horizont war von wabernden Umrissen erfüllt, die Banner aus Knochen und Häuten emporreckten. Das Bemalte Volk war in einer Stärke nach Süden gekommen, wie man es in einem halben Jahrhundert nicht gesehen hatte.

In dem Moment fühlte er eine Hand auf seiner Schulter. Er musste sich nicht umdrehen, erkannte sie nur an Textur und Narben. Auch brauchte er sich nicht zu fragen, wie sie gewusst hatte, wo sie ihn finden würde, denn sie schien es immer zu wissen, wenn er sie am dringendsten brauchte.

»Ich wünschte, wir hätten mehr Zeit gehabt«, sagte er zu Arite.

»Es war Zeit genug«, antwortete sie.

Er zog sie eng an sich, hob die goldenen und silbernen Flechtzöpfe an seine Lippen und wünschte, er könnte ihr glauben.

Überall erschollen Hörner, die Signalfeuer wurden entfacht. Aber die Hornrufe wurden vom Wind verschluckt, ohne eine Antwort zu bekommen; die fernen Wachtürme in Ost und West blieben dunkel. Sie waren tatsächlich allein, wie es schien.

Dann erhob sich, wie als spöttische Reaktion auf die Signalfeuer, eine flammende Antwort auf der Ebene vor dem Wall. Ein mächtiges Feuer, irgendein schreckliches Ritual des Bemalten Volkes. Kai erkannte seine Gefährten – die Feldposten, die die Dunkelheit verschluckt hatte – als blutige Gäste bei diesem Fest. Männer und Pferde waren auf lange Speere gespießt, und scharf zeichneten sich ihre Umrisse vor den Flammen ab. Die Krieger des Nordens tanzten um ihre Trophäen.

Überall entlang des Walls sah Kai die Sarmaten auf dieses Feuer starren. Nicht mit Wut oder Abscheu, sondern mit einer seltsamen Sehnsucht. Denn ihrem Volk war jedes Feuer heilig – die rituellen Flammen, die hoch über der Steppe schlugen, die kleinen Kochfeuer, um die man sich mit eingeschworenen Gefährten versammelte, die Scheiterhaufen, die man nach einem Sieg entzündete. Ein ganzes Nomadenleben konnte man in der Reise von einem Feuer zum nächsten bemessen. Und jetzt war die letzte Station ihrer Reise vor ihnen entfacht worden.

Neben sich hörte er stockenden Atem, ihre Hand schloss sich noch enger um seine. Und Arite brauchte nichts zu sagen, denn sie sahen es beide, als sie dieses Feuer betrachteten – eine Vision, wie ihr Volk vielleicht doch noch gerettet werden konnte. Als dächten sie zu zweit mit einem Hirn. Kai wollte so sehr daran glauben, dass das Schicksal sie deswegen zusammengebracht hatte. Die Schmerzen, die sie anderen zugefügt, die Bande, die sie durchtrennt hatten – all das war vorherbestimmt gewesen, damit sie gemeinsam an diesem Ort stehen und die Botschaft der Götter vernehmen konnten.

Dann standen sie eng umschlungen da, und er hörte ihr leises Lachen, spürte ihren heißen Atem an seinem Ohr. Es klang weder nach Hoffnung noch nach Sicherheit, sondern nach einem ungewissen Schicksal, nach einer infrage gestellten Zukunft. So wie Kai einst einen Mann auf dem Schlachtfeld gesehen hatte, der aufgeschlitzt sein halbes Blut bereits ins hohe Steppengras gegeben hatte, dann doch noch einmal auf die Beine gekommen war und ein Dutzend Schritte tat, ehe er endgültig zusammenbrach. Auch dieser Mann hatte gelacht – aus purer Freude, einen Platz zum Sterben einem anderen vorzuziehen, in diesem letzten Moment sein Schicksal doch noch einmal selbst in der Hand zu haben.

»Na los«, sagte Arite, als sie sich aus der Umarmung lösten. »Du musst zu Lucius gehen und ihm sagen, was zu tun ist.«

Er nickte, ohne nachzudenken, denn es waren die Götter, die durch sie sprachen, und deren Worte zweifelte man nicht an. Schon setzte er sich den Wall entlang in Bewegung, schob Sarmaten beiseite und hielt auf den Turm zu, auf dem die vertraute Gestalt stand.

Lucius schien ihn nicht kommen zu sehen – sein versteinerter Blick war ganz auf das Feuer konzentriert, während sich die Lippen zu einem lautlosen Gebet seines Volkes bewegten. Die Rüstung des Römers schimmerte hell, denn zweifellos hatte auch er die letzten Tage wie viele der

Krieger verbracht, hatte Rüstzeug und Waffen auf Hochglanz poliert im eitlen Sehnen des Kriegers, selbst im Tod noch prächtig auszusehen.

Als Kai ihn am Arm berührte, schrak der Römer zurück. Eine Art angewiderte Erschöpfung lag in seinem Blick. Wie grausam es Lucius erscheinen musste, dass er sich gezwungen sah, selbst im Angesicht des Todes noch einmal Kai anzusehen und so an seinen Verrat erinnert zu werden.

Kai musste schreien, um sich Gehör zu verschaffen, denn Ruhe gab es keine mehr. Alle Disziplin schien vergessen, die Männer riefen Verwünschungen und stimmten ihre Totengesänge an oder schauten zu Lucius auf und forderten brüllend Befehle ein, die nicht kamen. »Du musst alles niederbrennen, Lucius«, sagte Kai.

Leere Augen starrten zurück. Der Römer schien ihn nicht zu verstehen.

»Brenn die Festung nieder. Lass das unser Signalfeuer sein.«

Noch immer schien Lucius nicht zu begreifen. Der Römer war irgendwo tief in den eigenen Gedanken gefangen, auf den gewundenen Pfaden, denen man folgt, wenn man sich bereits besiegt sieht und Zuflucht in Erinnerungen sucht – oder sich mit den Überlegungen quält, was man hätte tun können, um dieses Schicksal rechtzeitig abzuwenden.

Kai versuchte es abermals. »Die Götter sprechen durch die Flammen«, sagte er. Und da endlich schien Lucius ihn zu hören.

Einen Augenblick lang war alles wie früher. Sie umfassten einander und lachten wie Ertrinkende, die endlich Land erspähen.

Es gab keine Sicherheit, dass sie gerettet würden – kaum mehr als einen kleinen Hoffnungsschimmer. Aber immerhin bedeutete es einen letzten Akt des Widerstands, einen Speerwurf ins Auge eines rachsüchtigen Gottes. Und in diesem Moment war ihnen das genug.

24

Die Kaserne ging zuerst in Flammen auf – die Heubetten
loderten sofort hell, und das Feuer fraß sich die Säulen hinauf, die Schindeln rutschten und zersprangen auf dem
Boden, als die Dachbalken erst Risse bekamen und dann
barsten. Als Nächstes folgten die Leitern und Treppen, die
zum Wall emporführten, wo sich die Flammen erst im Gemäuer verbargen und eine dichte Rauchsäule bildeten, ehe
das Feuer hervorbrach und sich wie eine fordernde Hand
in den Himmel reckte.

Draußen auf dem Übungsplatz standen die Sarmaten
versammelt und sahen ihre Heimstatt niederbrennen.

Lucius' Befehl war ohne Zögern ausgeführt worden. Als
hätte die Entscheidung bereits vorher in den Herzen dieser
Menschen bestanden, ein unausgesprochenes Verlangen,
das jeder Sarmate verspürt hatte, seit sie in dieses Grab aus
Steinen gezogen waren, und dem nun endlich eine Stimme
verliehen worden war.

So hatten sie sich auf der Stelle an die Arbeit gemacht, hatten Tuchbündel vor den Wänden aufgeschichtet und sie mit
Lampenöl übergossen, dann flammende Holzscheite aus den
Brotöfen und der Schmiede geholt. Ein geflüstertes Stoßgebet, eine Hand aufs Herz gelegt, dann entfachten die Sarmaten in der Festung an einem Dutzend Stellen zugleich die

von Öl durchnässten Haufen und ließen die Flammen hoch-
schlagen. Denn so hatten sie Leben und Tod schon immer
willkommen geheißen, so hatten sie sowohl Jahreswechsel
als auch Krieg und Frieden markiert – immer gab es Feuer.

Von jenseits des Walls trug der Wind die Stimmen des
Bemalten Volkes herüber – erst ihre Kriegsgesänge, dann
Johlen und Pfeifen, denn die Stämme sahen in den Feuern
ein Zeichen ihres Sieges. Doch je höher die Flammen
schlugen, desto mehr verstummten ihre Schreie, denn sie
mussten begreifen, dass dies kein Zufall sein konnte, kein
Betrunkener, der eine Laterne in einem Lagerhaus umge-
stoßen hatte, keine Feuerschale, die versehentlich an Seide
oder Leinen geraten war. Dies war eine absichtliche Tat –
ein Omen, ein Ritual, ein Signal an sie selbst.

Die Götter hatten ihnen den Himmel freigeräumt und
die schweren Wolken zerstreut, die in diesem Land so oft
die Sterne verdeckten. Sobald das letzte Licht der unterge-
henden Sonne der Nacht wich, würden Freund und Feind
im Umkreis vieler Meilen dieses mächtige Feuer sehen.

Fürs Erste standen die Sarmaten allein, fünfhundert
Mann in Reih und Glied auf ihren Pferden. Der Flammenschein loderte in ihren Rüstungen und Lanzenspitzen.
Von ihnen erklangen weder Kriegsschreie noch Klagelieder.
Reglos und stumm saßen sie da, eine Armee von Statuen
oder Toten – so wirkten sie auf Lucius, als er sie betrachtete
und überlegte, was er ihnen zu sagen hatte.

Sie warteten auf ihn. Schienen noch immer an ihn zu
glauben. Und vielleicht war ihr Glaube stark genug, um
die Wahrheit zu hören.

»Sie werden bald hier sein«, sagte er schließlich. »Unsere Feinde aus dem Norden und aus dem Süden. Zu Tausenden. Und auch unsere Freunde, ebenfalls aus dem Norden und aus dem Süden. In welcher Zahl, vermag ich nicht zu sagen. Genauso wenig, ob von ihnen überhaupt jemand auf unser Feuer reagiert.«

Er deutete erst auf den Wall, dann in die tiefe Senke des *vallum* hinter ihnen. »Keinen Schritt zurückweichen, so lautet unser Auftrag. Rom wird uns alle ans Kreuz schlagen, sollten wir fliehen, so unterlegen wir auch sein mögen.« Trotz allem musste er lächeln. »Aber ich weiß ja, dass euch solche Zahlen nichts bedeuten.«

In jeder anderen Situation hätte er damit Gelächter hervorgerufen, Prahlereien und heldenmütige Eide. Jetzt aber blieben sie stumm, denn sie sahen dem Tod ins Auge, der ihnen heilig war. Er wusste, dass sie tapfer in den Untergang reiten würden, wenn sie nur wussten, wofür sie es taten.

»Eines aber muss ich euch sagen«, fuhr er fort. »Sollten wir diese Schlacht wie durch ein Wunder überstehen und den nächsten Sonnenaufgang erleben, wird man euch nicht geben, was man euch versprochen hat. Fünfundzwanzig Jahre eures Lebens habt ihr versprochen, aber den Lohn dafür wird Rom euch nicht gewähren. Es wartet keine Heimreise am Ende dieser Frist. Ihr werdet die Steppe Sarmatiens niemals wiedersehen. Das ist die Wahrheit. Ich habe euch etwas versprochen, das ich nicht halten kann.«

Ein Geräusch wie ein geisterhaftes Seufzen stieg von den Männern auf. Kaum mehr als ein großes Flüstern. Vielleicht hatten sie es tief im Herzen längst gewusst.

»Und so«, rief Lucius, »bindet euch auch der Klingeneid, den ihr Rom geschworen habt, nicht länger. Ihr habt die Wahl.« Er nickte in Richtung Wall. »Reitet vorsichtig, und ihr entgeht vielleicht der Armee des Bemalten Volkes im Norden, könnt euch dort irgendwo ein Stück Land gewinnen und es euer eigen nennen. Die Tore sind niedergebrannt, niemand wird euch aufhalten.« Lucius senkte die Lanzenspitze und richtete sie auf den Boden. »Oder ihr bleibt hier, bei mir, und kämpft.«

Immer noch Stille. Der Feuerschein fiel in dumpfe Augen, die Augen von Toten.

»Bleibt ihr hier, bedeutet das fünfundzwanzig Jahre im Dienst von Lügnern und am Ende ein Heim in diesem Land. Mehr bleibt euch nicht.« Lucius schüttelte den Kopf. »Ich dachte, ich könnte euch hier ein neues Sarmatien errichten. Und vielleicht kann ich es immer noch. Aber ich will euch keine Versprechungen über die Zukunft mehr machen. Es gibt nur einen Eid, den ich noch halten kann, den Kriegseid. Denn sehr bald kommt es zur Schlacht. Mehr als das kann ich nicht versprechen. Nicht mehr, als vielleicht noch den kommenden Tag zu erleben.«

Er atmete tief ein – den Rauch des Feuers, den Schweiß seines Pferdes, den feuchten Duft von Heide und Farn. »Ich habe beschlossen, nicht zu fliehen«, sagte er. »Aber wie ihr entscheidet – das ist eure Sache.« Ein zweites Mal richtete er die Lanzenspitze auf den brennenden Wall. »Ihr könnt nach Norden gehen und wieder zu Feinden Roms werden.« Abermals senkte er die Lanzenspitze und ritzte eine Linie in die Erde. »Oder ihr bleibt an meiner Seite und kämpft.«

Weiter herrschte ungebrochenes Schweigen. Aber in diesem Schweigen schienen die Sarmaten ohne Worte zu sprechen. Die Bewegung eines Pferdes, das Knirschen einer Rüstung, die Verlagerung eines Speerschafts. Ein rascher Blick, eine Zunge, die über spröde Lippen fuhr, behandschuhte Finger, die über eine Tätowierung glitten und sich an den Eid erinnerten, der ihr vorausgegangen war. Einhundert Herzschläge vielleicht, in denen die Sarmaten sich nur mit Blicken und Gesten verständigten und gemeinsam über ihr Schicksal entschieden.

Dann bewegten sich alle auf einmal – einen Schritt auf den Wall zu. Lucius war sich sicher, mehr würden folgen – genug Schritte, um sie in die Dunkelheit jenseits der Grenze zu führen. Und da überkam ihn so etwas wie Erleichterung. Zu wissen, dass wenigstens sie vielleicht noch den nächsten Tag erleben, dass sie nicht mit ihm sterben würden.

Aber es blieb bei diesem einen Schritt. Dann reckten sie die Lanzen in den Himmel, deren eiserne Spitzen im Feuerschein brannten, und erhoben die Stimmen, bis ihr Ruf wie aus einer Kehle erscholl. Zwei Worte nur, wieder und wieder.

»Tod! Lucius! Tod! Lucius!« Keiner der alten Kampfgesänge, mit denen sie fern im Osten in den Krieg gezogen waren, Lieder von Eisen und Gold, von der Hoffnung auf reiche Beute, die sie zu Ehren ihrer Tapferkeit erhalten würden. Es war ein Chor für ihren Großen Anführer, ein Versprechen an die alten Götter, voller Blut und Unheil. Da weinte Lucius – nicht der Treue wegen, die sie ihm bewiesen, sondern ob des Wahnsinns, in den er sie geführt hatte.

Denn er selbst war wie ein Priester in diesem dunklen Ritual, das ihren Blutpakt besiegelte. Vielleicht hatten sich so vor einem Jahrhundert die letzten Druiden auf Ynys Môn gefühlt, als sich die Zange der Legionen um sie schloss, der Rauch ihrer brennenden Heiligen Haine schwer in der Luft lag und sie ihre nackten Krieger ein letztes Mal in die Schlacht führten, Verwünschungen brüllten und zu den Göttern beteten, die sie nicht länger erhörten. Ein letztes großes Feuer, ehe alles erlosch.

Die kommende Schlacht würde keine glorreiche Angelegenheit werden, kein Anlass, um Ehre und Kühnheit zu beweisen. Was die Sarmaten an seiner Seite hielt, war die Lust am Gemetzel, dieser irre Hunger, der ihrem Volk zum Verhängnis geworden war, der Preis, den sie für ihre Tapferkeit zahlten. Aber es war auch das Einhalten eines Versprechens. Zu bleiben und zu kämpfen, wie sie es verkündet hatten. Aus eigenem Antrieb.

Dann umringten sie ihn alle, Reih und Glied lösten sich in einer wirbelnden Masse auf, alle römischen Grundsätze von Rangfolge und Disziplin waren vergessen. Hände streckten sich, um ihn am Arm zu berühren, Finger berührten seine Brauen, um ihn zu segnen, Männer beugten sich zu ihm herüber und lachten und heulten wie Wölfe. Und er lachte und heulte mit ihnen – denn hier, endlich, erblickte er wieder echte Schönheit. Die Liebe, die sie füreinander empfanden und auch zeigen konnten, jetzt, wo der Schatten des Todes über ihren Häuptern hing. Sie waren wieder zu Brüdern geworden.

Die Hörner ertönten, und die Hauptmänner riefen ihre

Einheiten in Formation. So schnell sie zu seinen Brüdern geworden waren, so schnell waren sie wieder seine Soldaten.

Er führte sie über den Fluss und in das *vallum* vor dem nahen Wald. In dieser Senke wollten sie den Feind erwarten. Vorher jedoch würden sie einander Lebewohl sagen.

25

Etwa fünfhundert Männer sahen die Festung niederbrennen und lauschten Lucius' Worten. Aber unter ihnen war, still und unbemerkt, auch eine Frau.

Nachdem sich Laimei ins Land jenseits des Walls begeben hatte, war Arite die letzte Kriegerin der Sarmaten. Die Stimme der Kriegsmeute war ausgehöhlt, die alten Totengesänge nur halb gesungen, denn für ihre Einheit fehlten die hohen Klänge der Frauen. So saß sie hier als eine Art Botschafterin, die letzte Tochter der Amazonen, um ihnen so viel Rat und Segen wie möglich zu spenden, um sie alle daran zu erinnern, was sie sein sollten. Denn in der Stille, die auf Lucius' Rede folgte, hatte auch sie wortlos ihre Stimme erhoben, als ihr Volk über sein Schicksal entschied.

Viel deutlicher, als Lucius es je geahnt hätte, hatte sie gespürt, wie kurz die Kriegsmeute davorstand, ihn zu verlassen. Wie viel es ihnen abverlangte, die Aussicht auf Freiheit und weites Land im Norden aufzugeben. Und vielleicht war das endgültige Urteil sogar ihrer Anwesenheit zu verdanken gewesen. Die letzte Amazone, die an sie alle appellierte – zu bleiben, zu kämpfen, zu sterben.

Dann wurden Befehle erteilt, die Kriegsmeute unter ihren Hauptmännern aufgeteilt, die große Schar in kleine Verbände zerstreut. Überall reichte man einander die

Hände und tauschte kleine Geschenke aus – die altbekannten Anzeichen, dass hier langwierige Fehden beigelegt wurden. Denn in Friedenszeiten war niemand so stolz und streitsüchtig wie ihr Volk, wenn jeder Tag einen neuen Messerkampf wegen einer beiläufigen Beleidigung brachte oder eine weitere Freundschaft aus Liebe zu einer Frau zerbrach. Ging es aber in die Schlacht, konnte plötzlich fast alles vergeben werden, und so sah sie viele Männer von ihren Pferden steigen, wie Kinder auf ihren Reiterbeinen umherwanken, gemeinsam grinsen und lachen. Und sie wusste, dass auch ihr selbst kaum noch Zeit blieb.

Sie entdeckte Bahadur am Rand der Truppe – sie hatte gewusst, wo sie ihn finden würde, denn vor dem Kampf suchte er sich immer einen ruhigen Ort, wo er sitzen und nachdenken und allein sein konnte. Er schien sie nicht kommen zu sehen, reagierte erst, als sie neben ihm kniete und seine raue Hand ergriff. Ein kurzes Lächeln, hell und offen, ehe sie ihn sanft auf die Beine zog und ihn durch die Menge führte. Da begriff er, was sie vorhatte, und seine Schritte stockten. Sie brachte ihn zu der Stelle, wo Kai wartete.

Eine Zeit lang sahen die beiden einander schweigend an. Im Licht der Sterne waren sie kaum mehr als schattenhafte Umrisse, und trotzdem hatte Arite das Gefühl, sie deutlich zu erkennen. Das Silber in Bahadurs Haar, die Furchen aus Erschöpfung und Schmerz, die sein Gesicht zeichneten, aber auch die alten Lachfalten aus den verlorenen Zeiten voller Wein und Gesang. Und Kai, der sich die Zeichen seines Stammes aus den Wangen geschnitten hatte, der jünger war als Bahadur und doch älter wirkte.

Sie fragte sich, ob die beiden wussten, wie sehr sie einander ähnelten – nicht im Aussehen, aber durch die vielen kleinen Gesten, die sie voneinander gelernt hatten. Ein Finger, der über Lippen fuhr und ein Lächeln zurückließ, eine stolze Kopfbewegung, wenn man ihnen eine Frage stellte, die ihnen nicht behagte.

»Wahrscheinlich ist das Ende nah«, sagte sie. »Uns bleibt keine Zeit mehr. Ich habe euch beide geliebt und beide verletzt. Und jetzt bitte ich euch, Frieden zu schließen.«

»Du verlangst sehr viel«, sagte Bahadur.

»Viel«, gab sie zurück, »und doch wenig. Die kleinste aller Gesten.«

»Ich weiß nicht, ob das stimmt«, sagte Kai. »Ich habe dir viel aufgebürdet, Bahadur. Du hast meinetwegen gelitten, und das tut mir sehr leid.« Er zögerte. »Und ich weiß durchaus, welchen Schmerz ein gebrochenes Versprechen mit sich bringt.«

»Vielleicht weißt du es wirklich«, sagte Bahadur. »Meinst du, die Götter haben mich gerächt?«

Kai antwortete nicht. In der Ferne riefen die Hauptmänner ihre Leute zusammen, aufzusitzen und sich zu bewaffnen. Schon verebbte ihre Gelegenheit.

»Ich glaube nicht«, fuhr Bahadur fort. »Die Götter haben nicht für mich Partei ergriffen. Sie bevorzugen Tapferkeit.«

»Du bist immer tapfer gewesen«, sagte Kai leise.

»Genau wie du«, entgegnete Bahadur. »Trotzdem würden wir uns wohl beide als Männer voll Schande bezeichnen. In diesem Punkt sind wir uns vielleicht wirklich noch ähnlich.«

Wieder erschollen die Befehle der Hauptmänner. Mit rasselnden Rüstungen bestiegen die Männer ihre Pferde, die rastlos mit den Hufen scharrten.

»Es ist Zeit«, sagte Arite. »Sprecht es jetzt aus, oder schweigt für immer.«

Die Stille zwischen ihnen zog sich noch einen Moment länger hin. Dann sagte Kai stockend: »Wenn unser Leben auch kurz ist …«

»… soll unser Ruhm doch groß sein«, antwortete Bahadur. Er schüttelte den Kopf. »Ich glaube, der heutige Tag würde ein gutes Lied abgeben.« Er schaute zum Wall, und das Licht der brennenden Festung erhellte sein Gesicht. »Ich weiß nicht, ob es hier Ruhm zu finden gibt. Aber es stimmt – unser Leben ist kurz. Noch ein paar Stunden, wenn überhaupt. Eine Schande, sie voller Hass zu verbringen.«

»So ist es«, sagte Kai leise.

»Möge ich deine bösen Tage verschlingen, Kai.«

»Und ich deine.«

Keine Umarmung, nicht einmal ein Handschlag. Nur ein knappes Nicken, das in gleicher Form erwidert wurde. Keine Freundschaft, keine geschlossenen Wunden, aber vielleicht doch eine Art Waffenstillstand. Ganz in der Nähe klirrte Metall gegen Metall. Wahrscheinlich nur zwei Speerspitzen, als zwei Krieger einander grüßten. Arite aber hörte darin einen Glockenschlag, wie ihn die Traumdeuter manchmal vernahmen, ein geisterhaftes Signal der Götter, die alles beobachteten und denen gefiel, was sie sahen.

Bahadur drehte sich zu ihr und legte eine Hand auf ihre.

»Und du musst jetzt der grauen Straße nach Südosten folgen.« Er versuchte zu lächeln. »Leb weiter, dann können auch wir überleben und dich hinterher wiederfinden.«

Kai stand hinter ihm und wagte es nicht vorzutreten. Der Waffenstillstand zwischen den beiden war so fragil, dass jede Berührung und jedes Wort von ihr ihn brechen konnte. Eine leere Handfläche in ihre Richtung, lautlose Worte auf Lippen, die sie in der Dunkelheit nicht lesen konnte – das war alles, was ihnen als Lebewohl blieb.

Und sie selbst konnte ihm keine Antwort geben, solange Bahadurs Blick auf ihr ruhte, also entschied sie sich für den nomadischen Abschied – sie sprang in den Sattel, drückte die Fersen sanft in die Flanken des Tieres, hob eine Hand und ritt davon. Denn was hatten Abschiedsgrüße schon für eine Bedeutung für jene, die nicht mehr an den kommenden Tag dachten? Sie würden einander entweder im Morgengrauen oder in den jenseitigen Landen wiedersehen, und eigentlich sollte es nicht von Belang sein, was von beidem zutraf. Aber das war es.

Dann tönte die Straße unter den Hufen ihres Pferdes, eine schlichte Musik als Reisebegleitung. In kaum einer Stunde würde sie die Tore von Coria erreichen, sich hinter den Mauern in Sicherheit bringen und den Ausgang der Schlacht abwarten – das war es, was die Männer von ihr erwarteten.

Aber weder waren Steinwälle für Nomaden ein Zeichen von Sicherheit, noch war es in ihrem Volk üblich, dass die Frauen auf die Männer warteten. Das war die höchste Wahrheit ihrer gesamten Kultur – vor die Wahl gestellt zwischen zwei Wegen, zwischen Sicherheit und Gefahr, musste man sich immer für Schwert und Speer entscheiden, für den eisernen Weg.

Also bremste sie ihr Pferd und schaute sich nach der brennenden Festung um. Sie sah nichts als Schatten, und auch sie selbst würde für niemanden mehr sein als ein Schatten. Keiner würde sehen, welchen Weg sie einschlug, als sie ihr Pferd von der Straße lenkte.

Die Hufe schlugen fast lautlos auf den weichen Boden. Die Landschaft faltete sich über ihr zusammen, als sie hinab ins Tal ritt, um keine Silhouette vor dem Horizont zu erzeugen. Dort zog sie die Zügel, bis das Pferd zum Stehen kam, und lauschte nach den Klängen möglicher Verfolger, so unwahrscheinlich das auch sein mochte. In der Ferne schrie eine Eule, in der Nähe raschelte ein anderes Tier im Unterholz. Wasser tropfte von den Blättern der umstehenden Bäume, denn ein leichter Regen hatte eingesetzt. Sonst war alles still.

Sie verweilte noch einen Moment länger allein in der Dunkelheit und durchdachte ihre nächsten Schritte, schloss die Augen und sah das Gelände vor sich, das sie durchqueren würde – jede Wendung der Hügel, die Linien von Fluss und Bächen. Auf ihrer imaginären Reise streckte sie die Hand aus und spürte die raue Berührung des Heidekrauts auf der Haut, roch den erdigen Duft des Farns.

Dann war es Zeit – ein weiterer Ruf der Eule bildete das Signal zum Aufbruch, dem sie folgen wollte, wie sie schon so oft von Hörnern in die Schlacht gerufen worden war. Sie folgte dem Pfad, den sie im Geiste markiert hatte, der nur für sie allein sichtbar war, zurück nach Nordwesten. Zu einem Abschnitt des Walls, wo sich alles entscheiden würde.

* * *

»Lass uns reden, nur wir beide«, sagte Bahadur. »Und ehrlich, jetzt, wo sie weg ist.«

Kai antwortete zunächst nicht. Es waren die ersten Worte, die Bahadur geäußert hatte, seit seine Frau fortgeritten war.

Ihr Hauptmann hatte sie auf ihre Plätze in der Schlachtreihe gerufen, Befehle waren ausgetauscht worden, und die ganze Zeit hatte der Ältere nichts gesagt. Kai hatte gehofft, es sei ein geselliges, heilsames Schweigen, wie sie es schon so oft geteilt hatten, Seite an Seite vor Beginn einer Schlacht, wenn jeder Stärke aus der Anwesenheit des anderen zog. Jetzt aber war Bahadurs Stimme leise und leer, alle Wärme verflogen, die ihr vorher innegewohnt hatte.

»Ich habe eben die Wahrheit gesagt«, meinte Kai schließlich.

»Ich nicht.«

Kai beugte sich vor und legte die Hand auf die Wange seiner Stute – trotz des lästigen Zaumzeugs murmelte sie genüsslich und schmiegte sich an seine Finger. Beide suchten Trost in dieser Berührung. »Dann sag, was du mir sagen musst.«

»Was hast du vor?«, fragte Bahadur. »Nach der Schlacht?«

»Glaubst du, wir überleben?«

317

»Ach, du bestimmt.« Ein spöttisches Kräuseln der Lippen. »Du hast immer großes Glück gehabt. Nicht, dass du es verdient hättest. Man könnte dich ins Meer werfen, und du würdest trocken ans Ufer kommen.«

»Genug, Bahadur. Sag, was du zu sagen hast.«

Trotzdem dauerte es noch, bis die Worte kamen. Lange Augenblicke verrannen, und ein scharfer Wind blies über die Ebene, ehe Bahadur endlich sprach.

»Ich dachte, es könnte Frieden zwischen uns geben. Vielleicht wäre es möglich gewesen. Wenn nur …« Bahadur schüttelte den Kopf, und seine Rüstung rasselte. »Aber es kann nicht sein.«

»Ich verstehe.«

»Nein. Tust du nicht.« Bahadur sah ihn an, und in der Dunkelheit konnte Kai nur seine Augen sehen – lebhaft vor Schmerz und voller Tränen. »Es geht nicht um Eifersucht. Oder zumindest nicht nur.«

»Was dann?«

»Es liegt daran, dass ich ein besserer Mann bin als du.«

Kai nickte langsam. »Das habe ich nie angezweifelt, Bahadur. Das brauchst du mir nicht zu beweisen.«

»Und du glaubst, deshalb könnte ich mich damit zufriedengeben? Dass sie dich liebt? Wo ich weiß, was für ein Mann du bist? Wo wir beide es wissen?«

Wieder schienen ihm die Götter zuzuflüstern. Bahadur hatte ausgesprochen, was Kai sich nachts insgeheim selbst vorhielt. Und dieser Mann kannte ihn besser als jeder andere, besser, als er sich selbst kannte. Immer war es Bahadur gewesen, der das wahre Wesen der Dinge zu erkennen schien. Immer hatte er gewusst, wie man die Worte der Menschen zu deuten hatte, schien Hauptmann und Häuptling direkt ins Herz zu schauen und beurteilen zu können, ob sie würdig waren.

»Du weißt, dass es wahr ist«, sagte Bahadur. »Oder?«

»Vielleicht«, gab Kai zurück. »Ich kann es nicht sagen.«

»Ich aber. Ich kenne dich besser, als du dich selbst je kennen wirst.«

»Ich sehe sie bei mir«, sagte Kai. »So lebendig wie lange nicht. Voller Freude.«

»Ja, das sehe ich auch«, sagte Bahadur. »Eine Zeit lang mag es so kommen. Bis sie dich so gut kennt wie ich. Wie Lucius. Und dann wirst du auch sie brechen.« Eine lange Pause. Dann: »Wie du mich gebrochen hast. Am Ende brichst du uns alle.«

»Was verlangst du von mir?«

»Lass sie gehen. In der kommenden Schlacht oder danach. Sie ist von dir gefangen, wie manche Männer vom Wein gefangen sind. Und am Ende wird es sie zerstören. *Du* wirst sie zerstören. Ich weiß es.«

»Ich liebe dich wie einen Bruder, Bahadur«, sagte Kai. »Nichts, was du sagst, kann daran etwas ändern.«

Und da, am Ende, schien Bahadur doch noch zu zweifeln. Seine Abwehr bekam einen Kratzer. Für einen kurzen Moment war er wieder da – ein Mann, so sanft zu denen, die er liebte, wie grausam zu seinen Feinden, ein Mann, der alles geben würde, was er besaß, und nichts als Gegenleistung forderte, ein Held der Liebe und der Lieder. Dann wich dieser Bahadur zurück und trug wieder seine Maske

319

aus Schmerz mit den kalten verkniffenen Augen, die in die Welt hinausschauten und dort nichts Schönes entdecken konnten.

»Was soll mir die Liebe eines solchen Mannes bedeuten?«, fragte er.

Was hätten sie noch erreichen können, wäre ihnen mehr Zeit geblieben? Vielleicht nichts. Vielleicht alles. Aber ihnen blieb keine Zeit mehr. Leise Pfiffe liefen die Schlachtreihe entlang. Vielstimmiges Flüstern bezeugte, was jetzt alle sehen konnten.

Der Feind hatte den Wall erklommen.

26

Die Welt war aus den Fugen, die Gesetze der Grenzlande standen Kopf. Das Bemalte Volk hielt jetzt den Wall, war wieder Herr des eigenen Landes, und die Sarmaten schauten mit hungrigen Blicken zu. Lucius saß bei seinem Volk und beobachtete und wartete, um zu sehen, was die Stämme des Nordens mit ihrer Beute anstellen würden.

Erste Ausläufer der Morgenröte zeichneten sich am Himmel ab. Die Kriegsgesänge des Bemalten Volkes wurden leiser und misstönender. Vielleicht verließ sie langsam der Blutrausch. Oder es lag daran, dass Corvus der Abtrünnige, der sehr gut wusste, dass die Römer mit Stein und Mörtel mehr erobert hatten als mit dem Schwert, seine Kriegshäuptlinge beschwor, zufrieden zu sein mit dem, was sie gewonnen hatten.

Denn das Bemalte Volk brauchte bloß standhaft zu bleiben. Gegen Festung und Wall konnte die sarmatische Kavallerie nichts ausrichten. Ein letzter Sturmangriff vielleicht, nutzlos und glorreich – mehr blieb ihnen nicht. Sie würden sich die Klingen an den Mauern abstumpfen, wie die Helden in den alten Sagen, wenn sie wussten, dass ihr Ende nahte, manchmal unmögliche Kämpfe gegen Berg und Himmel und Ozean führten.

Auf die Männer des Nordens musste das weite Land vor

ihnen jedoch eine große Anziehungskraft ausüben. Offen und schutzlos lag der verbotene Süden da, von dem sie ein halbes Jahrhundert geträumt hatten. Ein Volk, das für Plünderungen und Fehden lebte, dem diese große Jagd so lange verwehrt worden war. Vielleicht waren auch die Steine des Walls selbst ein Zeichen des Bösen für sie, denn sie waren bevölkert von den Geistern der Römer, die ihr Volk gebrochen, ihr Land in zwei Hälften geteilt und ihre Götter ermordet hatten. Und so setzten sich die Schatten auf dem Wall in Bewegung, kamen aus den qualmenden Trümmern der Tore und ergossen sich ins offene Gelände.

Zu beiden Seiten von Lucius regten sich die Männer in der Senke des *vallum*. Ross und Reiter waren unruhig, wollten sowohl fliehen als auch kämpfen. Alles besser, als hier zu sitzen und den Tod näher kommen zu sehen.

»Wartet«, sagte Lucius. Sie mussten den perfekten Zeitpunkt abpassen.

Das Bemalte Volk wurde zusehends selbstbewusster. Der Wind trug die Schreie der Befehle herüber, mit denen die Hauptleute versuchten, die Stämme zusammenzuhalten, aber längst zerstreuten sie sich, teilten sich in kleine Gruppen von Jägern und Plünderern auf. Das weite Land rief nach ihnen, der Ruhm der Jagd, die Aussicht auf die Trophäen, die sie gewinnen und mit nach Hause bringen würden.

»Wartet«, sagte Lucius abermals.

Der Himmel wurde ein wenig heller – vielleicht war es bereits das Morgengrauen, aber niemand konnte es wirklich sagen, jetzt, da die Wolken wieder so dicht waren.

Lucius wartete auf ein Omen, denn er wusste, sie waren nun jenseits der Welt von Drill und Taktik. Er brauchte die Magie, von der Mor gesprochen hatte, nichts anderes würde ihnen noch helfen.

Ein Schatten in den Reihen des Bemalten Volkes. Wie ein Riese schien er, wie eine Sagengestalt, ehe er sich drehte und seinen unheilvoll vertrauten Umriss preisgab. Ein großer Mann auf einem großen römischen Pferd – Corvus der Abtrünnige. Das erwartete Omen. Der Anfang und das Ende.

Sie mussten nicht länger warten – er brauchte nicht einmal einen Befehl zu geben, denn die Sarmaten sahen, was er sah, dachten, wie er dachte. Wie ein einziger Körper tauchten sie aus der Senke des *vallum* auf und trieben ihre Pferde zum Sturmangriff.

Ein Moment perfekter Stille. Die Erde schien den Atem anzuhalten. Das letzte Geschenk der Götter für jene, die in die Schlacht zogen – die Welt anzuhalten und das Leben um einen Moment auszudehnen, in dem man an einen geliebten Menschen denken oder eine bestimmte Erinnerung wie einen heiligen Schatz festhalten konnte, ehe sich der Hufschlag wie Donner erhob, ehe die Kriegsbanner den Wind tranken und ihn schreiend zurück in den Himmel stießen. Die Landschaft stürzte an Lucius vorbei, und im Zwielicht vor Anbruch des Tages konnte er nicht sagen, wie viele Männer um ihn waren. Gefühlt hätten ihm zehntausend folgen können – oder niemand.

Mit großem Klappern senkten sich die Lanzenspitzen, und schon drängte sich vor ihnen die erste Jagdgesellschaft des Bemalten Volkes dicht zusammen und versuchte, eine Speerreihe zu bilden, äffte so die Taktik der verhassten Römer nach. Aber sie hatten weder die Zeit noch den Willen für dieses Manöver – ein harter Ruck betäubte Lucius' Hände, sein Pferd stampfte stolpernd das Leben aus dem Leib eines Feindes, dann waren sie hindurch und ließen nur gebrochene Leichen zurück.

Ein Moment, um die Pferde zu zügeln und die Sarmaten erneut um sich zu scharen. Und ein Moment für das Bemalte Volk, zu erkennen, wie wenige ihnen tatsächlich gegenüberstanden. Kaum fünfzig Reiter waren Lucius gefolgt – die Männer des Nordens schlossen sich zusammen und ließen wieder ihre Kampfgesänge erklingen.

Aber da waren noch andere Hornrufe zu vernehmen, die vom hohen Wall widerhallten. Die Kriegssignale der Sarmaten, die sie seit Jahrhunderten zur Jagd riefen, ertönten aus Tal und Wald und Heide von den Reitergruppen, die das Bemalte Volk einkreisten. Dies war das Wagnis, das Lucius eingegangen war – seine ohnehin schon unterlegene Truppe noch weiter aufzuteilen in der Hoffnung, dass die Schatten der Morgendämmerung fünfhundert wie fünftausend wirken lassen würden. Dass ein Ring um die Stämme des Nordens, so dünn er auch gezogen sein mochte, ausreichen könnte, um sie zu brechen.

Dann wurde die Welt abermals zu einem Wirbel aus Farben und Licht, während vor ihnen ein Wald aus Speeren aufragte, um den Angriff abzuwehren. Sollte die Schlachtreihe des Bemalten Volkes halten, würden die Sarmaten vernichtet werden, aufgespießt oder von den sich aufbäumenden Pferden geworfen, auf dem Boden umschwärmt und in Stücke gehackt. Und so stellten die Sarmaten diesen Männern aus dem Norden mit ihrem Sturmangriff auch eine Frage: Vertrauten sie ihren Nebenmännern? Liebten sie sie so sehr, wie die Sarmaten ihre Kampfgefährten liebten?

Die Speere zitterten wie Bäume im Sturm. Bis sie alle auf einmal auseinanderbrachen – als hätte ihnen ein überirdisches Wesen befohlen, die Waffen zu strecken. Dann tauchte die Kavallerie der Sarmaten in ihre Reihen ein und wieder heraus wie durch Wasser.

Diesmal folgte keine Stille. Überall der ohrenbetäubende Lärm des Krieges, das Reißen von Metall und Fleisch, die gellenden Schreie sterbender Männer und Pferde. Eingeschlossen in den engen Käfig seines Helms schrumpfte Lucius' Welt erst auf die Reichweite seiner Lanze zusammen, und als diese zerbrach, auf die seines Schwertes. Für ihn existierte nur noch die sorgfältige, geduldige Arbeit des Tötens, immer und immer wieder.

Er wusste nicht, wie lange es dauerte, einen Moment nur oder ein ganzes Leben, bis schließlich kein Bemaltes Volk mehr in Reichweite seiner Waffe war. Nur noch Sarmaten, mit Blutspritzern wie Kriegsbemalung verziert, grinsend und mit begeistert aufgerissenen Augen. Die Männer aus dem Norden waren zurückgewichen, ihre Kriegsschreie schrill und hohl geworden. Das Bemalte Volk zersplitterte in die bekannten Gruppen aus Sippen und Stämmen. Obwohl sie dastanden und Beleidigungen und Verwünschungen kreischten, schien ihnen der Wille zu fehlen, die Sarmaten anzugreifen.

Die Frage war gestellt und beantwortet worden – das Bemalte Volk hatte nicht den Mut, ihnen die Stirn zu bieten. Sollten die Sarmaten wieder und wieder zum Sturmangriff übergehen, würden sie ihre Feinde ein ums andere Mal brechen. Lucius erkannte diese Wahrheit und fühlte sich dennoch von der süßlichen Trauer der Niederlage überkommen.

Denn er hörte das Keuchen der Pferde, sah den weißen Schaum von ihren Lippen tropfen, spürte die erschöpften Schritte, die sein eigenes Ross unter ihm tat. Das war es, was ihnen schließlich zum Verhängnis werden würde. Nicht Schwert noch Speer, sondern schmerzende Lungen und zitternde Beine. Sowie die Pferde nicht mehr galoppieren konnten, waren sie alle geliefert, und es würde bald genug so weit sein.

Lucius suchte den Horizont ab und fand ihn leer. Keine Sarmaten aus Coria oder Vindolanda, die ihnen zu Hilfe eilten. Kein Anzeichen der Legion aus Eboracum. Das riesige Signalfeuer, in das sie die Festung verwandelt hatten, war ohne Wirkung geblieben.

Jetzt war die Zeit für den Rückzug gekommen – alles, was er über die Kunst des Krieges wusste, sprach dafür. Die Reittiere waren müde, seine Leute weit in der Unterzahl. Nur wusste er, dass ihnen der Rückzug nichts bringen würde außer dem langsamen Tod am Kreuz, ihrem Schicksal als Deserteure. Und eine letzte Chance blieb ihnen noch.

Er reckte sein Schwert in die Höhe, das Schwert, das fern im Osten den König der Sarmaten getötet hatte. Seine

Krieger glaubten fest daran, dass dieser Klinge ein siegreicher Zauber innewohnte. Und so führte er sie nicht nach Süden, sondern nach Norden – an den gefährlichsten aller Orte, direkt zwischen das Bemalte Volk und den Wall.

Die Hörner der Sarmaten erklangen, ihre klaren Gesänge erfüllten die Luft. Noch immer waren es nur halbe Gesänge, da die Stimmen der Frauen fehlten, ihre Botschaft aber war unmissverständlich – es waren Lieder, die von Sieg und dem Tod ihrer Feinde handelten. Lucius sah Angst wie eine Welle durch die Reihen des Bemalten Volkes laufen, als die Sarmaten ihre Positionen vor dem Wall einnahmen. Dieser verfluchte Ort aus Stein wurde nun von Monstern aus Eisen und Knochen bewacht, die scheinbar weder Furcht kannten noch getötet werden konnten.

Mehr als einen letzten Ansturm hatten ihre Pferde nicht mehr in sich. Aber vielleicht würde diese eine Attacke ausreichen.

Wieder blitzte sein Schwert auf, die Sarmaten standen aufgereiht hinter ihm und warteten auf seinen Befehl. Aber dann erhob sich ein Geräusch über die Lieder seiner Männer, eine entsetzliche Stimme, die in allen Sprachen und in keiner brüllte. Corvus der Abtrünnige schrie auf Latein, auf Markomannisch, in den Sprachen der Völker des Nordens. Und dann erblickte Lucius ihn auch, wie er vor den Reihen seiner Leute auf und ab ritt. Und wo immer dieser Mann auftauchte, schien er wilde Tapferkeit zu versprühen. Die Reihen der Speere festigten sich.

Zu spät befahl Lucius den Angriff. Dieses eine Mal hatte er zu lange gezögert.

Pfeilsalven lösten sich, Wurfspeere sausten durch die Luft, vor sich sah er die ersten sarmatischen Pferde straucheln, gelähmt durch Spalten in ihrer Rüstung. Immer mehr stürzten, ihre Schlachtreihe lockerte sich, scheiterte, zerbrach. Mit nassem Krachen begrub sein Pferd einen der eigenen Krieger unter sich, dann war ihr Ansturm entzweit – die eine Hälfte der Sarmaten war hinter den gestürzten Pferden abgeschnitten, ein paar andere setzten den Angriff fort, kaum hundert Mann, die noch nicht wussten, dass sie allein waren. Lucius sah alles vor sich – das Bemalte Volk packte entschlossen die Speere und glaubte wieder an den eigenen Sieg. Die Pferde wichen vor diesem Dickicht aus Eisen zurück, bäumten sich auf und warfen ihre Reiter ab.

Und er sah auch, wer diesen letzten Angriff anführte. Er sah, wie Kai auf seiner Stute mit den aufgeschnittenen, blutigen Flanken versuchte, sich abzuwenden und seine Leute zurückzurufen. Er sah den Speer, der durch die Luft jagte und sich in Kais Pferd bohrte. Er sah den Mann, der einmal sein Freund gewesen war, mit rudernden Armen auf den hungrigen Boden des Schlachtfelds stürzen und dann still daliegen.

27

Der Geschmack von Blut und Erde in seinem Mund. Sein Blickfeld halb in Finsternis, halb von kreisenden Sternen erfüllt. Einen Moment zuvor war er noch schwerelos gewesen, wie im Flug auf dem Rücken seines Pferdes im Sturm. Jetzt schien es all seine Kraft zu kosten, überhaupt wieder auf die Beine zu kommen, denn sein Kürass aus Horn und Eisen wollte ihn zu Boden ziehen, als versuchte er, sich aus der tiefen Erde seines eigenen Grabes ins Freie zu wuchten.

Sein Pferd hatte ihn noch weit getragen, ehe es zu Boden ging, und das Bemalte Volk schien es nicht eilig zu haben, ihn zu erreichen. Er hörte die Schreie der Sarmaten, sich zurück in die Schlachtreihe zu begeben. Und über allem hörte er Lucius' Stimme und spürte das Verlangen, ihm zu antworten.

Aber da war etwas, das er einen Moment zuvor gesehen hatte, als er auf dem Rücken gelegen und die Welt Kopf gestanden hatte. Ein totes Pferd mit Fellzeichnungen, die er erst nicht zuordnen konnte, darunter ein Reiter, der ihm bekannt vorkam. Und wie die Helden in den alten Geschichten konnte er nicht anders, als noch einmal zurückzuschauen.

Es war Bahadurs Pferd. Und Bahadur lag darunter und regte sich nicht.

Mit zitternden Händen zog Kai sich den Helm vom Kopf, blinzelte in die stechende Morgensonne und holte bebend Luft. Atmete ruhiger aus. Die Welt ringsum war hell und schön, wie er sie so zum letzten Mal erblickte.

Er hatte keine Kraft mehr, konnte nur langsam humpeln und verfing sich immer wieder in den Grasbüscheln, während er darauf wartete, dass ein gegnerischer Wurfspeer oder Pfeil sein Ziel fand oder das Bemalte Volk wie eine Welle über ihm zusammenschlug und ihn zu Boden riss.

Aber sie warteten noch. Und Kai spürte mit der seltsamen Intimität des Schlachtfelds, dass auch die Feinde unendlich erschöpft waren. Es war der Zeitpunkt gekommen, an dem sich gebrochene Männer an ihren Gegnern festklammern, nach Atem ringen und vor Schmerzen weinen, bevor sie abermals versuchen, einander umzubringen. Eben hatte er noch ihren fauligen Schweiß gerochen, ihre aschfahlen keuchenden Gesichter gesehen, wie sie sich in der unbeschreiblichen Erschöpfung, die sich nur in der Schlacht einstellt, auf ihre Speere lehnten.

Und vielleicht war es nicht allein die Erschöpfung, die sie zurückhielt. Vielleicht verstanden sie auch diese besondere Form der Tapferkeit und konnten sie respektieren. Denn sie sahen einem Mann zu, der zu einem Freund ging, um an seiner Seite zu sterben.

Bahadur war unter seinem Pferd eingeklemmt und lag totenstill da. Als Kai sich neben ihm niederbeugte, einen Handschuh abstreifte und die Finger an Bahadurs Lippen hielt, spürte er jedoch seine Atemzüge wie einen Kuss des Windes, der über die Steppe rollt. Bahadur schlug die Augen auf, betrachtete ihn stumm und fragend durch schmale Schlitze.

Kai wusste, was er zu tun hatte, auch wenn er es nicht tun wollte. Er wollte einfach für immer hier neben seinem Freund warten, damit Bahadur wusste, dass er zurückgekommen war. Aber er hörte Trommeln und Hörner und rasselnde Speere. So wenig Zeit nur noch. Mit einem letzten Aufbäumen schob und zog er das Pferd von Bahadur herunter wie einer, der Berge versetzen will, bis er sehen konnte, wie es darunter aussah.

Heiß stieg ihm die Galle in den Rachen, sein Blickfeld verschwamm und schwankte vor Übelkeit. Bahadurs Beine waren in unmöglichem Winkel gefaltet, die Hüften flach in den Boden gedrückt, die Haut aufgerissen, die vorstehenden Knochen rot verschmiert.

Aber Bahadur selbst zuckte bei diesem Anblick nicht zusammen. In der großen Ruhe, mit der Menschen oft ihre tödlichen Wunden begutachten, schaute er an sich hinab. Sein ganzes Leben verbrachte man kauernd im Schatten des Todes, fürchtete die Entzündung der kleinsten Wunde, hatte Albträume von der plötzlichen Invasion feindlichen Stahls ins eigene Fleisch, fürchtete das Winterfieber, das sich unsichtbar in den Leib stehlen und einem das Leben nehmen konnte. Erst wenn das Warten vorüber war, konnte sogar der sichere Tod in gewisser Weise Trost spenden.

Eine zitternde leere Hand reckte sich in die Höhe, und Kai suchte im nahen Gras nach dem passenden Gegenstand, sie zu füllen. Er fand ein geborstenes Schwert und drückte Bahadur den Griff sanft in die Hand. Eine Waffe, die er in die jenseitigen Lande mitnehmen konnte, um denen, die dort warteten, zu beweisen, dass er gestorben war, wie ein Krieger sterben sollte. Nichts war den Sarmaten so wichtig wie dies.

Aber die Waffe fiel zu Boden, und die zitternde Hand streckte sich ein weiteres Mal aus. Auf Bahadurs Gesicht lag der müde und geduldige Ausdruck eines Vaters, der darauf wartet, dass sein Sohn versteht.

Kai ergriff Bahadurs Hand mit beiden Händen und wippte vor und zurück, als versuchte er, ein Kind in den Schlaf zu wiegen. Und Bahadur sah ihn so stumm und ernst an, wie es nur Neugeborene und Greise tun, die beide auf der Schwelle zwischen Leben und Tod stehen.

Endlich waren sie wieder zusammen, wie es sein sollte.

Um sie herum war der Schlachtenlärm fast vollständig verebbt, denn sowohl das Bemalte Volk als auch die Sarmaten sammelten ein letztes Mal ihre Kräfte. Kein Speerklirren und Schildklappern, kein Pfeilflüstern, weder Eisenklang noch Holzsplittern, keine schweren Schritte von Ross oder Reiter. Nur die leise Musik vieler Stimmen – die langsamen, süßen Totengesänge der Sarmaten, die Siegeslieder der Männer des Nordens. So erschöpft sie waren, die Lungen voll Feuer und die Münder erfüllt vom Geschmack nach Eisen und Sand, fanden sie doch alle die Kraft zum Singen.

Und dann gesellten sich unverhofft frische Stimmen dazu.

Bald hörte es auch Kai – ein Lied, das von der Kindheit in der Steppe erzählte, von großen Reisen über die weite Ebene. Von Viehdiebstahl und Fehde. Von Kriegen und Siegen. Es war der Gesang der Steppenfrauen.

Sie kamen durch die gebrochenen Tore im Wall. Die Krieger der Votadiner mit blau bemalter Haut und polierten Speerspitzen. An ihrer Spitze ritten Laimei und Arite und führten sowohl die Kriegerschar als auch den Gesang an.

Sie waren wenige – zu wenige, als dass sie wirklich etwas bewirken konnten, und doch war sowohl bei den Sarmaten als auch beim Bemalten Volk eine Veränderung in der Stimmung zu bemerken.

Kai hielt Bahadur im Arm und flüsterte ihm zu: »Die Frauen sind gekommen. Um für uns und für dich zu kämpfen.«

Wieder reckte Bahadur die zitternden Finger und bat Kai noch näher zu sich. Als schon die Pferde den Boden wie Donner erzittern ließen, als schon das Eisen sang und das Töten aufs Neue begann, tat Kai nichts weiter, als sein Ohr an Bahadurs Lippen zu legen und darauf zu warten, dass er sprach.

* * *

Ein halbes Leben war es her, dass Arite zuletzt in die Schlacht gezogen war, und doch kam ihr alles sehr vertraut vor. Der heiße metallische Geschmack in der trockenen Kehle und die Art, wie die Zeit entweder viel zu schnell oder überhaupt nicht zu vergehen schien. Die Furcht, die so eng verwandt war mit dem Wahnsinn und von Moment zu Moment immer stärker wurde, bis man dieses überbordende Gefühl fast für gefühllose Tapferkeit halten konnte. Als wäre sie noch am Tag zuvor auf dem Schlachtfeld und die vergangenen zwanzig Jahre nicht mehr als ein flüchtiger Traum gewesen.

Sie war die ganze Nacht hindurch geritten, um ihr Ziel zu erreichen. Durch das verlassene Tor eines Meilenkastells im Westen hinaus in das fremde Land, nur von Erzählungen geleitet, von der Beschreibung der Bäche und Hügel, die sie von Kai und Bahadur wieder und wieder gehört hatte wie ein Gebet, das sie schützen sollte. Schließlich hatte sie die Votadiner mit ernsten Mienen bei einem alten Baum am Fluss entdeckt, an einem ihrer heiligen Orte, wo sie sich einfanden, wann immer große Entscheidungen für ihr Volk anstanden. Sie starrten das gewaltige Feuer am Wall an wie ein Zeichen der Götter, das sie nicht zu deuten wussten, und als Arite eintraf, wurde sie zur Lösung dieses Zeichens, zur Antwort auf dieses Rätsel. Ein Bote, der ihr Volk anwies, im Schatten des Walls zu kämpfen und zu sterben.

Einst hatte Arite in den Rüstungen ihres Volkes gekämpft, in Horn und Schuppen gehüllt, mit einer großen Lanze in der Hand, als Teil einer Kriegsmeute aus tausend Pferden und Reitern. Jetzt ritt sie ein fast lahmes Pferd, hatte nicht mehr Schutz als einen runden Lederschild und dazu einen viel zu kurzen Jagdspeer und wurde von kaum zweihundert Votadinern begleitet. An ihrer Seite aber ritt

Laimei – und solch eine Heldin mochte den entscheidenden Unterschied machen.

Obwohl ihr Angriff ein reines Stolpern auf müden Pferden war, lag doch einiges an Wucht dahinter. Wie ein Fluss, der in der Flutzeit über die Ufer tritt, der langsam anschwillt und doch ganze Dörfer mit sich zu reißen vermag – so stießen sie in die Reihen des Bemalten Volkes.

Dann kam der Kampfrausch; ein heller Schleier in ihrem Blickfeld, eine dumpfe Stille. Für sie war das Töten ein Akt des Vergessens, etwas, das sie nur in kurzen Ausschnitten zwischen den allgemeinen Schmerzen wahrnahm. Wie das große Werk, ein Kind zu gebären – eine Tat voll Qual und Keuchen, das Heraufbeschwören von Kraft aus geheimen Quellen tief in ihrem Innern, um Unmögliches zu vollbringen.

Wie lange es dauerte, bis sich ihr eine Atempause bot, vermochte sie nicht zu sagen. Irgendwann aber kam sie wieder zu sich wie eine Schlafwandlerin. Ihre Arme waren verschrammt und schmerzten, in der Hand, mit der sie den Speer geführt hatte, steckten tiefe Splitter, ihr Schild war halb zerschlagen. Sie schmeckte Staub, bemerkte eine Wunde im Oberschenkel, sah ihr Fleisch und frisches Blut, aber nicht das Weiß der Knochen, und noch spürte sie dort auch keinen Schmerz. Als sie sich umsah und die Sarmaten und Votadiner zählte, schien ihr, als würde all das nicht reichen, als wäre ihre Mühe vergebens gewesen.

Sie waren so wenige, und die Reihen des Bemalten Volkes hielten weiterhin stand, wenn auch nur noch mit erschöpfter Verbissenheit. Der Feind war zu müde zum Fliehen und hatte sich in den gefährlichsten aller geistigen Zustände begeben, an einen Ort jenseits von Angst und Schmerz, wo das eigene Leben vor lauter Ermattung nicht mehr schützenswert scheint. Aber noch immer hatten sie Kraft genug, um zu töten.

Arite fand sich neben Lucius wieder – seine Rüstung war zerschnitten und seine Klinge stumpf, aber das Blut, das ihm anhaftete, schien sämtlich anderen Männern zu gehören. Und in dem kurzen Moment, der ihnen blieb, lehnten sie sich aneinander, wie Liebende manchmal über die Steppe reiten. So saßen sie da und dachten träumerisch an all jene, die sie verloren hatten.

Denn als sie sich in der Truppe nach Kai und Bahadur umsah, konnte sie keinen von beiden entdecken, und tief im Innern wusste sie, dass die Männer den Weg zu ihr gefunden hätten, wären sie noch am Leben gewesen. Mit plötzlicher Leichtigkeit dachte sie daran, dass sie sich bald zu ihnen gesellen und auch ihre verlorenen Kinder wiedersehen würde, in den endlosen Feldern unter dem goldenen Himmel der jenseitigen Lande.

Sie sah, dass Lucius den nötigen Befehl nicht mehr geben konnte. Er würde seine Leute nicht anweisen, in den Tod zu reiten. Also raffte sie den Rest ihrer Kraft zusammen, reckte den blutigen Speer in die Höhe und schickte sich an, die Männer zu führen.

Wie als Antwort erklang in der Ferne ein Geräusch. Trompeten, die jenseits der Hügel vom Wall widerhallten.

Zuerst erfüllte sie dieser Klang mit Furcht, denn seit über hundert Jahren hatte er den Sarmaten Krieg und Tod beschert. Jetzt aber mochte er sie retten.

Denn dort am Horizont tanzten Adler durch die Luft, die goldenen Adler der Legion – Arite schien als Erste zu sehen, wie sie über den nächsten Hügel kamen. Dann hörte sie auch die schweren Schritte der marschierenden Römer, den Widerhall der genagelten Sohlen auf der breiten Straße, sechstausend Füße, die im Gleichschritt auf den Boden stampften. Und schließlich sah sie die Männer auch – die grausamen dünnen Speere, das funkelnde Eisen von Helmen und Brustpanzern, die hohen Schilde wie eine laufende Festung.

Trotzdem spürte sie bei diesem Anblick keine Erleichterung. Über Generationen hatte ihr Volk gelernt, die Legionen zu fürchten, und selbst jetzt, an diesem Ort, war kaum zu sagen, was ihre Ankunft zu bedeuten hatte. Vielleicht hatte Caerellius sie gekauft oder die Lüge einer Rebellion der Sarmaten verbreitet. Vielleicht sollten sie dem Bemalten Volk einfach bei der Arbeit zusehen, um sicherzugehen, dass Lucius und seine Sarmaten auf diesem Schlachtfeld ihr Ende fanden.

Dann aber sah sie noch etwas anderes.

Zuerst nur hohe Banner. Die Drachen mit offenem Maul, die bunt bemalten Wölfe, die Jagdfalken der Steppe tanzten am Himmel, als wollten sie sich mit den Legionsadlern balgen. Dann kamen auch ihre Träger über die Hügelkuppe – Männer auf großen Pferden, gehüllt in Rüstungen aus Horn und Eisen und Knochen. Die Sarmaten,

Nomaden der weiten Ebene, Kinder der Sonne und des Wolfes.

Aus Eboracum und Coria und Vindolanda waren sie gekommen, zu Tausenden herbeigelockt von der Verheißung des mächtigen Feuers.

Arite und Lucius hielten einander fest, lachten und weinten und sangen. Denn da wussten sie ohne jeden Zweifel, dass sie gerettet waren.

28

Begonnen hatte es wie eine der alten Geschichten – mit Feuer und Omen, mit dem Widerstand weniger im Angesicht vieler. Es endete jedoch weder mit einem glorreichen Sturmangriff noch im Blutbad einer ungeordneten Flucht. Es endete mit einem schlurfenden Rückzug, einem erschöpften Waffenstillstand zwischen Männern, die nicht mehr die Kraft hatten, einander weiter zu bekämpfen.

Lucius sah zu, wie das Bemalte Volk durch die niedergebrannten Tore in Festung und Wall stolperte, nur wenige Speerlängen an den verbleibenden Sarmaten vorbei. Sie kamen ihm so nah, dass er die gebrochenen Blicke ihrer glasigen Augen sah und die wortlos bewegten Lippen, denn sie hatten nicht genug Atemluft, um die Sarmaten zu verfluchen, um Rache zu schwören oder zu singen. Aber selbst die Sarmaten, denen der Krieg mehr bedeutete als alles andere, erhoben die Speere nicht mehr gegen ihre Gegner, obwohl sie fast in Reichweite vorbeizogen. Müde klammerten sie sich an ihre Sättel wie Ertrinkende an Wrackteile und wünschten sich nur, dass die Schlacht vorüber sei.

Hätten sie Corvus den Abtrünnigen erblickt, hätten sie kämpfen müssen, das wusste Lucius – es hätte ein letztes, verbissenes Aufbäumen der Besiegten gegeben. Aber zu ihrem Wohl oder Übel war er nirgendwo zwischen den Männern des Bemalten Volkes zu sehen, die wie wandelnde Leichen durch die Tore strebten. Und als schließlich alle im Norden verschwunden waren, kam die Zeit, die Erschlagenen zu zählen.

Arite war unerschrocken an seiner Seite geblieben. Bis zuletzt hatte sie vollkommen furchtlos gewirkt und mit grenzenlosem Mut und fest ergriffenem Speer den Abzug des Bemalten Volkes betrachtet. Dann saß sie plötzlich zusammengesunken im Sattel wie eine Frau mit der doppelten Last ihrer Jahre, die Haut so bleich, dass er erst glaubte, sie habe eine schwere Verwundung davongetragen. Und als sie ihn ansah, lag eine stumme Frage in ihrem Blick.

»Da«, sagte Lucius, und es schien all seine Kraft zu kosten, auf die blutig zerzausten Grasbüschel zu deuten, wo er Kai und Bahadur zuletzt gesehen hatte. »Da habe ich sie fallen sehen.«

Sie nickte abwesend, als hätte er auf einen nahen Bach gedeutet oder ihr den sicheren Weg durch ein Waldstück oder in Richtung eines Gebirgspasses beschrieben, statt auf die Männer zu zeigen, die sie geliebt hatte. Langsam setzte sie ihr stolperndes Pferd in Bewegung, um zu erfahren, was sie dort erwartete.

Er hätte ihr folgen sollen, um sich dem Anblick Seite an Seite zu stellen. Das wenigstens war er ihr schuldig. Das war er Kai schuldig. Aber er wusste, dass sie den Mut hatte, diesen Anblick zu ertragen, er jedoch nicht.

Eine Hand legte sich auf seine Schulter. Mor von den

Votadinern war da, das fröhliche Blitzen in seinen Augen erloschen. In dem Moment schien eine Art Bruderschaft zwischen ihnen zu bestehen. Sie tauschten den Blick von Anführern aus, die ihre Männer wieder und wieder in den Tod geschickt hatten. Von Häuptlingen, die überlebt hatten, mit jeder geschlagenen Schlacht aber ein Stück ihrer selbst zurücklassen mussten.

»Zauberei, siehst du?«, sagte Mor. »Es ist gekommen, wie ich gesagt habe.«

»Du nennst es Zauberei«, gab Lucius zurück. »Ich nenne es Speerträger und Reiterei, zur rechten Zeit am rechten Ort.«

»Wohl wahr. Aber Zauberei hat uns alle hergeführt.«

»Eine idiotische römische Idee, hattest du gesagt. Herzukommen und für ein Land zu kämpfen, das nicht euch gehört.«

Ein Lächeln, und das Licht kehrte in die Augen des Häuptlings zurück. »Ja, es ist närrisch, für das Land anderer zu kämpfen. Aber an der Seite eines Mannes wie dir zu kämpfen – das ist der Weg der Votadiner. Ein Weg, der unserem Volk schlecht gedient hat, das stimmt. Deshalb fristen wir unser Dasein nördlich des Walls, sind ein gebrochenes und besiegtes Volk. Weil wir kämpfen, wenn wir nicht kämpfen sollten.« Er lachte bellend. »Aber kann man anders leben?«

»Nein«, sagte Lucius. »Kann man nicht. Das war es, weswegen du deine Meinung geändert hast? Die Aussicht, an meiner Seite zu kämpfen?«

Mor nickte. »Und mehr noch, an der Seite solcher Frauen

zu kämpfen, wie es sie bei euch gibt. Die beiden haben uns schließlich hergeführt.«

In der Ferne sahen sie Laimei – zerschnitten und blutig und ebenfalls sichtlich ermattet. Trotzdem wirkte sie als Einzige so, als hätte sie noch Kampfgeist in sich, saß hoch erhoben im Sattel, reckte die Lanze in den Himmel und lenkte ihr Ross die Reihen entlang.

»Sie wirkt wie ein Geschöpf aus den alten Geschichten«, sagte Mor. »Hat sie jemals genug vom Töten?«

»Bis jetzt zumindest noch nicht«, sagte Lucius. »Hast du immer noch vor, sie als Frau zu gewinnen?«

»So ein trübes Los hat sie nicht verdient. Außerdem glaube ich sowieso, dass sie schon mit dem Kriegsgott verheiratet ist. Mit unserer Morrigan vielleicht, oder eurem Mars. Selbst für ihre Liebe würde ich mich einem derart Furcht einflößenden Rivalen nicht stellen wollen.«

»Das stimmt.« Lucius strich sich durch die schweißnassen Haare und spürte seine Finger auf der Kopfhaut zittern. »Ich bin sehr dankbar für das, was du getan hast. Isst du heute Abend mit mir?« Er versuchte zu lachen und hörte, wie hohl es klang. »Du hast mich schließlich bereits zweimal bewirtet. Gesellst du dich also dazu?«

»Ich danke dir. Ich würde gern guten Wein mit dir trinken, mein Bruder.« Mor machte eine Pause und betrachtete die marschierende Legion. »Aber mein Volk zieht sich jetzt hinter den Wall zurück. Ich möchte nicht bleiben, bis *die da* ankommen.«

»Warum nicht? Du hast Seite an Seite mit Rom gekämpft. Man wird dich dafür belohnen.«

Der Häuptling setzte ein rätselhaftes Lächeln auf. »Wir werden sehen. Die Römer halten unser Volk für närrisch, für kaum besser als Tiere. Sie glauben, wir hätten keine Selbstkontrolle und könnten nicht vorausschauen, würden nur im Moment leben. Und dass wir nichts von dem lernen, was ihr uns beibringt. Aber wir haben immer wieder festgestellt, dass es eher die Römer sind, die ein sehr kurzes Gedächtnis haben.«

Erneut legte er Lucius die Hand auf die Schulter, und da spürte der Römer eine seltsame Erkenntnis, dass dieses Festmahl nicht kommen und an diesem Abend kein Wein am Feuer herumgereicht werden würde.

Mor sah ihn an. »Bleib tapfer, Lucius vom Wall. Bär des Nordens nenne ich dich. Der Schrecken deiner Feinde, und vielleicht auch deiner Freunde.«

Es gab noch so viele Fragen. Sie hätten ihr ganzes Leben damit verbringen können, voneinander zu lernen. Aber ein lautes Heulen erhob sich von der Stelle, zu der Arite geritten war, ein Schrei voll Schmerz und Trauer. Und wie als Antwort ertönten die Trompeten erneut, der Gruß der Legion zur Feier eines großen Sieges.

Lucius wandte sein Pferd nach Süden auf die Legion zu, denn er wusste, dass ihm, allem Blut zum Trotz, das sie hier vergossen hatten, noch ein letzter Gegner blieb. Und so setzte er sich in Bewegung, um sich diesem Feind allein zu stellen.

* * *

Eigentlich hätte es kaum möglich sein sollen, sie von all den anderen Toten auf dem Schlachtfeld zu unterscheiden. Überall um Arite lagen tote Sarmaten verstreut, in Eisen und Hornplatten gehüllt, mit Erde und Blut bemalt. Einzig anhand ihrer Wunden konnte man sie auseinanderhalten – manchen war durch Pferd oder Mensch der Brustkorb eingedrückt worden, manche hatten aufgeschlitzte Oberschenkel und rot benetzte Füße, manche lagen verkrümmt da und klammerten sich noch an Pfeile oder Speere, die sie durchbohrt hatten.

Kai und Bahadur aber hätte sie überall erkannt. Die geschwungene Form von Bahadurs Schultern wie ein gespannter Bogen. Die Art, wie Kais Haare, wenn sie mit Schweiß oder Dreck verfilzt waren, immer zur linken Seite fielen. Durch diese und ein Dutzend andere Geheimnisse ihrer Körper erkannte sie ihre Männer, und durch noch etwas anderes – von allen Gefallenen waren sie die einzigen beiden, die Arm in Arm dalagen.

Früher in der Steppe hatte sie diese Umarmung oft gesehen, an den schönen trägen Tagen im Hochsommer, wenn es nichts anderes zu tun gab, als in der Sonne zu dösen und ein halbes Auge auf die grasende Herde zu haben. Ehe die Kriege gekommen waren und die Fehden, die ihre Freundschaft gebrochen hatten. Bevor sie selbst diese Freundschaft zerrissen hatte.

Einen Moment lang versuchte sie zu begreifen, was sie da sah, zu akzeptieren, was sie verloren hatte. Dann aber begann sich eine der Gestalten zu bewegen.

Eine Hand stützte sich auf der Erde ab, um sich aufzurichten – zitternd und wankend wie ein neugeborenes Fohlen, das zum ersten Mal auf die Beine kommen will. Und als Kais Blick sie traf und er benommen blinzelte, erfüllte sie die wilde, verrückte Hoffnung, dass auch Bahadur noch am Leben sein könnte. Wenn Kai wie durch ein Wunder verschont geblieben war, wieso sollte sich dann nicht auch noch ein zweites Wunder ereignet haben? Aber die Hoffnung währte nicht länger als einen Atemzug, einen einzigen Herzschlag. Denn die Regung des einen verdeutlichte die Reglosigkeit des anderen – das Leben machte den Tod unverkennbar.

Kai sah zu ihr auf und wartete, was sie sagen würde. Sie konnte nicht mehr hervorbringen als: »Du warst bei ihm?«

Bei diesen Worten schien Kai zu schrumpfen. Es war augenscheinlich nicht das, was er zu hören gehofft hatte. »Ja«, sagte er aber. »Bahadur war nicht allein.«

»Doch, das war er«, sagte sie. »Ohne mich hat er sich immer allein gefühlt.« Ein schneller kalter Schmerz fuhr ihr wie Eisen ins Fleisch, aber sie atmete ihn fort. »Hat er mit dir gesprochen?«

Erst antwortete Kai nicht. »Er hat es versucht«, sagte er dann. »Aber er konnte nicht mehr.«

Sie nickte geistesabwesend. Dann saß sie ab, kniete nieder und betrachtete ihren Ehemann zum letzten Mal.

Eine seltsame Ruhe überkam sie, fast eine Verwandte des Kampfrausches. Die schneidende Luft schien sich mit jedem Atemzug in ihre Lunge zu ritzen, als wäre sie mit kleinen Metallsplittern durchsetzt. Der Wahnsinn war nah, und sie wusste nicht, ob sie ihn überleben würde. So viele Steppenkinder, die von Trauer überwältigt wurden, saßen einfach nur da und verhungerten oder fanden einen anderen Weg, um zu sterben. Sie hatte all ihre Kinder beerdigt – und jetzt würde sie auch noch ihn zu Grabe tragen.

Aber sie hatte schon einmal so empfunden, schon einmal um ihn getrauert, als sie ihn tot geglaubt hatte. Und vielleicht war das am Ende der wahre Grund für ihre Entzweiung gewesen, diese tiefe Wunde, die nicht mehr hatte heilen wollen. Vielleicht würde sie nicht noch einmal um ihn trauern. Warum überhaupt um jemanden trauern, der wie er den Tod fast wie eine Geliebte umworben hatte? Warum abermals trauern, wenn diese Trauer bereits vollzogen worden war?

Ein böser Gedanke kratzte an ihrem Geist – wenn nun ein Gott ihr vor der Schlacht einen finsteren Tauschhandel angeboten und versprochen hätte, entweder Kai oder Bahadur zu retten, wäre ihre Entscheidung anders ausgefallen? Hatte sie in den frühen Stunden vor Morgengrauen, vor Beginn der Schlacht, selbst diese Entscheidung getroffen? Vielleicht hatte ein versteckter Teil ihres Bewusstseins so entschieden, und ein Gott hatte es gehört. Vielleicht war das hier ihre Schuld.

Da überkam sie doch die Trauer für all das, was sie bereits verloren hatte, ohne es zu wissen. Die Lieder, die niemand mehr singen würde. Das Gefühl seiner Hand auf ihrer. Die Art, wie es ihm gelungen war, einem nachts am Lagerfeuer das Gefühl zu geben, als wäre jenseits des Flammenscheins nichts mehr, als wäre man ganz allein auf der Welt. Seine Kunst, die Bruchstücke eines Lebens wieder zu einem Ganzen zusammenzusetzen, bis er selbst zerbrochen war und niemanden gefunden hatte, der ihn heilen konnte.

Ein Geräusch zerriss die Luft – ein lang gezogener, gellender Schrei. Irgendeine elende Seele ganz in der Nähe, die ihrer Trauer freien Lauf ließ, dachte sie – bis sie Luft holte und die raue Hitze im eigenen Rachen spürte.

Da ließ sie den Wahnsinn zu, ließ sich wie von einer Welle umspülen. Voller Dankbarkeit ertrank sie in ihrem Schmerz.

29

Sie nahten über die pfeilgerade Straße – die marschierende Legion unter ihren funkelnden Adlern, in gleißenden Rüstungen aus Kette und Platte. Lucius ritt ihnen allein entgegen, als wäre er einer der Helden aus den Geschichten, die man sich unter den Sternen am Lagerfeuer erzählte, einer dieser Männer und Frauen, die sich an Furt oder Brücke oder Gebirgspass einfinden, um allein einer ganzen Armee gegenüberzutreten.

Stets hatte er mit Stolz und einem Gefühl von Zugehörigkeit auf die Legionen geschaut. Jetzt sah er sie mit anderen Augen, spürte plötzlich einen Anflug der Furcht, die Generationen von Barbaren empfunden haben mussten. Der erbarmungslose Gleichschritt der sechstausend Füße, auf denen der Tod marschierte.

Ein paar gebellte Befehle und Trompetensignale, schon stand die Legion still. Ein einzelner Mann löste sich aus ihren Reihen, ihr Held, der Lucius gegenübertreten sollte – Caerellius Priscus, ihr Legat. Obwohl seine Rüstung makellos und seine Klinge ungetrübt war, umgab ihn die Aura eines ausgelassenen Siegers. Er rief Lucius eine Begrüßung zu und schien ihm nah genug kommen zu wollen, um einander zum Kriegergruß die Unterarme zu umfassen. Aber etwas an Lucius' Anblick ließ ihn innehalten – eine leichte Bewegung in der Schulter oder seine Finger, die sich enger um den Schwertknauf schlossen. Einen kurzen Moment nur war Furcht in Caerellius' Gesicht zu sehen. Wie lange musste es her sein, dass sich dieser Mann jemandem gegenübergesehen hatte, der willens schien, ihn zu töten? So hielt er stattdessen sorgsam Abstand und wartete, bis Lucius das Wort ergriff.

»Warum hast du sie hergeführt?«, fragte Lucius schließlich.

»Würdest du mir glauben, wenn ich dir erzählte, ich hätte einen Sinneswandel gehabt?«

»Nein.«

»Gut«, sagte Caerellius. »Du bist kein Narr. Aber das wussten wir bereits.« Der Legat richtete den Blick auf die Festung am Wall, hinter deren rußgeschwärzten Mauern noch immer Rauch aufstieg. »Ein gerissener Plan, die Festung niederzubrennen. Es gibt hier im Norden Dinge, die mehr Gewicht haben als die Worte von Männern oder die Aussicht auf Gold. Deine Sarmaten hätten zu Tausenden rebelliert, hätten wir sie nicht zu diesem großen Feuer am Horizont reiten lassen. Du hast sie auf eine Art in Bewegung zu setzen gewusst, die ich nicht aufhalten konnte. Aber ich bin froh, dass du es getan hast.«

»Froh?«

»Natürlich«, sagte Caerellius. »Der Tag gehört uns. Es ist ein glorreicher Sieg, den deine Leute noch lange besingen werden.«

Lucius sah ihn an. »Die Festung ist zerstört und die Hälfte meiner Männer gefallen.«

»Und doch werden sie diesen Tag besingen. Glaubst du nicht?«

»Ja, das werden sie.« Und vielleicht war dies die schlimmste Wunde von allen – dass er seine Männer in den Tod geschickt hatte und sie ihn dafür feiern würden. Einen Augenblick lang verschwamm sein Blickfeld, und die Welt wankte, ehe Lucius alles mit einem tiefen Atemzug ins Lot brachte. »Was passiert jetzt?«, fragte er.

»Dir?«

»Denen. Meinen Leuten.«

Der Legat zuckte mit den Schultern, als ginge es um eine Belanglosigkeit. »Heute bist du der Sieger. Also wollen wir die Frage noch einmal stellen – sag mir, welche Zukunft siehst du vor dir?«

Lucius antwortete ohne Zögern. »Deinen Kopf auf einer Lanzenspitze vor den Mauern meiner Festung.« Und Caerellius grinste ihn an, als hätte er einen gelungenen Scherz gemacht.

»Das ist eine mögliche Zukunft«, antwortete er. »Obwohl ich nicht glaube, dass sie sich einstellt. Es gibt bessere Wege in die Zukunft, für uns beide.« Der Legat drehte sich um und deutete auf die Reihen seiner Männer. »Wir kämpfen gemeinsam. Ich bin hier. Die Sechste Legion ist gekommen. Wir könnten uns diesen Sieg teilen.«

»Sie sind nur hier, weil du sie nicht fernhalten konntest. Ich hätte große Lust, ihnen das zu sagen.«

»Du könntest es ihnen erzählen, so du das wirklich tun möchtest. Meinst du, sie würden dir Glauben schenken?«

»Nein.« Plötzlich war Lucius ermattet, erfüllt von einer

unmöglichen, schrecklichen Erschöpfung. Vielleicht hätte er irgendwie noch die Kraft gefunden, sein Schwert zu zücken und einen Angriff zu befehlen, aber diesem politischen Spiel sah er sich nicht gewachsen. »Warum lächelst du?«, fragte er stattdessen. »Rom wird dir keine Legionen schicken, keine Männer, die dich zum Kaiser ausrufen können.«

»Du musst mich für überaus waghalsig halten, wenn du mir zutraust, mein Leben auf einen einzigen Würfel zu setzen«, gab der Legat zurück. »Es mag eine Situation kommen, in der ich das tun muss. Aber noch ist es nicht so weit. Es gibt viele Wege, Roms Gunst zu gewinnen. Wir haben die Barbaren aus ihrer Wildnis gelockt und sie vernichtet. Die alten Feinde Roms, die ewig jenseits des Walls gelauert haben, sind besiegt. Und das ist erst der Anfang.«

Da begriff Lucius endlich. »Du willst jenseits des Walls Krieg führen.«

»Ja, selbstverständlich. Seit Varus marschieren die Legionen nicht mehr über den Rhenus. Sie sind nicht über den Danubius marschiert, selbst als die Sarmaten gebrochen vor ihnen lagen. Hier aber gibt es eine Grenze, die man noch überschreiten kann, wo es noch wahren Ruhm zu ernten gibt. In der Sorte Krieg, die deine Sarmaten so lieben. Nicht das rastlose Wachen an einer Linie auf einer Karte, sondern der Ruhm der Schlacht – das soll unser Geschenk an sie sein, deines und meines.«

»Ist das die Zukunft, die du siehst?«, fragte Lucius.

»Ja. Und ich hoffe, du siehst sie mit mir zusammen.« Der Legat musterte ihn von Kopf bis Fuß. »Du ruhst dich einige Tage aus. Dann ziehen wir los und räuchern sie aus, bringen sie zur Strecke, lassen bis zum alten Antoninuswall nur verbrannte Erde zurück. Und vielleicht stoßen wir diesmal sogar noch weiter vor.«

»Es gibt nördlich des Walls auch Verbündete Roms«, sagte Lucius. »Die Votadiner haben heute Seite an Seite mit uns gekämpft. Wenn wir ihr Land niederbrennen, werden sie uns das niemals verzeihen.«

»Es gibt nördlich des Walls keine Verbündeten«, sagte Caerellius kategorisch.

»Und wenn ich dich hier und jetzt töte?«

Caerellius zuckte mit den Schultern. »Das mag dir einen Moment lang Genugtuung verschaffen. Danach wirst du von meinen Männern in Stücke gerissen, und deine Sarmaten werden allesamt als Verräter gekreuzigt.«

»Sie würden ihr Leben ohne Zögern gegen deines tauschen.«

»Das ist mir klar. Du aber nicht.« Caerellius ließ seine offene Handfläche über den Horizont streifen, als wollte er dieses Land als Geschenk darbieten. »Du wirst ein großer Herr sein, Lucius. Für Sarmaten wie Römer. Denn du sollst meinen Platz in Eboracum einnehmen, als Legat des Nordens. Deine Zuständigkeit wird nicht länger ein einzelnes Kastell entlang des Walls sein, sondern der Wall selbst. Und sämtliche Sarmaten unter deinem Befehl und deiner Obhut.«

Lucius blickte die Linie des Walls entlang – ein stolzes Zeichen des Imperiums, ein Monument seiner Gier. Schließlich verharrte sein Blick auf den qualmenden Ruinen von Cilurnum, auf seiner großen feurigen Opfergabe, die er den Göttern in der Hoffnung dargebracht hatte, sie mögen ihm einen Weg aufzeigen, um seine Leute zu retten.

»Was wird aus der Festung?«, fragte er.

»Wir bauen sie wieder auf«, sagte Caerellius. »Wie wir es immer tun. Eine gute Möglichkeit, die Legionen beschäftigt zu halten. Andernfalls werden sie faul und geben sich Trank und Glücksspiel hin.« Ohne ihn anzusehen, hörte Lucius den Legaten lächeln. »Auch in diesem Fall hast du mir ungewollt einen netten Gefallen erwiesen.«

Da schaute Lucius ihn an und legte die Hand wieder auf den Schwertknauf. Und Caerellius wandte sich ab. Eine absichtliche Nachlässigkeit, irgendwo zwischen Herausforderung und Spott.

Er hätte hier und jetzt Rache nehmen können – nach Art der Sarmaten die Sache mit der Klinge regeln, koste es, was es wolle. Und selbst wenn sie danach seine Leute ans Kreuz nagelten – die Sarmaten würden es Lucius nicht übel nehmen. Noch im Sterben würden sie ihn lachend besingen.

Aber er ließ den Schwertgriff los, der noch vom Blut seiner Feinde beschmiert war. Er schaute dem Legaten hinterher und haderte in der folgenden Stille reglos mit seinem Schicksal.

* * *

Der Tag endete, wie er begonnen hatte, mit Feuer in der Ebene. Der Brand der Festung war ein Signal an alle Lebenden gewesen, die jetzigen Feuer galten den Toten.

Zuerst verbrannten sie das Bemalte Volk. Die Sarmaten hätten sie Krähen und Wölfen überlassen, die Legion aber lebte in ständiger Frucht vor Seuchen und schichtete die Leichen rasch zu einem groben Hügel zusammen, der bald in Flammen stand.

Die Sarmaten wurden in die breite Senke des *vallum* gelegt. Im Morgengrauen hatten noch fünfhundert von ihnen hier gelebt, nun lag mehr als die Hälfte gemeinsam in diesem Grab. Sobald die übrigen Sarmaten ihre Toten mit Erde bedeckt hatten, breiteten sie Holz und Reisig darüber aus. Schnell würde alles in Flammen stehen, gekrönt von einem Schwert, das in der Mitte des Feuers steckte. Denn die Sarmaten verbrannten ihre Toten nicht, sondern entfachten das Feuer oberhalb der Gräber, als Zeichen für die Götter, die aus dem Himmel zusahen, damit diese die tapferen Krieger sammelten und in die jenseitigen Lande führten.

Noch aber war die Zeit für dieses Feuer nicht gekommen, noch konnten die Seelen nicht ins nächste Leben geschickt werden. Die verbliebenen Sarmaten wanderten nun abermals über das Schlachtfeld und suchten nicht mehr nach den Leichen ihrer Freunde, sondern nach ihren Geistern.

Denn in Momenten des Tötens wurde die Grenze zwischen den Welten durchlässig, und das nicht nur für jene, die man an diesem Tag verloren hatte. Man mochte einen Blick auf einen Geliebten erhaschen, der in einer Fehde umgekommen war, auf ein Kind, das dem Winterfieber erlegen war, auf einen Vater, den zehn Jahre zuvor die

Schwindsucht hingerafft hatte. Früher in der Steppe hatte es viele Menschen gegeben, die sich in jede Fehde und jeden Kampf gestürzt hatten, nur um möglicherweise einen verlorenen Angehörigen wiederzusehen.

Wie die anderen streifte auch Kai allein durch blutiges Gras und aufgewühlte Erde. Die Sarmaten waren ein Volk, das keine Geheimnisse kannte, das alles teilte, das nichts allein tat – bis auf diese Wanderung. Denn im Zwielicht nach einer Schlacht konnte man, wenn man Bäche und Bäume und Gräser genau betrachtete, manchmal die Gesichter der Verstorbenen in der Landschaft erkennen. Lauschte man dem Wind, mochte man das Flüstern einer vor langer Zeit verstummten Stimme vernehmen. Aber all das nur, solange man allein war.

Jeder Schritt war qualvoll, aber Kai scherte sich nicht darum. Er humpelte und stolperte durch Heide und Farn und sprach lautlose Worte, die nur die Toten hören würden. Gegen jede Wahrscheinlichkeit hoffte er darauf, die Berührung eines Geistes auf der Haut zu spüren. In der Rinde eines Baumes suchte er nach seinem Vater, im wirbelnden Rauch nach der Mutter, die er nie gekannt hatte. Vor allem aber suchte er nach Bahadur – er klammerte sich an die Hoffnung, Bahadur würde ein letztes Mal zu ihm sprechen und ihm sagen, was er tun sollte.

Am Ende fand er keinen der Toten, die er gesucht hatte. Dafür fand er einen Lebenden.

Vielleicht war dieses Umherwandern auch ein römisches Ritual, denn Kai sah Lucius allein im Feld. Seine Bewegungen wirkten wie trunken von Trauer. Als sie einander ansahen, schienen beide nicht zu wissen, ob sie einen Lebenden oder einen Toten vor sich hatten.

Sie würden es nur durch Berührung herausfinden – in einer prüfenden, zögerlichen Umarmung. Sobald sie sich ihrer Stofflichkeit vergewissert hatten, sobald ihre Hände festes Fleisch ergriffen hatten, statt durch eine leere Hülle aus der Geisterwelt zu gleiten, sagte Lucius: »Kann es Frieden zwischen uns geben? Kann alles wieder sein wie früher?«

Dann sanken sie gemeinsam zu Boden. Lucius hatte etwas Knabenhaftes an sich, dachte Kai, als sich der Römer mit überkreuzten Beinen hinsetzte, sich zurücklehnte und die Augen vor der sterbenden Sonne verschloss. Trotz all der Zeichen von Alter und Krieg, die seine Haut zeigte, schimmerte noch eine Ahnung des Kindes hindurch, das er einst gewesen war – Kai sah ihn als schlaksigen Jungen, der mit einem Stock als Schwert durch einen Innenhof rannte und von Heldentum und Tapferkeit träumte. Dreißig Jahre später schien dieser Junge zurückgekehrt zu sein. Und als er sprach, waren es auch die Worte eines Kindes, dem Vergebung mehr bedeutet als alles andere.

»Ich weiß nicht, ob wir heute irgendwas ausgerichtet haben«, sagte Lucius. »Trotz all der Toten weiß ich nicht, was sich geändert hat, ob es etwas Gutes bewirken kann. Aber vielleicht haben wir uns wenigstens eine Gelegenheit für Vergessen erarbeitet.«

Kai antwortete zunächst nicht. Er wusste, er musste die Wahrheit sagen, nichts war wichtiger als das. Aber er wusste auch, dass er nicht die ganze Wahrheit sagen konnte.

»Ich weiß nicht, ob wir alles vergessen können«, sagte er

schließlich, »aber lass uns zumindest die Schmerzen vergessen, die wir einander zugefügt haben.« Er betrachtete seine Hände, die von Blut und Erde verdreckt waren. »Ich habe zu viel auf dich gesetzt. Du solltest unser Großer Anführer und mein Bruder sein. Du solltest uns in ruhmreiche Schlachten führen und wieder nach Hause in die Steppe bringen. Ich habe meiner Sippe entsagt und geglaubt, du könntest sie alle ersetzen. Es war mehr, als ein Mann allein vollbringen kann.«

»Ich habe diese Versprechen aus freien Stücken gegeben«, sagte Lucius. »Ich dachte, ich könnte es schaffen.«

»Ich auch. Und ich weiß, du hast es versucht. Aber es ist keine Schande, dass du es nicht geschafft hast.« Kai stockte und schaute zum Scheiterhaufen. Er sah die ersten Sarmaten ihre Wanderungen einstellen und sich dort versammeln. Die Zeit der Geister schien bald vorüber zu sein.

»Ich habe gesehen, wie du den letzten Angriff angeführt hast«, sagte Lucius. »Das war eine tapfere Tat.«

»Tapfer vielleicht. Aber auch närrisch. Es hat nichts bewirkt. Erst Arite und Laimei haben sie gebrochen.«

»Ich glaube, es war die Ankunft der Legion. Da erst sind sie geflohen.«

Und allen Umständen zum Trotz spürte Kai ein Lächeln auf den Lippen. »Dann wollen wir sagen, dass du es warst. Du hast uns diesen Sieg gebracht.«

»Es fühlt sich nicht wie ein Sieg an.«

»Das tut es selten, im ersten Moment. Aber ich glaube, du wirst später stolz sein auf das, was du heute hier vollbracht hast.«

»Später …« Das Wort schien wie ein Zauberspruch auf den Römer zu wirken – die Lebensjahre kehrten zurück, begleitet von tiefer Kriegsmüdigkeit. »Das hier war nur der Anfang, nicht das Ende. Es wird zu Krieg jenseits des Walls kommen. Wir werden brandschatzen und plündern und sie immer weiter nach Norden drängen. Das ist der Handel, auf den ich mich eingelassen habe. Der Legat soll seinen glorreichen Krieg bekommen, und meine Sarmaten dürfen weiterleben.«

»Laimei ist im Norden«, sagte Kai. »Und Mor. Und seine Leute, die uns heute gerettet haben.«

»Ich weiß. Bis jetzt scheinen sie immer gewusst zu haben, wann wir nach Norden marschieren. Ich hoffe, sie entkommen uns.«

»Lucius …« Aber Kai konnte seinen Satz nicht zu Ende bringen.

»Ich brauche dich an meiner Seite«, sagte Lucius. »Für das, was bald kommt. Ich glaube nicht, dass ich es allein schaffen kann.«

»Ich verstehe.« Kai spürte das Verlangen, Lucius zu berühren, um dem Römer den Trost zu spenden, dessen er offensichtlich bedurfte. Aber er konnte es nicht tun. »Ich wiederhole: Sei stolz auf das, was du heute vollbracht hast. Ganz egal, was noch kommen mag.«

Vielleicht waren die alten Geschichten der Sarmaten wahr, und gebrochene Bande zwischen Männern ließen sich tatsächlich mit Blut und Feuer neu schmieden. Denn vor ihnen wurde der Scheiterhaufen entzündet. Die Rauchsäule stieg hoch in den Himmel und strebte den Sternen entgegen, dem Ort, an dem die Götter und Helden lebten und auf jene herabschauten, die noch übrig waren. Mitleidig, aber liebevoll.

So war ihre Bruderschaft erneuert. Aber Kai wusste nicht, für wie lange.

* * *

Wo zwischen all den Toten Bahadur lag, vermochte Arite nicht zu sagen.

Kai hatte ihr geholfen, ihn zu tragen und zwischen seine Gefährten zu legen. Sie hatte ihn betrachtet, als die Erde auf die Gräber fiel, als ringsum Holz für das Feuer gesammelt wurde. Dann aber hatte sie weggeschaut – für einen Moment nur war sie von den Lauten eines Mannes abgelenkt gewesen, den die Trauer um einen anderen zerriss, und als sie sich wieder umdrehte, konnte sie die Stelle, an der Bahadur lag, nicht mehr wiederfinden. Ein Augenblick nur, schon war er fort, verloren im Meer der zahllosen Toten.

Trotzdem wartete sie. Ging nicht über das Geisterfeld, denn es war nicht nötig. Sie konnte ihn an ihrer Seite spüren, solange sie sich nicht regte. Wenn sie die Augen schloss und lauschte, konnte sie ihn sogar hören.

Der Wahnsinn der Trauer hatte sie vorläufig verlassen. Es war nur eine harte Leere zurückgeblieben – eine weitere Last, die sie tragen musste, die ausreichen mochte, um sie zu brechen. Denn manchmal kam es ihr vor, als wäre das alles, was ihr im Leben blieb. Nicht den Frieden der

Liebe oder die wilde Magie der Verbundenheit zu spüren, die man an Lagerfeuern oder auf Reisen in der offenen Steppe finden konnte, überhaupt nichts zu spüren, was ihrem Leben Freude eingehaucht hätte. Sondern einfach die Last ihrer Trauer zu tragen und dabei immer langsamer zu werden, bis das letzte Gewicht hinzukam, das sie schließlich brechen würde.

Und anfangs schien dieser Moment schon gekommen zu sein, als die Flammen entfacht wurden und Rauch und Hitze vom Scheiterhaufen aufstiegen. Alles, was sie geliebt hatte, schien zusammen mit diesen Flammen in den Himmel zu streben, bis nur noch die bittere Asche ihres Lebens zurückblieb.

Dann sah sie den Umriss des Schwertes im Herz der Flammen, ein Symbol, das ihrem Volk seit Jahrhunderten die immer gleiche Botschaft vermittelte – den Befehl, zu kämpfen und tapfer zu sein. Und überall ringsum standen die Sarmaten versammelt, fassten sich an den Händen und bildeten eine Einheit, Kai an ihrer einen, Lucius an der anderen Seite. Gemeinsam schlossen sie den Kreis um die Flammen.

Es gab keine rituellen Worte, weder Choräle noch Lieder, denn ihre Musik war für die Lebenden bestimmt, nicht für die Toten. Nur Flüstern im Dunkeln, Fetzen von Reden und Geschichten, denn alle um dieses Feuer spürten die Aufforderung der Geister aus dem Jenseits, miteinander die Geschichten derer zu teilen, die sie verloren hatten. *Weißt du noch, wie er ... Einmal hat er mir erzählt, dass ... Er war immer so ...*

Und Arite stimmte mit ein, teilte alle Geheimnisse, die Bahadur und sie geteilt hatten, während neben ihr Kai und Lucius ihrerseits Geschichten erzählten. Da schwoll ihre Brust voller Stolz an, und sie fand neue Kraft darin, ihre Trauer zu schultern, in dem Wissen, einen solchen Mann gekannt und geliebt zu haben. Dies war ein Geschenk, das ihr niemand mehr nehmen konnte.

Ihr Zusammenbruch mochte noch kommen, vielleicht sogar bald, aber nicht jetzt. Denn einmal mehr zehrte sie von der süßen Gabe ihres Volkes – einfach froh zu sein über das, was man hatte, ohne einen Gedanken an morgen zu verschwenden. Sie erkannte sich selbst als Teil des Ganzen und wusste, sie war nicht allein, so viel sie auch verloren haben mochte.

Das Feuer war niedergebrannt und hatte die Toten fortgetragen. Die Lebenden blieben gemeinsam zurück.

Sie sah die Sarmaten zu Lucius herüberschauen in Erwartung seiner Befehle, was nun zu tun sei. Er aber hatte offenbar keine Befehle zu geben – nicht an diesem Abend. Morgen würden sie wieder Soldaten Roms sein, gebunden an die Befehle unbarmherziger, ehrgeiziger Männer, durch Peitsche und Klinge unter Kontrolle gehalten, gekauft mit Silber und gebunden durch ihre Eide. Für diese eine Nacht aber hatten sie sich ihre Freiheit verdient.

Und so wanderten sie zu ihren Pferden, zogen Decken und Felle aus den Satteltaschen, denn ihre Kaserne war niedergebrannt. Sie würden nicht in dem qualmenden Grab aus Stein schlafen, sondern unter freiem Himmel, wie ihr Volk es seit jeher getan hatte. Sie teilten Wein und noch mehr Geschichten über die Toten, schliefen neben den Feuern im Licht der Sterne, und manchen würde es vielleicht sogar gelingen, sich in die ferne Steppe zu träumen, die sie niemals wiedersehen durften.

Arite fasste Kai bei der Hand und führte ihn zu einer ruhigen Stelle in der Ebene, sah zu, wie er mit der schlichten Galanterie der Nomaden den Boden mit den Füßen nach der behaglichsten Stelle für ein Lager absuchte. Schließlich legte er die Decke auf einem ebenen Stück Wiese ab und zog sie an sich.

Ihr Kopf lag auf seiner Brust, sanft fuhren seine Hände ihre geschwungenen Zöpfe entlang. Sie redeten nicht, hielten einander einfach eng umschlungen, bis sie im gleichen Rhythmus atmeten und an den langen Weg dachten, der sie hierhergebracht hatte, wo sie vielleicht den Rest ihres Lebens bleiben würden. Und während sie langsam in den Schlaf glitt, an jenen Ort, wo sich die Welt der Wachenden den unmöglichen Wünschen des Herzens beugt, formulierte sie ein Gebet für ihre Zukunft.

Als sie der Schlaf überkam, schien ihr eigenes Fleisch ihr zu antworten. Es war nicht die Antwort, die sie sich erhofft hatte, aber dennoch eine Antwort, die sie tief im Innern spürte, ein bekanntes, aber fast vergessenes Gefühl – das Entstehen neuen Lebens unter ihrer Haut, die erste, unmöglich feine Wahrnehmung eines Kindes. Lächelnd fiel sie in den Schlaf, begleitet von diesem Geheimnis, das sie bis zum Morgen für sich behalten würde.

30

Kai erwachte in tiefster Nacht.

Aller Erfahrung zum Trotz hatte er gehofft, bis zum Morgengrauen durchschlafen zu können, kriegsmüde, wie er war. Um dann mit der aufgehenden Sonne auch das römische Joch zu spüren, das ihm alle Entscheidungen abnahm. Aber die rastlosen Götter hatten ihn geweckt, um zu sehen, ob er sein Versprechen halten würde.

Still wie ein Dieb stahl er sich aus Arites Armen – begleitet von neuer Hoffnung, dass sie vielleicht ebenfalls erwachen, ihn erblicken und aufhalten würde. Sie aber schlief weiter, und der Traum zauberte ihr ein Lächeln auf die Lippen. Ein Traum von Bahadur, dachte er.

Ihr Anblick schmerzte ihn – er trauerte um das Leben, das sie hätten haben können. Fast hatte er das Gefühl, sie rufen zu hören, diese Jahre voll ruhiger Freude, die sie gemeinsam verleben könnten. Um dann, wenn seine Haare von Silber durchzogen waren und er seine Verpflichtungen Rom gegenüber erfüllt hatte, einfach gemeinsam fortzureiten und wieder als Nomaden zu leben.

Nur gibt es im Leben Dinge, deren Ruf mächtiger ist als der von Leben und Liebe und Freude. Denn noch immer hörte er diese Stimme – Bahadurs Stimme.

Er dachte an das Schlachtfeld zurück. Die Erde hatte unter

den Hufen der Kavallerie gebebt, die Lieder des Krieges die Luft erfüllt. Kai hatte seinen sterbenden Freund umarmt und Bahadurs letzte Atemzüge heiß an seinem Ohr gespürt. Und da, endlich, hatte Bahadur doch noch letzte Worte gefunden.

»Arite. Versprich es mir.«

Und Kai hatte sich daran erinnert, was sein Freund zuvor gesagt hatte. Dass Arite an ihrer Liebe irgendwann zerbrechen würde. Dass Kai sie freigeben musste. »Ja. Ich schwöre es.«

Bahadur hatte noch etwas sagen wollen, und plötzlich hatte Furcht sein Gesicht erfüllt, als wollte er seine Worte zurücknehmen. Aber ihm blieb kein Atem. Nur ein paar blutige Bläschen, mehr kam ihm nicht mehr über die Lippen, begleitet von einem Schaudern, das Kai im eigenen Leib spürte. Das rasselnde Seufzen des Sterbenden.

Der kalte Wind aus dem Norden brachte Kai wieder zu sich. Der Sommer war vorüber, die Ernte eingebracht, das Heidekraut auf den weiten Hügeln rötlich verfärbt. Vor ihm lag ein langer Winter – ein harter Winter zweifellos, in einem Land wie diesem.

Er spürte die Rastlosigkeit der Nomaden in sich, die vom Anblick gebräunter Blätter und dem Gefühl des kalten Windes stets entfacht wurde. Das Verlangen, einen sicheren Ort für den Winter zu finden, ein Feuer, an dem man sitzen konnte, und die gute Gesellschaft dazu. Die närrische Hoffnung, am Ende der Reise wieder zu sich selbst zu finden. Die närrische Hoffnung, die manchmal in Erfüllung ging.

Mit sicheren Schritten begab er sich durch die Dunkelheit zu der Stelle, wo die Pferde versammelt standen. Seine eigene Stute lag erschlagen auf dem Schlachtfeld, und so musste er auf sein Schicksal vertrauen, ein Tier zu finden, das ihn akzeptieren würde. Die meisten beäugten ihn argwöhnisch, diesen Fremden in der Nacht, denn sie waren zum Töten ausgebildet und dazu, nur denen zu trauen, die sie mit großer Sorgfalt und Geduld umwarben – sie sollten diesem einen Krieger dienen, sonst niemandem. Dann aber hörte er ein leises Wiehern und den synkopierten Tritt von Hufen auf weicher Erde – eines der Pferde kam freiwillig näher.

Vielleicht hatte diese Stute ihren Herrn in der Schlacht verloren und suchte aufs Neue nach der seltsamen, besonderen Form von Liebe, die zwischen Ross und Reiter existiert, wenn beide im Herzen zu einer Einheit verschmelzen. Irgendetwas an Kai musste ihr vertraut vorkommen – in seinen Schritten oder Atemzügen oder Berührungen erkannte sie die Verheißung von Freiheit. Ihre dunklen Augen schimmerten in der Finsternis, und ein erregtes Beben lief durch ihre Flanken wie eine Welle über die Oberfläche des Meeres.

Bald schon ritt er den Wall entlang und streckte hin und wieder die Hand aus, um den rauen Stein und den weichen Kuss des Mörtels unter den Fingern zu spüren. So klein und unbedeutend kam ihm diese Grenze jetzt vor. Er hatte das Gefühl, nur ein wenig fester drücken zu müssen, und schon würde die ganze Mauer unter seinen Fingern zerbrechen, zu Staub zerfallen und sich in Luft auflösen.

Er kam zu einem der Meilenkastelle, dessen Fackeln erloschen waren, noch immer geräumt vom Vortag. Morgen würde es wieder nach Art der Römer bemannt werden, mit Stundengläsern und Losungswörtern, mit ewig brennenden Feuern und ewig wachsamen Augen. Für diese eine Nacht aber lag es verlassen da. Er durchquerte den Hof und betrat das Land jenseits des Walls.

Über ihm funkelten fremde Sterne, die ihm dennoch den Weg wiesen, ihm Geschichten zuflüsterten und ihn in der Dunkelheit leiteten. Es war ein seltsames Land, aber die nomadischen Instinkte ließen ihn nicht im Stich, die Umrisse der Hügel und Biegungen der Bäche waren schon nach wenigen Reisen fest in seiner Erinnerung verankert. So ritt er durch die Nacht, bis er in der Ferne ein Feuer entdeckte und Gesänge ausmachte, bei denen es sich um die Siegeslieder der Votadiner handeln musste.

Einmal mehr lag die Halle des Häuptlings vor ihm, und vor dem Feuer bewegten sich die Silhouetten der Tänzer. Als er näher kam, begriff er, dass die Halle des Häuptlings *selbst* das Feuer war – das Dach stand vollständig in Flammen, Rauch kroch über die Wände. Überall sah er reisefertig gepackte Karren und eingepferchte Herden, ein Anblick, der ihm so vertraut war, dass ihm das Herz in der Brust wehtat. Ein Volk kurz vor dem Aufbruch, versammelt für eine lange Reise.

Mor tanzte lachend vor der brennenden Ruine seiner Heimstatt. Seine leichtfüßigen Bewegungen schienen zu einem Mann zu gehören, der kaum halb so alt war wie er selbst. Er war umringt von Männern und Frauen mit zerlaufener Kriegsbemalung, die viele Hornbecher mit Heidebier kreisen ließen.

Und auch sie war da – Laimei saß mit überkreuzten Beinen am Feuer und schien die Einzige zu sein, die nicht an der Feier teilnahm. Wie immer hielt sie sich abseits und war allein. Sie starrte ins Feuer und schien ganz eigenen Gedanken nachzuhängen.

Aber irgendwann entdeckte sie ihn – er konnte kaum mehr als ein Schatten in der Dunkelheit sein, trotzdem erkannte sie ihn auf der Stelle. Erst starrte sie ihn ungläubig an. Vielleicht glaubte sie, er komme aus der Geisterwelt oder ihr Verstand habe endgültig aufgegeben, wie es allen Helden ging, die sich am Ende ihrer Geschichten verloren. Aber ob sie ihn nun für ein Trugbild hielt oder nicht, irgendwann saß sie auf und ritt zu ihm.

Die Pferde begrüßten einander mit Wiehern und Schnauben wie alte Bekannte, die sich lange nicht gesehen hatten. Da sah Kai, dass seine Schwester seine Anwesenheit akzeptierte, denn wie alle aus ihrem Volk setzte sie größeres Vertrauen in die Weisheit der Pferde als in die der Menschen.

Er erwartete keinen Willkommensgruß von ihr. Ein kühles Nicken vielleicht oder ein knappes Wort. Nicht mehr als eine abgehackte Erklärung an die anderen, ihn ans Feuer kommen zu lassen, und vielleicht nicht einmal das. Vielleicht würde sie ihn einen Feind und Fremdling nennen, den man einzig mit dem Tod begrüßen sollte.

Aber Laimei wirkte seltsam zögerlich. Mit dem Speer in der Hand hatte sie sich stets ohne Bedenken bewegt, mit einem heldenhaften Vertrauen in ihr Schicksal und in die wachsame Gegenwart der Götter. Nun aber saß sie zusammengesunken im Sattel, war unbewaffnet und spielte an den Zügeln herum.

Er lenkte sein Pferd neben ihres, bis sie Nüstern an

Schweif dastanden. Da streckte sie sich nach ihm aus, legte beide Hände um ihn. Und er wusste, was er zu tun hatte, denn er hatte es schon oft getan – damals in der Steppe, als sie Kinder ohne Mutter gewesen waren und nur einander gehabt hatten, um sich Trost zuzusprechen. Er schwang seine Arme um sie, legte den Kopf an ihren Hals und schmiegte sich in ihre Umarmung.

Endlich waren sie wieder zusammen – die lange Fehde war ins Feuer geworfen und löste sich in Rauch auf. Nur in dieser Nacht hätte es so kommen können, in dieser Nacht zwischen den Lebenden und den Toten, und endlich begriff Kai, was ihn wirklich an diesen Ort geführt hatte. Er war nordwärts geritten, um Arite freizugeben und sein Versprechen gegenüber Bahadur zu erfüllen. Er war nordwärts geritten, weil er es nicht ertragen konnte, in den kommenden Kriegen gegen seine Schwester kämpfen zu müssen. Vor allem aber war er nordwärts geritten in der Hoffnung, vielleicht doch noch Vergebung zu finden.

Gemeinsam saßen sie ab und vereinten ihre Schritte mit dem Rest des Stammes zum Tanz. Aus der Ferne hätte man die Schatten rings ums Feuer nicht unterscheiden können. Von noch weiter weg konnte man nicht mehr sagen, wo eine Person anfing und die andere aufhörte. Das Feuer hatte sie alle zu einer Einheit geschmiedet.

Und am Morgen, als das Feuer heruntergebrannt war, verschwanden sie von diesem Ort, als hätte es sie nie gegeben. Sie verschwanden in den Norden, stießen in Gegenden vor, die sie nie zuvor gesehen hatten, und suchten ein neues Zuhause.

Historische Anmerkung

Dies ist eine erfundene Geschichte. Man weiß nur sehr wenig über die Sarmaten, ein überwiegend nomadisches Volk ohne eigene schriftliche Hinterlassenschaften und mit minimalem archäologischen Fußabdruck. Das Wenige, was wir wissen, setzt sich aus Fragmenten griechischer und römischer Textquellen zusammen, geschrieben von Autoren wie Strabon, Cassius Dio, Ovid und Herodot. Zusätzlich gibt es einige archäologische Funde, in erster Linie Grabstätten. Was wir also wissen, ist erstens überschaubar und zweitens nicht ganz verlässlich – frustrierend für den Historiker, aber aufregend für den Schriftsteller (und, wie ich hoffe, die Leserschaft).

Auf jeden Fall wissen wir, dass um das Jahr 175 n. Chr. Krieg gegen das Römische Reich geführt wurde. Auf der zugefrorenen Donau fand eine Schlacht statt, und schließlich wurde ein Frieden geschlossen, im Zuge dessen mehrere Tausend sarmatische Reiter als schwere Kavallerie in den Norden Britanniens geschickt wurden. Alles darüber hinaus ist eher rätselhaft, aber wunderbarerweise sind die Sarmaten Teil vieler Sagen, vom Mythos über die Herkunft der kriegerischen Amazonen bis hin zu dem über die Herkunft des legendären König Arthur.

Sollten Sie sich tiefer einlesen wollen, empfehle ich *The Sarmatians* (Tadeusz Sulimirski, 1970) und *Sarmatians* (Eszter Istvánovits und Valéria Kulcsár, 2017) als hervorragende Zusammenfassungen der archäologischen und schriftlichen Hinterlassenschaften sowie *Tales of the Narts* (John Colarusso und Tamirlan Salbiev, 2016) und *From Scythia to Camelot* (C. Scott Littleton und Linda Malcor, 2000) für eine eingehende Auseinandersetzung mit den mythologischen Verbindungen. [die leider alle nicht auf Deutsch vorliegen, es gibt aber diverse deutschsprachige Fachpublikationen zu diesem Thema, Anm. d. Übs.]

Danksagung

Jedes Buch ist eine Zusammenarbeit vieler verschiedener Menschen.

Wie immer war meine Agentin Caroline Wood einfach wunderbar – sie setzt sich so sehr für all meine Bücher ein, hat einen scharfen Blick für gute Geschichten und hilft mir mit unglaublich fröhlichem Gemüt und ständiger Ermutigung über jeden Rückschlag hinweg. Ich danke dem gesamten Team von *Head of Zeus*, das alles gegeben hat, um dieses Buch Wirklichkeit werden zu lassen, allen voran Nic Cheetham, der dieses Projekt überhaupt erst in die Wege geleitet hat. Ich danke Clare Gordon und Greg Rees dafür, dass sie dieses Buch während der Entwicklung begleitet haben, Peter Salmon dafür, mir mit seiner Redaktion viel Scham erspart zu haben, Nicola Bigwood für ihre Arbeit an den Druckfahnen und Mark Swan einmal mehr für einen wunderbar gestalteten Umschlag.

Ich bekomme unablässig Inspiration und Unterstützung von meinen Kollegen und Studenten im *Warwick Writing Programme*. Auch meinen Eltern verdanke ich mehr, als ich je in Worte fassen könnte. Ein Riesendankeschön geht auch an meine Freunde für ihre gute Gesellschaft (oft via Bildschirm) während dieser seltsamen Covid-Jahre – vor allem danken möchte ich Kate, Paddy, Lucy, Ness, Tom, Lynsey und Dan für die vielen schönen Stunden, die wir verbracht haben; wir haben uns erfolgreich durchgeschlagen mit viel Zoom, viel D&D und zu vielen Liegestützen (Ich werde »Eye of the Tiger« nie mehr aus dem Kopf kriegen …)

Meine Bücher handeln von Kameradschaft und Tapferkeit – wem also sollte ich dieses Buch widmen, wenn nicht Sara? Meine Liebste, deine Tapferkeit inspiriert mich jeden Tag aufs Neue – ich kann nur hoffen, dass uns in den kommenden Jahren noch viele weitere gemeinsame Abenteuer (und mehr Prosecco und Sushi) erwarten.

Glossar

Ala – »Flügel«, römisches Kavallerieregiment.

Amazonen – sagenhafte Kriegerinnen, die angeblich am Schwarzen Meer siedelten und womöglich auf matriarchale Strukturen bei den Skythen zurückgehen.

Antoninische Pest – eine Pandemie (wahrscheinlich Pocken) zur Zeit von **Marcus Aurelius**, die über 24 Jahre im gesamten römischen Reich wütete und schwere Auswirkungen auf die politische und wirtschaftliche Stabilität hatte.

Antoninuswall – die zweite große Wallanlage nördlich des Hadrianswalls im heutigen Schottland, der allerdings nur für wenige Jahrzehnte (140 bis 182) dauerhaft bemannt war.

Arash – mythischer Held der iranischen Mythologie.

Asturer – alter iberischer Volksstamm an der spanischen Nordküste.

Automata – schon in der griechischen Mythologie gab es Roboter, selbstfahrende Fahrzeuge und künstliche Intelligenz, auch waren komplizierte Gliederpuppen und Dampfmaschinen bereits in der Antike bekannt.

Auxiliartruppen – Hilfstruppen aus Bewohnern der Grenzprovinzen oder verbündeten Völkern, die zeitweise fast die Hälfte der römischen Armee ausmachten. Oft erhielten die Soldaten nach Entlassung das römische Bürgerrecht.

Balin und Balan – zwei Ritter aus der Artussage.

Bremetennacum – römisches Militärlager am Hadrianswall im heutigen Ribchester, Lancashire.

Briganten – ein Zusammenschluss keltischer Stämme auf dem Gebiet des heutigen Yorkshire.

Caerellius Priscus – diente unter **Marcus Aurelius** und amtierte als **Legat** in Britannien.

Carvetier – keltischer Stamm auf dem Gebiet des heutigen Cumbria.

Centurio – Anführer einer Hundertschaft (die tatsächlich aus 80 Mann bestand) innerhalb der Legion, der im Gegensatz zu den Stabsoffizieren immer aus den Mannschaftsdienstgraden aufstieg.

Cilurnum – römisches Militärlager am Hadrianswall im heutigen Walwick, Northumberland.

Commodus – Sohn und Thronfolger von **Marcus Aurelius**, römischer Kaiser von 177 bis 192.

Coria – bedeutende römische Stadt und Militärlager am Hadrianswall, heute Corbridge, Northumberland.

Corvus – Rabe.

Danubius, Danu – die Donau.

Dezimation – römische Militärstrafe für kollektive Vergehen wie Meuterei oder Feigheit, bei der per Losverfahren jeder zehnte Mann einer Einheit zur Bestrafung (meist Exekution) ausgewählt wurde.

Dumnonier – keltischer Volksstamm im Gebiet des heutigen Cornwall und Devon.

Eboracum – eine der wichtigsten römischen Städte in Britannien, das heutige York.

Fünf Stämme – die fiktiven Stämme der **Sarmaten**: Steppenwölfe, Leuchtende Kompanie, Graue Hand, Jadeschlangen, Flussdrachen.

Geas – ähnlich dem Tabu, ein irrationales Verbot oder Gebot im Gegensatz zur rationalen Rechtssatzung. Plural *Geasa*.

Heidebier – Bier aus den fermentierten Blüten des Heidekrauts, vermengt mit Malz und Myrte.

Heilige Schar – Eliteeinheit aus Theben, die einzigen Berufssoldaten im antiken Griechenland außerhalb von Sparta.

Hypokaustum – Fußbodenheizung.

Icener – keltischer Stamm auf dem Gebiet des heutigen Norfolk und Suffolk.

Legat – hohes politisches Amt im alten Rom. Zur Zeit der Republik vor allem ein außenpolitischer Gesandter, der als Teil einer Kommission auch befugt war, Feldherren bei Friedensverhandlungen zu beraten. In der Kaiserzeit entweder Gesandter (Befehlshaber und Vertreter des Kaisers in einer Grenzprovinz), Zivilbeamter (stellvertretender Verwalter einer Kernprovinz) oder Legionskommandeur.

Lucius Artorius Castus – römischer Offizier im 2. Jahrhundert n. Chr. und möglicher Ausgangspunkt der Figur des König Artus.

Marcus Aurelius – römischer Kaiser von 161 bis 180 sowie bedeutender Philosoph. Galt schon zu Lebzeiten als einer der beliebtesten und fähigsten Herrscher des Imperiums.

Markomannen – germanischer Volksstamm, der sich erst Kriege mit den Römern lieferte, später zu ihren Verbündeten wurde und Hilfstruppen stellte.

Morrigan – Altirisch »Große Königin« – vielschichtige und nicht klar zu definierende Figur der irischen Sage. Sie taucht manchmal allein, manchmal als Teil einer Dreifaltigkeit göttlicher Schwestern, in unterschiedlichen Tiergestalten oder unter anderen Namen auf. Mal ist sie – je nach Quelle – finstere Göttin für Krieg, Tod und Gemetzel, mal dient sie als Schutzgottheit sowohl dem Land und den Tieren als auch dem Volk im Krieg. Vermutlich Vorbild für spätere Sagengestalten wie Morgan le Fay und die Banshee.

Posca – strenggenommen kein Wein, sondern ein Getränk auf Essigbasis, das vor allem bei Reisenden sehr beliebt war. Der Essig wurde in einer Flasche transportiert und dem Trinkwasser hinzugefügt, was angeblich ein erfrischendes Getränk ergab. Dieser Brauch entstand vor allem aufgrund der desinfizierenden Eigenschaften von Essig; es war also eine Möglichkeit, unsicheres Wasser trinkbar zu machen. Um den Geschmack zu verbessern, wurden oft Gewürze und Honig hinzugegeben. Es war das Standardgetränk marschierender Soldaten – und wurde von einem solchen auch dem sterbenden Christus am Kreuz verabreicht, was also durchaus nicht die böse Verhöhnung darstellte, die die Bibel aus dieser Tat macht.

Primus Pilus – höchstrangiger **Centurio** einer Legion, verbunden mit großem Ruhm und materiellen Privilegien. Wurde in der Regel nur für das letzte Dienstjahr vergeben.

Quaden – kleiner germanischer Volksstamm, Verbündete der **Markomannen**.

Sarmaten – Stammesföderation iranischer Reitervölker, verwandt mit den **Skythen**. Durch die Hunnen immer weiter in den Westen gedrängt und mit den Römern konfrontiert. Bildeten in der Spätphase des Imperiums mit ihren schweren Panzerreitern als »Kataphrakten« das Rückgrat der römischen Armee und sind somit (zusammen mit Kataphrakten aus den Reihen anderer orientalischer Völker) die Vorläufer der fränkischen und später mittelalterlichen Ritter.

Selgovier – keltischer Stamm auf dem Gebiet des heutigen Dumfriesshire.

Syrdon – schelmischer Gott in der Mythologie mehrerer Völker der nördlichen Kaukasusregion.

Tanz der Pferde – Die *hippika gymnasia* waren rituelle Turniere der römischen Kavallerie.

Vallum – ursprünglich die Kombination aus Graben und Erdwall mit Palisadenzaun zum Schutz eines römischen Militärlagers, später auf jede Form der Befestigung (z. B. auch Stadtmauern) erweitert.

Veniconen – keltischer Stamm auf dem Gebiet des heutigen Perthshire.

Vercovicium – römisches Militärlager am Hadrianswall im heutigen Hexham, Northumberland.

Veteranenkolonie – viele römische Stadtgründungen waren Ansiedlungen ehemaliger Soldaten, auch um erobertes Land langfristig zu versorgen und zu bewachen.

Vicus – unbefestigte zivile Siedlung bzw. Kleinstadt, entstanden oft an wichtigen Handelsstraßen oder neben Militärlagern.

Vindolanda – römisches Militärlager am Hadrianswall im heutigen Bardon Mill, Northumberland.

Votadiner – keltischer Stamm auf dem Gebiet des heutigen Lothian.

Wall – der Hadrianswall nah der heutigen Grenze zwischen England und Schottland, eine Mauer von knapp 118 Kilometern Länge von Küste zu Küste, errichtet zwischen 122 und 128.

Ynys Môn – walisischer Name der Insel Anglesey. Im Jahr 61 zerstörten die Römer das dortige Heiligtum der Druiden, um den zähen Widerstand der keltischen Landbevölkerung zu brechen.

Autor

Tim Leach ist Absolvent des Warwick Writing Programme, wo er mittlerweile als Assistenzprofessor unterrichtet. Band 1 der Trilogie »Die Chronik der Sarmaten«, »Der Winterkrieg«, war für den Historical Writers' Association Gold Crown Award nominiert.

Tim Leach im Goldmann Verlag

Der Winterkrieg. Die Chronik der Sarmaten.
Historischer Roman

Der eiserne Weg. Die Chronik der Sarmaten.
Historischer Roman (Januar 2024)

Der letzte Thron. Die Chronik der Sarmaten.
Historischer Roman (Februar 2024)

Alle Titel auch als E-Book.